Celina Henning
Wolfgang Henning
Studienführer Wirtschaftswissenschaften

Celina Henning
Wolfgang Henning

Studienführer Wirtschaftswissenschaften

Betriebswirtschaft
Volkswirtschaft
Internationale Betriebswirtschaft
Internationale Volkswirtschaft
Wirtschaftswissenschaften / Ökonomie
Wirtschaftsinformatik
Wirtschaftspädagogik

7., überarbeitete und aktualisierte Auflage

Lexika Verlag®

Bibliografische Information der Deutschen Bibliothek
Die Deutsche Bibliothek verzeichnet diese Publikation in der Deutschen Nationalbibliografie; detaillierte bibliografische Daten sind im Internet über http://dnb.ddb.de abrufbar.

Lexika Verlag erscheint bei Robert Krick Verlag GmbH + Co. KG, Eibelstadt

Druck: Schleunungdruck GmbH, Marktheidenfeld
Printed in Germany
ISBN 978-3-89694-453-5

So eine Art „Vorwort“

Hallo, liebe Leserin oder lieber Leser. Ich bin es, der „Studienführer Wirtschaft“, das Buch, das Sie gerade in der Hand halten und in dem Sie lesen. Jetzt, in diesem Augenblick. Also, mal ganz ehrlich: Ich weiß ja nicht, wie oft Sie von den Büchern angesprochen werden, die Sie lesen, und ich bitte deswegen auch schon mal um Entschuldigung.

Also, ich gehöre zur Kategorie der Sachbücher und bin von Haus aus Ratgeber. Normalerweise ist unsereins ja eher zurückhaltend, aber in diesem Fall ist es leider unumgänglich, die Grenzen des Genres zu überschreiten. Es handelt sich nämlich um so eine Art Notfall. Ich muss Sie warnen. Die Autoren, die mich geschrieben haben, lügen. Sie werden gleich in der Einleitung zwei junge Leute ins Gespräch bringen, die im Laufe des Buches immer mal wieder auftauchen, um mit einem Studienberater über ihre Zukunft zu sprechen. Das wirkt wie echt, aber glauben Sie mir, sie haben alle erfunden: Die beiden jungen Leute, den Studienberater und sogar mich.

Mehrfach habe ich versucht, sie deswegen zur Rede zu stellen und inständig gebeten, doch bitte ein normales Sachbuch zu schreiben. Es hat aber nichts genützt. „Ich solle doch nicht so altmodisch sein“, war die Antwort. „Moment mal“, habe ich gesagt, „ich mag zwar nur ein einfaches Sachbuch sein und bestimmt bin ich auch ziemlich paginiert, aber ich bin nicht blöd! Wer von uns beiden wollte denn in der Einleitung den alten Spruch zitieren: ‚Es sei ein widriges Gebrechen, wenn Menschen wie die Bücher sprechen; doch hoch willkommen wär'n bei jedem, Bücher die wie Menschen reden?‘ Also, wer von uns ist nun altmodisch?“

Gemeinerweise sitzen die Autoren an dem Ende des Kabels, wo die Tastatur dranhängt. Und damit sind meine Möglichkeiten begrenzt. Aber ich habe Sie gewarnt: Dies ist kein normales Sachbuch.

Und noch eines: *Haftungsausschluss*, welch' ein grässliches Wort. Sie ahnen sicher schon, wie sich damit das Verhältnis zwischen Ihnen und mir gestaltet: rechtlich vollkommen unverbindlich. Ich bin zwar sorgfältig recherchiert, aber meine Autoren garantieren nicht einmal die Richtigkeit dessen, was sie in mir niedergeschrieben haben. Ein Jammer ist das für unsereinen. Ich sage Ihnen, ich kenne Kollegen, die …

„Also vielleicht dürfen wir jetzt auch 'mal was sagen? Wir sind nämlich die Autoren dieses Buches und wir bestimmen, was in diesem Buch steht. Es handelt sich um einen Ratgeber und wir möchten Ihnen, liebe Leserinnen und Leser, nicht nur Fakten anbieten, sondern auch Einsichten vermitteln, wie Sie Informationen über den Studienbereich Wirtschaft bewerten können. Denn schließlich müssen Sie eine Entscheidung darüber treffen, was Sie nach der Schule machen wollen. Und dazu ist es sicherlich wichtig, Informationen zu sammeln. Was uns aber noch viel wichtiger erscheint: Sie müssen diese Informationen einordnen und bewerten können. Wenn sich Handlungsalternativen bieten, und das tun sie ganz bestimmt, müssen Sie in der Lage sein, die Konsequenzen verschiedener Entscheidungen gegeneinander abzuwägen. Dazu brauchen Sie Kriterien, an denen Sie Ihre Studienentscheidung festmachen können. Und genau die möchten wir herausarbeiten.

Im ersten Teil versuchen wir zunächst zu klären, was Wirtschaft eigentlich ist und ob man so etwas wie Wirtschaft überhaupt studieren kann. Daran schließt sich neben anderem die Frage an, wie man unter der Vielzahl von Angeboten das richtige Fach und die richtige Hochschule findet. Natürlich müssen gerade auch bei wirtschaftswissenschaftlichen Fächern die Kosten eines Studiums thematisiert werden. Im Mittelteil des Ratgebers stellen wir Ihnen dann die sechs zentralen wirtschaftswissenschaftlichen Fachrichtungen einschließlich der beruflichen Einsatzgebiete vor, wobei wir statt endloser Aufzählungen lieber zusammen mit Ihnen ein paar konkrete Stellenanzeigen analysieren. Themen wie Auslandstudium und Aufbaustudiengänge kommen danach dran und schließlich die unvermeidlichen Adressen und Literaturverweise, wobei wir auch einige interessante WWW-Links zusammengestellt haben.

Bedanken möchten wir uns abschließend noch bei Frau Martina Müller für die stets erstklassige Betreuung.“

Erlangen, im September 2009
Celina Henning und Dr. Wolfgang Henning

Inhalt

Brock sieht zu den Sternen auf. Der Winter kam früh dieses Jahr, und kalt würde es werden heute Nacht ohne Wolken da oben. Er schlägt den Kragen hoch und marschiert los. Hinter sich hört er plötzlich unheimlich schlurfende Schritte. Brock fasst seine alte Aktentasche fester und wirbelt herum. Zwei weit aufgerissene Augen starren aus dem Dunkel der halb verfallenen Bahnunterführung.
„Was willst du?“, presst Brock heraus.
„Nichts“, erwidert der junge Mann kleinlaut.
„Warum schleichst du mir dann nach?“
„Sie sind doch der Vater von Kurt“, stammelt der Bartlose unsicher.
„Na und?“, zischt Brock.
„Kurt sagt, Sie arbeiten bei der Uni. In der Studienberatung. Und ich mach doch nächsten Sommer Abitur. Da dachte ich …“
„Schon gut“, fällt Brock ihm mürrisch ins Wort, „ruf mich morgen im Büro an! – Wie heißt du überhaupt?“
Die Miene des Bartlosen hellt sich auf: „Alex.“
„Und was will Alex studieren?“, fragt Brock mit professionell gelangweilter Routine.
„Wirtschaft!“
Es beginnt, leicht zu regnen.
„Oh, mein Gott“, denkt Brock, „das wird doch wohl nicht der Beginn einer langen Freundschaft werden?“ und verschwindet in der nebligen Herbstnacht.

I Wirtschaft studieren: Entscheidende Fragen und grundlegende Antworten

Es war schwer, sich im Dämmerlicht der vielen Gänge zu orientieren. Alex hatte Andi überredet, mitzukommen. „Hier muss es sein. 34 hat Kurt gesagt. Du, irgendwie riecht das ganze Haus merkwürdig, ich finde so nach ...“
Andi unterbricht Alex’ Redeschwall mit einer fahrigen Handbewegung: „Stimmt, 34. Dr. Brock. Zentrale Studienberatung.“
Brock hat sich gerade Kaffee gemacht und kramt die am wenigsten verschmutzte unter seinen Bürotassen heraus. Es klopft an der Tür. Alex schiebt den Kopf herein: „Hallo, wir haben uns doch gestern am Bahnhof getroffen. Ich bin Alex, und das ist Andi. Sie will auch Wirtschaft studieren. Dürfen wir Sie stören?“
Noch bevor Brock antworten kann, sitzen die beiden in seinem Zimmer. Brock nimmt einen Schluck aus der Tasse: „Wirtschaft wollt ihr also studieren? Was ist das denn überhaupt, Wirtschaft?“
Auf Fragen waren die beiden angehenden Abiturienten nun wirklich nicht gefasst. „Wieso fragt der uns das jetzt?“, denkt Andi. Sie will eigentlich ein paar Antworten haben, hier bei der Studienberatung.
Alex senkt den Blick. Bevor die Stille peinlich wird, sagt Brock: „Dann stelle ich die Frage eben mal anders: Wie kommt eigentlich der Käse auf die Pizza?“
„Was?“, fragt Alex belämmert. „Wie der Käse auf die Pizza kommt? – Aber das, das ist doch klar. Der Pizzabäcker ...“
„Mann, das meint er doch nicht.“ Andi wirft den Kopf in den Nacken: „Sie meinen doch, wo kommt der Käse her oder der Wein, den wir uns beim Italiener schmecken lassen?“
„Genau, – und wie läuft das eigentlich alles. Irgendwo muss der Wirt all die Sachen doch einkaufen. Und wo haben die dann wieder das Zeug her? Kommt das alles aus Italien? Womöglich mit dem Lkw über die Alpen ...“ Brock grinst breit.
„... und wer setzt eigentlich den Preis fest, also ich meine, was die Pizza kostet? Und letzte Woche in der Bibliothek“, Andi ist plötzlich wie aufgedreht, „in dem statistischen Jahrbuch, diese Rubrik ‚Ausgaben privater Haushalte‘? Ob ich da auch mitgerechnet werde, bloß weil ich mir mal eine Pizza bestelle?“

Ein paar einfache und völlig harmlose Fragen im Dienstzimmer eines Studienberaters, morgens um zehn, irgendwo in Deutschland. Wer aber die Antworten dazu finden will, kommt zwangsläufig mit einer ganzen Reihe von wirtschaftlichen Vorgängen in Berührung: Einkaufen, Verkaufen, Großhandel, Rechnungsstellung, Lieferverträge, Buchführung, Zahlungsverkehr, Transportwesen, Kalkulation,

Import/Export, Handelsrecht, Preisentwicklung, Inflationsrate, volkswirtschaftliche Gesamtrechnung, Statistik, Bruttosozialprodukt ...

Wenn Sie nun meinen, das sei doch nun wirklich alles uninteressant und langweilig obendrein, dann sollten Sie sich vielleicht lieber einem der anderen spannenden Studienführer aus dem Lexika Verlag zuwenden. Was nun also ist Wirtschaft? Es handelt sich um einen Oberbegriff, unter dem alles subsumiert werden kann, was mit wirtschaftlichem Handeln zu tun hat. Die Wirtschaft ist also kein Gebilde, das selbst handeln könnte, sondern, wenn man so will, nur eine Kategorie oder ein Behälter, in den man alles und jeden hineinstopfen kann: Personen, Organisationen und Vorgänge. Bei Letzteren, den wirtschaftlichen Vorgängen, kann man grob zwei Kategorien unterscheiden, obwohl diese beiden Ebenen stark ineinandergreifen und sich überlagern:

- Betriebliche Vorgänge auf der Ebene eines einzelnen Unternehmens oder verschiedener Unternehmen, die miteinander in Verbindung stehen
- Volkswirtschaftliche Vorgänge auf der Ebene eines Staates oder seiner Unterorganisationen sowie zwischen einzelnen Staaten und weltweit

Vielleicht bleiben wir noch einen Moment bei dem Beispiel und versuchen, ein wenig Ordnung in die Frage zu bringen, wie sich denn die Pizza-Käse-Connection wirtschaftlich so darstellt. Verfolgen wir mal den Weg des Käses zurück zu seinem Ursprung:

Pizza-Käse-Connection aus wirtschaftlicher Sicht

Vorgang: Was passiert?	Teilbereich der Betriebswirtschaft	Teilbereich der Volkswirtschaft
Gast bezahlt Pizza mit Bargeld	• Buchführung • Rechnungswesen • Steuerlehre	• Ausgaben privater Haushalte • Wirtschaftsstatistik
Gast bestellt bestimmte Pizza zu einem bestimmten Preis	• Angebot / Nachfrage • Privatrecht (BGB) • Marketing	• Marktgeschehen • Soziale Marktwirtschaft • Bruttosozialprodukt
Wirt legt Preis für Pizza fest	• Kalkulation • Rechnungswesen	• Preisentwicklung • Inflationsentwicklung
Wirt bezahlt Lieferantenrechnung	• Buchführung • Rechnungswesen	• Bank- und Kreditwesen • Bruttoinlandsprodukt

Vorgang: Was passiert?	Teilbereich der Betriebswirtschaft	Teilbereich der Volkswirtschaft
Großhändler liefert und berechnet Käse	• Transportlogistik • Buchführung • Kalkulation	• Infrastruktur • Verkehrspolitik • Preisentwicklung Handel
Wirt ordert Käse beim Großhändler	• Einkauf • Verkauf / Akquisition • Wirtschaftsordnung • Lagerwirtschaft • Handelsrecht	• Nachfrageentwicklung Sektor Großhandel
Großhändler bezahlt Käse bei Molkerei	• Buchhaltung • Rechnungswesen • Controlling	• Bank- und Kreditwesen • Devisenabstimmung • Internationaler Zahlungsverkehr
Molkerei liefert und berechnet Käse	• Logistik • Rechnungswesen • Controlling	• Zollbestimmungen • Handelsbilanz • Internationale Verkehrspolitik
Großhändler ordert Käse bei Molkerei in Italien	• Import / Einkauf • Export • EU-Handelsrecht	• Internationales Handelsrecht • Volkswirtschaftliche Gesamtrechnung

Natürlich ist das Ganze in Wirklichkeit viel komplexer. Denn es fehlen ja beispielsweise noch ganz wichtige Fragen wie:

- Wer beschäftigt und bezahlt den Kellner?
- Hat der Kellner Anspruch auf Lohnfortzahlung, wenn er mal krank ist?
- Wie präsentiert der Wirt sein Angebot mittels Werbung?
- Welche Steuern muss der Großhändler ans Finanzamt zahlen?
- Wie verwaltet der Großhändler seine Lagerbestände?
- Wer finanziert die Lieferfahrzeuge der Molkerei?
- Wer kontrolliert, ob die Fahrzeuge wirtschaftlich arbeiten?
- Wie erhält die Molkerei das Kapital zur Käseherstellung?
- Und wo kommt überhaupt die Milch her?

Diese Art Fragen beziehen sich auf das innerbetriebliche Rechnungswesen, das Privatrecht, das Arbeitsrecht, die Personalwirtschaft im Betrieb, das Marketing, die betriebliche Investitionsrechnung, aufs Controlling oder die Betriebsbesteuerung und sind damit allesamt betriebswirtschaftlicher Natur.

Genau die gleichen Fragestellungen könnte man aber auch aus volkswirtschaftlichem Blickwinkel stellen:

- Wie gestaltet sich der Teilarbeitsmarkt für Kellner?
- Belastet die Lohnfortzahlung kleine Betriebe besonders?
- Wie entwickeln sich die Ausgaben für Werbemaßnahmen?
- Was bewirkt die Besteuerung kleiner Betriebe für diesen Wirtschaftssektor?
- Führt eine Senkung der Leitzinsen zur Stärkung von Investitionen?
- Was verändert sich durch Verlagerung der Transporte von firmeneigenen Fuhrparks zu Transportunternehmen?
- Führt ein stärkeres Kostenbewusstsein zum Verlust von Arbeitsplätzen?
- Führen staatliche Bürgschaften zu einer Senkung des Finanzierungsrisikos von Privatunternehmen?
- Soll die Subvention der Milchwirtschaft weitergehen?

Wenn nun schon so einfache Vorgänge wie der Käse auf der Pizza derart komplexe wirtschaftliche Strukturen abbilden können, führt uns das zu der zweiten Frage:

1 Kann man Wirtschaft überhaupt studieren?

Die erste Antwort muss wohl lauten: Nein, denn für ein Studium ist dieser Bereich wohl doch viel zu umfassend. Aber da wir in der Wissenschaft ja gelernt haben, uns niemals mit der ersten Antwort zufrieden zu geben, schauen wir doch lieber noch mal genau hin. Vielleicht beginnen wir mit den beiden Begriffen und versuchen es mit Definitionen:

Was also ist Wirtschaft? Ein Oberbegriff, wie bereits gesagt. Und Oberbegriffe haben die Eigenschaft, Heimat für viele verschiedene Themen zu sein: Personen, die wirtschaftlich handeln, Organisationen und Institutionen, die wirtschaftlich handeln und nicht zuletzt die wirtschaftlichen Vorgänge selbst, die Personen im System Wirtschaft ausführen. All das gehört unter diesen Oberbegriff.

Und was heißt nun eigentlich studieren? Zweifelsohne ist hier Latein im Spiel – „studere“, sich bemühen, ist ein entscheidender Hinweis. Studieren hat offensichtlich etwas mit Mühe, möglicherweise also mit Arbeit, am Ende auch noch mit der ganz und gar altmodischen Tugend Fleiß zu tun? Bemühen muss man sich um allerhand: Neugierde muss dabei sein, in Form des Wissen-Wollens, was dahinter steckt; das berühmte Erkenntnisinteresse eben. Und Disziplin, im methodischen wie im arbeitstechnischen Sinne eine gewisse Form der Hartnäckigkeit, ist gefragt.

Wenn wir also von diesen beiden Definitionen ausgehen, heißt die Antwort aber immer noch: Nein. Das ist nun trotzdem kein Grund, die Flinte – respektive das Studium – gleich ins Korn zu werfen. Denn wenn man Wirtschaft schon nicht als Ganzes studieren kann, wie wäre es dann mit dem Studium einzelner Teile? Und hier sieht die Antwort auch schon wesentlich positiver aus. Einzelne Bereiche des Wirtschaftslebens kann man natürlich sehr genau studieren, und das intensive Befassen unserer Altvorderen mit diesen Aspekten hat auch schon eine ganze Menge Details zutage gefördert.

Damit beginnt dann auch das Studium. Wir machen uns vertraut mit den Erkenntnissen, die über Wirtschaft bereits gesammelt worden sind. Grundlagen und Gesetzmäßigkeiten also sind es, mit denen wir uns befassen. Und damit wir das alles verstehen, ist es notwendig, mathematische und buchhalterische Voraussetzungen zu erlernen sowie Fachbegriffe – im wissenschaftlichen Jargon spricht man hier stets von Terminologie –, damit Studenten und Professoren auch dasselbe meinen, wenn sie die gleichen Wörter benutzen.

Folgende Teildisziplinen haben sich im Laufe der Zeit herausgebildet und werden im zweiten Teil dieses Buchs auch intensiv vorgestellt:
- Volkswirtschaftslehre (VWL)
- Betriebswirtschaftslehre (BWL)
- Wirtschaftspädagogik (WiPäd)
- Wirtschaftsinformatik (WiInf)
- Internationale Betriebswirtschaftslehre (iBWL) und neuerdings auch
- Internationale Volkswirtschaftslehre (iVWL)

Möglicherweise werden Sie jetzt fragen: Wo ist das Fach Wirtschaftswissenschaften/Ökonomie, das doch auch in diesem Buch behandelt werden soll?

Die Abbildung auf der nächsten Seite versucht, klarzumachen, wie die Wirtschaftsstudiengänge sich zueinander und zur Disziplin Wirtschaftswissenschaften/Ökonomie verhalten: Die ist nämlich ein Oberbegriff, hier dargestellt als viereckiger grauer Kasten, und die einzelnen Studiengänge sind Teile davon, haben aber auch Inhalte, die außerhalb der Wirtschaftswissenschaften liegen, z. B. Sprachen, Mathematik, Recht ...
Daneben gibt es noch Fächer, die auch wirtschaftliche Phänomene untersuchen, aber im engeren Sinne keine Wirtschaftswissenschaften sind und daher in diesem Buch nicht ausführlich dargestellt werden: Wirtschaftsmathematik, Wirtschaftsrecht und Wirtschaftsingenieurwesen.

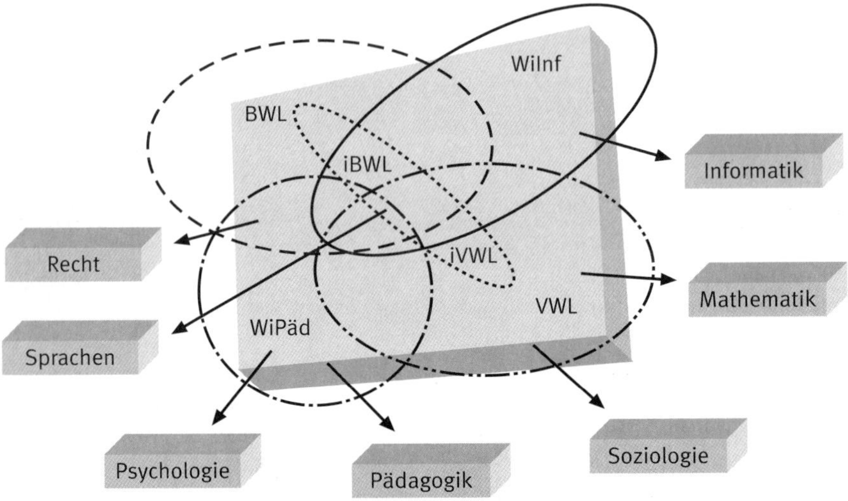

Abb. 1: Wirtschaftswissenschaften: Teilbereiche und Nachbardisziplinen

Mein Gott, Brock, den haben wir ja ganz vergessen. Der sitzt immer noch mit Alex und Andi in seinem Büro. Vielleicht könnte er den beiden eben erklären, was es mit diesen Fächern so auf sich hat.

Brock kratzt sich am Kopf: „Na gut, wenn's denn sein muss!
Erstens: Wirtschaftsmathematik ist ein Mathematikstudium, bei dem man statt Physik als Nebenfach Betriebswirtschaft studiert. Das kann man eigentlich an jeder Uni machen, die Mathe als Diplomstudiengang anbietet. Manche Unis haben das Fach aber auch explizit unter dem Namen ‚Wirtschaftsmathematik' im Programm.
Zweitens: Wirtschaftsrecht ist ein FH-Studium, das versucht, die Lücke zwischen dem herkömmlichen Jura- und Wirtschaftsstudium zu schließen. Der Erfolg dieses Unternehmens setzt natürlich voraus, dass da überhaupt eine Lücke besteht, denn für die juristischen Spezialaufgaben im Betrieb wird man auch in Zukunft Volljuristen brauchen. Aus meiner Sicht können die FH-Absolventen, Diplom-Betriebswirt mit Schwerpunkt Recht, da nicht mithalten.
Drittens: Wirtschaftsingenieure werden an FHs oder Unis ausgebildet und sollen da arbeiten, wo sich Wirtschaft und Technik treffen. In der Praxis häufig als ‚Allzweckwaffe' gepriesen, scheint mir auch in diesem Zusammenhang Skepsis angebracht, denn die Herrschaften sind ja am Ende ihres Studiums weder richti-

ge Ingenieure noch voll ausgebildete Kaufleute. Und da in der Praxis ohnehin viel in Gruppen gearbeitet wird, ist es fraglich, ob die Inkarnation von Technik und Wirtschaft in einer Person wirklich so die große Nummer ist. Das Ziel ist, wie übrigens in den beiden anderen Gebieten auch, mit einer entsprechenden Schwerpunktbildung im jeweils klassischen Studium genauso zu erreichen. Wenn ihr mehr wissen wollt, kauft euch einfach die entsprechenden Studienführer aus dem Lexika Verlag, oder schaut euch diese Merkblätter an.“ Brock greift zielsicher in eine ältliche Hängeregistratur und reicht den beiden erstaunten Schülern ein paar Zettel rüber.“

An vielen Universitäten und Fachhochschulen wird der Studiengang *Wirtschaftsingenieurwesen* in unterschiedlichen Studienrichtungen angeboten, beispielsweise Maschinenbau, Elektrotechnik, Chemie, Bauingenieur, Informatik/Operations Research, Unternehmensplanung oder Versicherung. Mit der Wahl der Studienrichtung legt man sich dabei auf eine bestimmte Fächerkombination im Studium fest. Prüfungsfächer sind im Grundstudium – ähnlich wie in allen Wirtschaftsstudien – Betriebswirtschaftslehre, Volkswirtschaftslehre, Mathematik, Statistik und Recht. Hinzu kommen dann die ingenieurwissenschaftlichen Grundlagen in dem gewählten Schwerpunkt sowie Informatik. Das Hauptstudium eröffnet weitere Wahlmöglichkeiten und führt zu einer Vertiefung in der ingenieurwissenschaftlichen Disziplin und in dem gewählten Wirtschaftsfach.

Neben diesem grundständig so genannten simultanen Studium der beiden Bereiche Technik und Wirtschaft bieten auch einige Hochschulen ein wirtschaftsorientiertes Aufbaustudium für Techniker oder Naturwissenschaftler an.

Wirtschaftsrecht gibt es nur an Fachhochschulen, derweil lediglich zwei Universitäten *Internationales* bzw. *Europäisches Wirtschaftsrecht* anbieten. Zu den Inhalten zählt die vertiefte Beschäftigung mit wirtschaftlich relevanten Teilen des Zivilrechts und des öffentlichen Rechts. Daneben werden die Grundlagen der Wirtschaftswissenschaften von Buchführung und Kostenrechnung über Volks- und Betriebswirtschaft bis zu Mathematik und Informatik ähnlich vermittelt wie in Betriebswirtschaft. Die Anteile der beiden Fachbereiche sind an den einzelnen Hochschulen unterschiedlich gewichtet. Ziel des Studiums ist die Heranbildung von Absolventen, die komplexe Sachverhalte in der Wirtschaft aus rechtlicher und betriebswirtschaftlicher Sicht gleichermaßen beurteilen können. Wichtig wäre noch zu bemerken, dass die Wirtschaftsjuristen der FH und der Uni nicht für richterliche, anwaltschaftliche oder verwaltungsjuristische Tätigkeiten qualifiziert sind.

Ziel eines jeden Mathematikstudiums ist es, und da bildet auch die *Wirtschaftsmathematik* keine Ausnahme, mathematische Methoden, Begriffe und Denkweisen zu beherrschen. Dazu befasst man sich im Grundstudium vier Semester lang mit den Grundlagen von Analysis, Linearer Algebra, Analytischer Geometrie und einem Wahlfach. Dieses Wahlfach ist als Anwendungsgebiet für die mathematischen Erkenntnisse zu sehen und kann an vielen Universitäten und auch einigen Fachhochschulen Wirtschaft bzw. Betriebswirtschaft heißen. Die eigentliche Spezialisierung erfolgt dann im Hauptstudium. Im Bereich der wirtschaftswissenschaftlichen Fächer dürften hier vor allem volkswirtschaftliche, finanzwissenschaftliche oder statistische Fragestellungen sowie Versicherungswirtschaft, Operations Research und Simulations- bzw. Modellierungsfragen stehen.

2 Wie finde ich das richtige Fach?

Die Antwort ist im Grundsatz ganz einfach. Es gibt nämlich nur drei Kriterien, die zwar miteinander in Verbindung stehen, aber dennoch getrennt betrachtet werden müssen:

- *Fachinteresse*: Womit will ich mich im Studium inhaltlich beschäftigen?
- *Berufswunsch*: Was will ich später im Berufsleben tun?
- *Eignung*: Bringe ich die erforderlichen Voraussetzungen mit, um die Anforderungen in Studium und Beruf zu erfüllen?

Nur wer diese drei Faktoren in Einklang bringt, kann eine sinnvolle Entscheidung hinsichtlich der Wahl des Studienfachs treffen. Alle weiteren Gesichtspunkte wie etwa Studieninhalte, Prüfungsformen, Arbeitsmarktchancen oder Verdienstmöglichkeiten sind sekundär und lassen sich in die drei Hauptkriterien einordnen.

Wie hängen denn nun diese drei Kriterien zusammen? Dazu eine kleine Skizze:

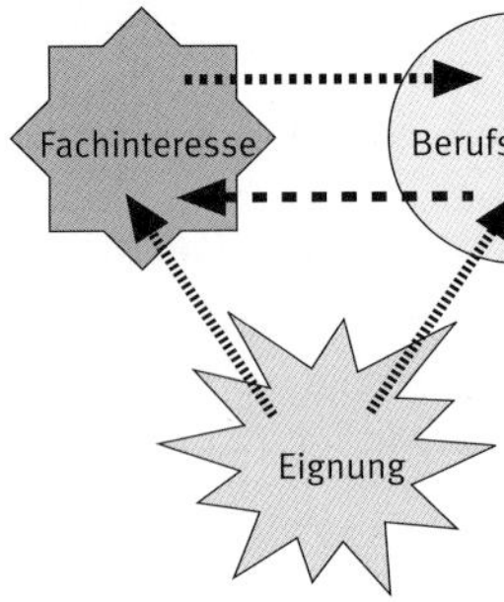

Abb. 2: Entscheidungskriterien für die Wahl des Studienfachs

Ideal wäre es, wenn alle drei Kriterien so weit übereinander lägen, dass die Schnittmenge zwischen ihnen möglichst groß wird. Dann hätten wir es mit der Entscheidung eines Eleven zu tun, bei dem Fachinteresse sich mit dem Interesse an einem Beruf stark überlagern und das alles wunderbar durch eine gleichgroße Eignung für Studium und Beruf ergänzt wird. Welcher Ausbund an Harmonie. Nur – und Sie ahnen es sicher schon – diesen Typ Studienentscheidung werden Sie in der Praxis niemals antreffen, weil er „idealtypisch“ ist: Optimal, aber leider nicht existent.

Deshalb sind verschiedene Konstellationen vorstellbar, wieder als Idealtypen in der jeweiligen Kategorie anzusehen:

Der Fachinteressierte, dem es egal ist, was er später damit beruflich anfängt; Hauptsache ist, er darf sich jetzt ein paar Jahre lang nur mit volkswirtschaftlichen Fragen und Erklärungsansätzen beschäftigen. Die Eignung ist bei solchen Typen eher studienbezogen, kann aber natürlich variieren.

Der Berufsbeflissene, der schon seit der 6. Klasse weiß, dass er eines schönen Tages Vatis Steuerkanzlei übernehmen wird. Der sieht sich nun nach einem geeigneten Studienfach um und findet aber Betriebswirtschaftslehre eigentlich gar nicht so cool. Auch hier variiert die Eignung, ist aber eher berufsbezogen.

Ob Sie nun bildungsbeflissen oder berufsbezogen entscheiden, sollten Sie sich dann genauer überlegen, wenn Sie die fachspezifischen Abschnitte im zweiten Teil des Buchs gelesen haben. Nehmen Sie dazu einfach ein Stück Papier und zeichnen Sie sich Ihre Entscheidung auf. Sie dürfen auch gerne ein paar Zeilen dazuschreiben. Wie man überhaupt immer empfehlen kann, sich Entscheidungen in essayistischer Weise zu nähern, denn wer immer nur so vor sich hin denkt, denkt leicht im Kreis. Und weil man nach wenigen Tagen (oder vielleicht auch nur Stunden) schon nicht mehr weiß, wo man sich im eigenen Gedankengebäude befindet, ist Aufschreiben ein gutes Mittel. So eine Art „Ariadne-Faden“ im Labyrinth der eigenen Hirnwindungen. Genau damit entwickelt man sein Denken weiter, aus dem Kreis wird eine Aufwärtsspirale, und man kann sogar nach Jahren noch nachlesen, warum man sich eigentlich damals für Wirtschaftspädagogik und nicht für Internationale Betriebswirtschaftslehre entschieden hat. Zum Beispiel, wenn man nach dem zweiten Semester in der Ecke hockt und denkt: „Ich bin nichts, ich kann nichts, und ich werde auch nie etwas sein." Dann können einem die Gedanken aus der Entscheidungsphase neuen Mut machen.

Was die Eignung für das Studium angeht, sind ein paar grundsätzliche Bemerkungen zu machen, die für alle Wirtschaftsfächer gelten.
Neben der formalen Mindestvorbildung, die für Fachhochschulen in der Fachhochschulreife und für Universitäten in der fachgebundenen Hochschulreife besteht, braucht man natürlich auch noch ein paar funktionelle Qualitäten, um ein Studium mit wirtschaftswissenschaftlichen Inhalten zu einem guten Ende zu bringen. Ein Leistungskurs Wirtschaft bzw. Wirtschaft/Recht gehört gleichwohl nicht dazu.

Viele Professoren an Universitäten oder Fachhochschulen stehen den Leistungskursbesuchern ohnehin eher kritisch gegenüber. Denn an der Schule kapriziert man sich häufig auf Teilprobleme, die ausführlich behandelt werden, ohne die entsprechenden Zusammenhänge systematisch zu erläutern, was in der Kürze der Zeit auch nicht möglich wäre.

Die Abiturienten glauben dann häufig, schon alles zu wissen, und stellen manchmal leider zu spät fest, dass sie in der Schule eigentlich nur hier und da ein bisschen an den Problemstellungen herumgekratzt haben.

Brock meint dazu: „Statt den Schülern eine solide und breit gefächerte Basis mit an die Hochschule zu geben, spielen manche Gymnasiallehrer in ein paar Spezialgebieten gerne Universität."

Ich persönlich halte dagegen einen Leistungskurs Wirtschaft im Hinblick auf ein Wirtschaftsstudium nicht für hinderlich, wenn man sich darüber klar ist, dort in einigen Bereichen Spezialwissen erworben zu haben, das einem im Grundstudium nicht unbedingt hilft, Zusammenhänge zu begreifen.

Von den Anforderungen des Grundstudiums aus gesehen, braucht man für ein Wirtschaftsstudium:
- ✔ Arbeitsdisziplin, Ausdauer und Motivation
- ✔ Beherrschung grundlegender Lern- und Arbeitstechniken
- ✔ Lernbereitschaft und ein gut trainiertes Gedächtnis

- ✔ Gutes Ausdrucksvermögen im Deutschen
- ✔ Verwertbare und ausbaufähige Kenntnisse in Englisch
- ✔ Vertieftes und gesichertes Verständnis für Schulmathematik
- ✔ Beherrschung von Textverarbeitung, Tabellenkalkulation u.Ä.
- ✔ Kritikfähigkeit, auch gegenüber der eigenen Person

Auch hier handelt es sich wieder um idealtypische Forderungen. Wer nun beispielsweise nicht unbedingt die größte Leuchte in Deutsch war, wird deshalb nicht automatisch in einem Wirtschaftsstudium scheitern. Wichtig ist vielmehr, sich diesen Schwachpunkt einzugestehen und daran zu arbeiten. Und das gilt für Deutsch ebenso wie für alle anderen Fächer.

! **Brocks Spezialtipp:** „Was macht ihr eigentlich direkt nach dem Abitur? Wohl erst mal weit wegfahren? Grundfalsch! Im Juni und Juli laufen nämlich überall noch Vorlesungen in BWL, VWL und all den anderen hübschen Wirtschaftsfächern. Wie wäre es da denn mit Erfahrungen aus erster Hand nach dem Motto ‚Probieren kommt vor Studieren'? Ich meine damit ein selbst organisiertes Schnupperstudium. Die ZSB an den Studienorten hilft sicher bei der Auswahl der Lehrveranstaltungen. Das kann man aber bei fast allen Hochschulen auch über Datenbanken im Internet machen. Sinnvoll wäre es, den Rest des Semesters an wenigen ausgewählten Vorlesungen teilzunehmen, damit man auch sieht, wie das Thema inhaltlich fortschreitet. Eine einmalige Teilnahme dagegen bringt nicht so viel, ist allerdings immer noch besser als nichts. Wenn so eine Vorlesung mehr als 50 Zuhörer hat, kann man sich einfach reinsetzen. Wenn es weniger sind, sollte man vielleicht vorher den Dozenten kurz um Erlaubnis bitten. Eine weitere Möglichkeit wäre statt Urlaub am Meer eine Rundreise durch die Studienorte, die man in die engere Wahl genommen hat, mit Besuch bei ZSB, Fachschaft und Studentenwerk und Testvorlesungen."

3 Wie finde ich die richtige Hochschule?

Dass die deutsche Hochschullandschaft in den letzten paar Jahren ordentlich in Bewegung geraten ist, hat sich ja inzwischen herumgesprochen. Und dennoch, oben ist immer noch da, wo die Universitäten sind. Aber sind Fachhochschulen deshalb nun Akademien zweiter Klasse? Und wenn das so wäre, wo kann man dann die Berufsakademien einordnen?

Schauen wir doch zunächst einmal die verschiedenen Abschlüsse an, die man an deutschen Hochschulen erwerben kann.

Hochschulabschlüsse in Deutschland

Die Hochschulen in Deutschland bieten eine ganze Reihe verschiedener Abschlüsse an, wobei es neben althergebrachten lateinischen Namen wie „Magister Artium" oder „Lizenziat" neuerdings eben auch angloamerikanisch angehauchte Titel wie „Bachelor" oder „Master" *of Irgendwas* gibt. In unserem Zusammenhang war der traditionelle Titel „Diplom" das geläufigste Modell. Dabei gab es zwei unterschiedliche Ebenen, das FH-Diplom und das Uni-Diplom; Letzteres ist gleichzeitig Abschluss eines wissenschaftlichen Studiums und damit grundlegende Voraussetzung für den Erwerb eines Doktortitels, was an der Uni so ungefähr einer Meisterprüfung im Handwerk entspricht, wenn man das Diplom als eine Art „Gesellenprüfung" ansieht.

Natürlich gibt es Diplome auch von Einrichtungen, die nach weitgehender Übereinstimmung der Meinungen nicht zum Hochschulbereich gehören: Berufsakademien, Fachakademien, Verwaltungs- und Wirtschaftsakademien (VWA) und ähnlicher öffentlicher oder privater Bildungsträger. Da das alles tendenziell eher zu Verwirrungen führt, soll folgende Abbildung eine Übersicht über den Vergleich der Wertigkeit von Hochschulabschlüssen geben.

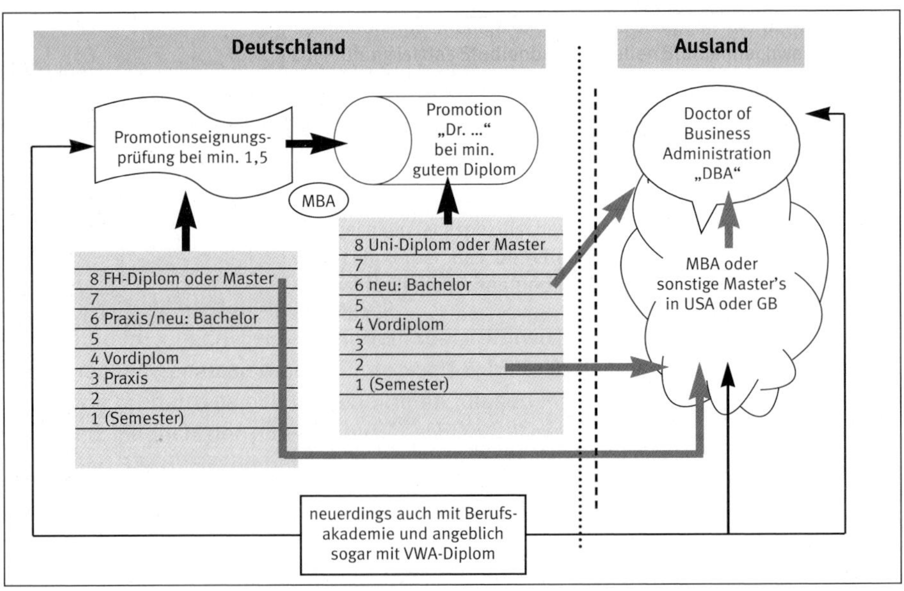

Abb. 3: Vergleich der Wertigkeit von Hochschulabschlüssen

Die Abbildung versucht, ohne dem „nichtuniversitären" Bereich zu nahe treten zu wollen, das unterschiedliche Niveau der einzelnen Abschlüsse grafisch umzusetzen. Die Einordnung von BA- oder MA-Abschlüssen ist dabei nicht einfach, weil hier alle Klarheiten auch dadurch beseitigt werden, dass FHs und Unis BA- und MA-Titel „querbeet" anbieten: So kann man etwa an FHs einen „Master of Business Administration" erwerben, einen Abschluss, den man eher im Bereich der wissenschaftlichen Hochschulen vermuten würde. Unis hingegen bieten mit dem „Bachelor of Accounting" die Möglichkeit, ein gutes Stück oberhalb des früheren Vordiploms die akademische Kurve zu kratzen.

Bachelor und Master: Schöne neue Welt oder Muster ohne Wert?

Eine grundlegende Änderung des Hochschulrahmengesetzes ermöglicht die „Erprobung von Bachelor- und Masterstudiengängen" (§19 HRG). Dabei sollen die Bachelor nach drei, längstens vier Jahren und die Master nach einem oder zwei weiteren Aufbaujahren erworben werden können. Alles in allem darf das Ganze aber nicht länger als fünf Jahre dauern. Bereits der Bachelor soll berufsqualifizierend sein und Unterschiede in der Abschlussbezeichnung, die auf FH oder Uni hinweisen, also die Klammerzusätze (FH) respektive (Univ.), sollen verschwinden.

Da fragt sich der Fachmann natürlich: Wie konnte das passieren?
Als einer der Gründe für die Einführung dieser neudeutschen Abschlussvarianten muss mal wieder die arg strapazierte Worthülse „Globalisierung" herhalten. Nachdem in Folge dieser Weltmarktentwicklung ja nun jeder oberbayerische Supermarkt eine Filiale in Texas eröffnen wird, fürchtete man offensichtlich um die Konkurrenzfähigkeit deutscher Absolventen. Besonders unter Druck standen die FHs, die trotz gleichem oder besserem Niveau im Ausland gegenüber heimatlichen Collegeabsolventen Probleme mit der Anerkennung und Vermarktung ihres Diploms hatten. Also wird dem Diplom nun der Bachelor oder gar Master vor die Nase gesetzt, nach dem nur allzu wirtschaftlichen Prinzip: Konkurrenz belebt das Geschäft.

International leichter verständlich sollen sie sein, die neuen Titel, wobei die Reformer in den Reihen der Hochschulrektoren wohl eindeutig angloamerikanisch geprägte Hochschulabschlüsse als Muster hernahmen, denn weder im Spanischen noch im Französischen lässt sich eine Verbesserung der Verständlichkeit ausmachen: Dort wird „Bachelier" und Ähnliches eher als Sekundarschulabschluss angesehen. Umgekehrt muss man aber auch zugeben, dass in englischsprachigen Ländern jeder Friseur ein Diplom erhält und damit der traditionelle deutsche Abschluss wohl selten mit einem abgeschlossenen Hochschulstudium assoziiert wird.

Ein anderer Grund für die neuen Titel: Man will mehr ausländische Studenten an deutsche Hochschulen bringen. Und denen will man natürlich nach ordnungsgemäßem Studium auch einen international anerkannten Titel verleihen können. Zusammen mit der wohl bekannten Tatsache der minimalen Gebühren des ersten Studiums hofft man so auf größeren Zustrom, vor allem aus dem asiatischen Raum. Dabei wird wohl übersehen, dass die deutsche Sprache die größte Hürde für ausländische Studenten darstellt. Erst wenn es gelingt, Studienprogramme in nennenswertem Maß in englischer Sprache anzubieten, werden auch mehr ausländische Bildungsbeflissene ihren Weg nach good old Germany finden.

Brock zieht Bilanz: „Scheint fast so, als hätten die guten alten Diplomabschlüsse endgültig ausgedient. BOLOGNA lässt grüßen, nein nicht die Soße, sondern die Erklärung, die kurz vor der Jahrtausendwende dort unterzeichnet wurde. Darin haben die Bildungsminister Europas beschlossen, bis 2010 einen gemeinsamen Hochschulraum zu schaffen. Und in dem soll es überall vergleichbare und vor allem gestufte Abschlüsse geben. Gedacht war dabei an einen ersten berufsqualifizierenden Abschluss nach drei bis vier Jahren und einen darauf aufbauenden wissenschaftlichen Abschluss von weiteren ein bis zwei Jahren. Die Begriffe „Bachelor“ und „Master“ kommen übrigens in der inzwischen berühmten Bolognaerklärung überhaupt nicht vor. Aber kaum war die Tinte der Unterschriften auf der Erklärung getrocknet, haben manche Bundesländer bereits angefangen, ihre Hochschulen umzukrempeln. Das Gute daran: Alte Inhalte kamen auf den Prüfstand, und man kann nun schon nach drei Jahren mit einem Hochschulabschluss in den Beruf starten.“

Wirtschaft lieber an der Fachhochschule oder an der Uni?

Betriebliche Fragen werden heute zunehmend mit wissenschaftlichen Methoden und technischen Hilfsmitteln gelöst. Deshalb ist der Bedarf von Wirtschaft und Verwaltung an Mitarbeitern und Führungskräften mit qualifizierter Vorbildung groß. Wer Betriebswirtschaft oder Betriebswirtschaftslehre studiert, hat mit Sicherheit ein Studium gewählt, das beruflich gut zu verwerten ist. Bleibt allein die Frage: Soll ich nun lieber an der Fachhochschule studieren oder an einer Universität?

Zunächst muss man für zwei der in diesem Buch vorgestellten Fächer die Frage eindeutig Richtung Uni beantworten: Wirtschaftspädagogik und Volkswirtschaftslehre werden nämlich nur an diesen wissenschaftlichen Hochschulen angeboten. Die folgende Tabelle zeigt Ihnen das Studienangebot im Bereich Wirtschaft an Universitäten und wissenschaftlichen Hochschulen.

Tabelle 1: Studienangebot der Universitäten und wissenschaftlichen Hochschulen

Universität / Wissenschaftliche Hochschule	Betriebswirtschaftslehre / Business Studies / Business Administration	Internationale/Europäische Betriebswirtschaftslehre / International Business	Volkswirtschaftslehre / Economics	Ökonomie / Wirtschaftswissenschaften	Wirtschaftsinformatik	Wirtschaftspädagogik
Aachen TH	B / M		B	L		
Augsburg U	B / M	B / M	B / M it		B / M	
Bamberg U	B / M	B / M			B / M	B / M it
Bayreuth U	B / M		B + / M	B / L		
Berlin ESCP-EAP	D / M	M				
Berlin FU	B / M		B / M			
Berlin HU	B / M		B / M		M	B / M
Berlin SHB	B / M	B / M				
Berlin TU			B			
Bielefeld U				B		
Bochum U		M	B / M	B		
Bonn U			B / M			
Braunschweig TU					B / M	
Bremen U	B / M				M	
Bruchsal IU	B	B				
Chemnitz TU	M		M	BA	B	
Clausthal TU	B / M				B / M	
Cottbus TU	B / M					
Darmstadt TU				L	B /M	
Dortmund TU	B			B		
Dresden TU	M		M		B / M	M
Duisburg-Essen U	B / M		B / M	L	B / M	B
Düsseldorf U	B / M					
Eichstätt-Ingolstadt U	B / M	B		L		
Erfurt U			B / M			
Erlangen-Nürnberg U	B / M	B / M	M	B / L	B / M	M #
Flensburg U	M	B		B		
Frankfurt/Main FSFM	B / M	B / M			B	
Frankfurt/Main U	B / M		M +		B	B / M
Frankfurt/Oder U	B	B / M	B			
Freiberg TU	B	M				
Freiburg U			B / M			
Gießen U	B		B / M	D		
Göttingen U	B / M		B / M +		B / M	B / M

Universität / Wissenschaftliche Hochschule	Betriebswirtschaftslehre / Business Studies / Business Administration	Internationale/Europäische Betriebswirtschaftslehre / International Business	Volkswirtschaftslehre / Economics	Ökonomie / Wirtschaftswissenschaften	Wirtschaftsinformatik	Wirtschaftspädagogik
Greifswald U	B / D			B		
Hagen FernU				B	B	
Halle-Wittenberg U	B / M		B / M +	B	B / M	
Hamburg U	B / M	M	B	L	B / M	
Hannover U				BA		
Heidelberg U			B / M			
Hildesheim U					B / M	
Hohenheim U	B	M	M +	B	B / M	BA
Ilmenau TU	M				B / M	
Jena U	B	B	B	M	B	B
Kaiserslautern U	B t					B / M t
Karlsruhe U			B t / M t			
Kassel U		M		B		B / M
Kiel U	B		B	L	B	D
Köln U	B / M		B / M	L	B / M	B / M
Konstanz U			B			M
Leipzig HandelsH	M #					
Leipzig U	M		M +	B	B / M	M
Lüneburg U	B / M		B / M		B / M	B / M
Magdeburg U	B / M	B	B / M +	B	B / M	
Mainz U	M					B / M
Mannheim U	B / M		B / M		B / M	B
Marburg U	B / M	M	B / M			
München TU	B t / M t				B / M	
München U	B / M		B / M	L		D
Münster U	B / M		B / B j / M	B	B / M	
Oestrich-Winkel EBS	B / M					
Oldenburg U	B j			B	B / M	
Osnabrück U	B		B		B / M	
Paderborn U	M	B	M +	B / L	B / M	M
Passau U	B / M	M	M +	L	B	
Potsdam U	B / M		B / M		B	
Regensburg U	B / M	BA	B + / M +		B	
Rostock U	M		M	B	B / M	M

Universität / Wissenschaftliche Hochschule	Betriebswirtschaftslehre / Business Studies / Business Administration	Internationale/Europäische Betriebswirtschaftslehre / International Business	Volkswirtschaftslehre / Economics	Ökonomie / Wirtschaftswissenschaften	Wirtschaftsinformatik	Wirtschaftspädagogik
Saarbrücken U	B				B / M	D
Siegen U	B	B	B / M	L	B / M	
Stuttgart U	B		B / M		B / M	B
Trier U	B		B		B / M	
Tübingen U	B / M	B	B / M +			
Ulm U	M			B		
Vallendar WHU	B / M					
Witten-Herdecke U	B			M		
Wuppertal U				B	M	
Würzburg U	M			B	B / M	
Zittau IHI		M				

Abkürzungen / Anmerkungen

In der Tabelle werden die offiziellen Kurzbezeichnungen der Universitäten nach HRK benutzt. Die genaue Bezeichnung der Hochschulen entnehmen Sie bitte dem Adressenteil im Anhang.

D = Diplomabschluss
B = Bachelorabschluss
M = Masterabschluss
L = Lehramtsabschluss
t = mit technischem Schwerpunkt
it = mit informationstechnologischem Schwerpunkt
j = mit juristischem Schwerpunkt
\+ = an diesen Universitäten wird auch Internationale Volkswirtschaftslehre / International Economics angeboten

An den Universitäten gibt es verschiedene Formen, wie Studenten das erforderliche Wissen erwerben können. Zu den Lehrveranstaltungsarten im Studium gehören Vorlesungen, Übungen und Seminare:

- Vorlesungen geben einen Überblick über ein bestimmtes Stoffgebiet. Sie sind meist zweistündig. Studenten können hier Verständnisfragen stellen und kurze Diskussionsbeiträge leisten.

- Übungen dienen je nach Fach der Einführung, Vertiefung, Ergänzung, Wiederholung und Anwendung von Lehrinhalten. Dabei sollen die Beiträge der Studenten einen breiten Raum einnehmen.
- Seminare sind Veranstaltungen, in denen mit Studenten des Hauptstudiums fachspezifische Fragestellungen erarbeitet und diskutiert werden. Sie dienen dem Erwerb vertiefter Kenntnisse der Problembereiche einzelner Fächer und Teilgebiete. Entsprechend werden hier natürlich Vorkenntnisse vorausgesetzt.
- Gelegenheit zu selbstständigem wissenschaftlichen Arbeiten wird den Studenten durch Vergabe schriftlicher Seminararbeiten unter Betreuung eines Lehrstuhls gegeben.

Es können auch Tutorien, Kolloquien, Arbeitsgemeinschaften, Sprachübungen, Exkursionen etc. angeboten werden. Zum Erlernen des selbstständigen wissenschaftlichen Arbeitens ist als Teil des Selbststudiums neben dem Besuch der angebotenen Studienveranstaltungen eine Vor- und Nachbereitung des dort behandelten Stoffs anhand geeigneter Literatur unerlässlich.

Wer in Deutschland einen wissenschaftlichen Abschluss in einem wirtschaftlichen Fach erwerben will, muss an einer dieser wissenschaftlichen Hochschulen studieren. Denn nur hier gibt es die Abschlüsse mit dem Zusatz „Univ.“, die einem Absolventen attestieren, dass er in der Lage ist, selbstständig wissenschaftliche Forschungsarbeiten zu erledigen. Und nur der volle wirtschaftliche Abschluss erlaubt ihm diese Art von Tätigkeit. Nur – ist das in der Praxis irgendwie gefragt? Wird die Fähigkeit zu eigenständigem wissenschaftlichen Arbeiten und zur kritischen Reflexion von wissenschaftlich fundierten Erklärungsansätzen, an der Uni durch eine allseitige wissenschaftlich-methodische Imprägnierung der Studenten erworben, im Berufsleben honoriert?

Wenn man Stellenanzeigen für Berufsanfänger zur Beantwortung dieser Frage heranzieht: wohl kaum. Denn nur in wenigen Fällen finden sich dort eindeutig Hinweise darauf, ob man FH- oder Uni-Absolventen zum Einreichen aussagefähiger Bewerbungsunterlagen ermutigen will. Eingestellt werden beide Gruppen zum gleichen Tarif.

Die folgende Tabelle zeigt Ihnen das Studienangebot im Bereich Wirtschaft an Fachhochschulen.

Tabelle 2:
Studienangebot der Fachhochschulen

Fachhochschule	Betriebswirtschaft / Business Studies / Business Administration	Internationale/Europäische Betriebswirtschaft / International Business	Wirtschaftsinformatik
Aachen FH	B / M	B / M	M
Aalen H	B	B / M	
Albstadt-Sigmaringen H	B / M		B / M
Amberg-Weiden H	B		
Anhalt H	B / M	B / M	
Ansbach FH	B #	B	B
Aschaffenburg H	B j		
Augsburg H	B	B / M	B
Bad Homburg accadis H		B / M	
Bad Honnef-Bonn FH		B / M	
Berlin BHT	B		B
Berlin FH Best Sabel	B	B	
Berlin FHTouro		B	
Berlin HTW	B / M	B / M	B / M
Berlin HWR	B # / M	B # / M	B
Berlin IBS		B	
Berlin SRH	B	M	
Biberach FH	B / M		
Bielefeld FH	B j / M	B	B
Bielefeld FHM	B # / M	B	
Bochum EBZ	B		
Bochum H	M	B	B / M
Bochum TFH	B t / M t #		
Bonn-Rhein-Sieg H	B / M		B
Brandenburg FH	B #	M	B / M
Braunschweig/Wolfenbüttel FH	B / M		B #
Bremen H	B / M	B / M	
Bremerhaven H	B / M		B
Bruchsal IU	B	B	
Brühl EUFH	B	B	B
Coburg H	B # / M		
Darmstadt H	B / M		B / M
Deggendorf FH	B / M	B / M	B #
Dortmund FH	B / M	B	B / M #

Fachhochschule	Betriebswirtschaft / Business Studies / Business Administration	Internationale/Europäische Betriebswirtschaft / International Business	Wirtschaftsinformatik
Dortmund ISM		B / M	
Dresden HTW	B	B / M	B
Düsseldorf FH		B	
Eberswalde FH	B		
Elmshorn Nordakademie FH	B / M		B
Emden/Leer FH		B	
Erding FHM	B / M	B	
Erfurt Adam-RiesFH	B		
Essen FOM #	M	B	B
Esslingen H		B t / M	B
Flensburg FH	B		B
Frankfurt/Main FH	B	B	B
Frankfurt/Main FHProvadis	B	B	B
Friedrichshafen ZU	B / M		
Fulda H		B / M	B / M
Furtwangen H	M	B / M	B / M
Gelsenkirchen FH		B	B
Gießen-Friedberg FH	B # / M	M	M
Göttingen PFH	B # / M		B / M
Güstrow BC	B		
Hamburg EBC		B	
Hamburg EFH #		B / M	
Hamburg FernH #	B		B
Hamburg HAW	B t	B / M	
Hamburg HSBA	B / M	M	
Hannover FH	B / M #		B
Hannover FHDW	B	B	B / M
Harz H	B	B	B
Heidelberg H	B / M		B
Heilbronn H	B / M	B / M	B
Hof H	B / M	B	B
Idstein HFresen	B		
Ingolstadt H	B	B	B
Iserlohn BiTS	B	B	

Fachhochschule	Betriebswirtschaft / Business Studies / Business Administration	Internationale/Europäische Betriebswirtschaft / International Business	Wirtschaftsinformatik
Jena FH	BA		
Kaiserslautern FH	B t / M		B
Karlsruhe H		B / M	B / M
Karlsruhe IKH	M	B	
Kempten H	B		B / M
Kiel FH	B / M		B / M
Koblenz FH	B / M #		
Köln FH	B	B / M	B # / M #
Köln RheinFH	M		B #
Konstanz H	B	M	B
Lahr AKAD-WHL	M #		
Landshut H	B / M	B / M	
Lausitz H	B		
Leipzig AKAD #	B / M		B
Leipzig HTWK	B / M	B	
Lübeck FH	B / M	B	
Ludwigshafen FH	B # / M #	B # / M	B / M
Magdeburg-Stendal H	B # / M		
Mainz FH	B # / M	M	B #
Merseburg H	B # / M		
Mittweida H	B #		B
München H	B / M		B / M
München MBS	M	B / M	
Münster FH	B / M t	B / M	
Neu-Ulm H	B / M		B
Niederrhein H	B #		B / M
Nordhausen FH	B	B	
Nordhessen FH	B #		
Nürnberg H	B / M	B / M	B / M
Nürtingen H	B # / M	B	
Offenburg H	B / M	M	B
Osnabrück FH	B / M	B	B
Ostwestfalen-Lippe H	B / M		
Paderborn FHDW #	B	B	B

Fachhochschule	Betriebswirtschaft / Business Studies / Business Administration	Internationale/Europäische Betriebswirtschaft / International Business	Wirtschaftsinformatik
Pforzheim H	B / M	B / M	B / M
Pinneberg AKAD #	B / M	B	B / M
Ravensburg-Weingarten H	B	M	B / M
Regensburg H	B / M	B	B
Reutlingen HTW	B	B / M	B / M
Rhein-Main H	B / M	B / M	
Rhein-Waal FH		B	
Riedlingen FH	B / M		
Rosenheim H	B		B
Saarbrücken HTW	B / M	B / M	
Schmalkalden FH		M	B
Stralsund FH	B		B
Stuttgart AKAD #	B / M	B	B / M
Stuttgart H	B / M		B
Stuttgart HdM			B
Südwestfalen FH	B j # / M t		B
Trier FH	B / M	B	B
Ulm H			B
Vechta/Diepholz FHWT	B		B
Wedel FH	B / M		B
Westküste FH	B #	B / M	
Wildau TFH	B # / M	M	B
Wilhelmshaven/Oldenburg/Elsfleth FH	B	M	B
Wismar H	B # / M		B
Worms FH	B	B / M	B
Würzburg-Schweinfurt FH	B # / M	M	B
Zittau/Görlitz H	D / M		
Zwickau H	B / M		

Abkürzungen / Anmerkungen

In der Tabelle werden die offiziellen Kurzbezeichnungen der Fachhochschulen nach HRK benutzt. Die genaue Bezeichnung der Hochschulen entnehmen Sie bitte dem Adressenteil im Anhang.

D = Diplomabschluss — t = technisch orientiert
B = Bachelorabschluss — j = auch mit juristischem Schwerpunkt
M = Masterabschluss — # = auch als Fernstudium / auch berufsbegleitend bzw. dual möglich

Was spricht nun für die Fachhochschulen? Das Studium dort umfasst die Vermittlung von Fachkenntnissen, es fördert die Persönlichkeitsbildung, vermittelt Führungswissen und Führungstechniken. Damit will man die Absolventen zur selbstständigen Anwendung wissenschaftlicher Methoden bei der Lösung praktischer betriebswirtschaftlicher Probleme befähigen.

Und das sind die Pluspunkte des Fachhochschulstudiums:
- Anwendungsbezogene Lehre
- Abstimmung der Studieninhalte auf die Berufspraxis
- Praxisnahe Vermittlung an der Hochschule in Seminaren, Fallstudien, Planspielen, Projektstudien
- Berufsfeldbezogene Abschlussarbeiten
- Kleingruppenprinzip zur individuellen Ausbildung
- Professoren aus der Praxis
- Lehrbeauftragte aus Wirtschaft und Verwaltung
- Zwei praktische Studiensemester

Die meisten dieser Vorteile reklamieren aber auch die Universitäten seit geraumer Zeit für sich. Und es scheint keine anderen Kriterien zu geben, nach denen man die Hochschulart auswählen kann, als die bisher dargelegten.

Ausprägung von Ausrichtung und Zielen im Studium – Universität versus Fachhochschule

Ausrichtung / Ziele	an Universitäten			an Fachhochschulen		
Ausprägung	stark	mittel	schwach	stark	mittel	schwach
Abstimmung der Inhalte auf Praxis			✘	✘		
Befähigung zu kritischer Beurteilung	✘					✘
Eigenständiges wissenschaftliches Arbeiten	✘					✘
Pluralistische Erklärungsansätze	✘				✘	
Praxisbezug			✘	✘		
Praxisnahe Vermittlung		✘		✘		
Theoretisch-wissenschaftliche Fundierung	✘					✘
Vermittlung wertbeständiger Methoden	✘				✘	

Brock meint dazu in Anlehnung an eine alte chinesische Weisheit: „Gib einem Studenten eine Einsicht, und er wird eine Erkenntnis gewinnen. Lehre ihn zu denken, und er wird sein ganzes Leben lang Erkenntnisse gewinnen können."

Die Wahl des Studienorts

Wenn man nun die Hochschulart ausgewählt hat, nach welchen Kriterien sucht man dann den Hochschulort aus?
Die Mehrzahl der bundesdeutschen Abiturienten zeichnet sich durch eine Eigenschaft aus, die man in der Bildungsforschung als „emotionale Ortsbezogenheit" oder „Bildungssesshaftigkeit" bezeichnet. Gemeint ist damit der Wunsch, möglichst vor der Haustür zu studieren. Dagegen wäre zunächst nichts einzuwenden, wenn denn die Uni oder FH vor der Haustür auch das Studienfach anbieten würde, für das man sich aus guten Gründen entschieden hat. Die Wirklichkeit sieht nur allzu oft anders aus, wie Untersuchungen zeigen. Demnach ist die Wahl des Studienfachs nicht selten eine Sekundärentscheidung zur Wahl des Orts: Man studiert halt das, was vor der Haustüre angeboten wird.

Als Leser dieses Buchs zählen Sie aber vermutlich eher zu den ca. 25 % der Studienanfänger, die als „Fernwanderer" bezeichnet werden. Diese Gruppe sucht sich ihren Studiengang unabhängig von der Ortswahl aus und wählt auch den Studienort nicht nach der Frage, was denn am nächsten liegt. Vielmehr sind hier Imagevariablen des Orts für die Wahl der jeweiligen Hochschule entscheidend: Die Regionalgeographie spricht da von „mental maps", die Grundlage für eine imageorientierte Bewertung des gewählten Studienorts sind.

Der vermeintliche Ruf oder gar die vermutete Qualität einer Universität, beides ohnehin unergründliche Faktoren, spielen nur eine untergeordnete Rolle. Und selbst wenn jemand angibt, derlei Kriterien für die Hochschulwahl zugrunde gelegt zu haben, zeigt sich beim Nachfragen, dass auch diese Einschätzungen von Studienanfängern mehr auf Vorurteilen denn auf Urteilen beruhen.

Dennoch gibt es ein paar für jedermann nachprüfbare Kriterien, die für die Wahl einer bestimmten Hochschule an einem bestimmten Ort ausschlaggebend sein sollten:

Objektivierte Kriterien für die Hochschul- und Studienortswahl

Hochschulwahl	Studienortswahl
Effektive Studiendauer	Wohnungsmarkt / Preise
Schwerpunktbildung	Studienbezogene Jobangebote
Breite des Lehrangebots	Studentische Szene
Zahl der Professoren / Mitarbeiter	Kulturelle Angebote
Studentenzahl im Wunschfach	Erholungswert

Wie kriegt man nun die Studienortswahlkriterien heraus? Alles vor Ort: Wohnungsmarkt/Preise bei der Zimmervermittlung des Studentenwerks vor Ort; studienbezogene Jobangebote beim Studenten-Service (Arbeitsagentur); studentische Szene bei der Studentenvertretung der Hochschule; kulturelle Angebote beim Kulturamt der Stadt oder bei großen Jugendzentren; Erholungswert beim Fremdenverkehrsamt der Stadtverwaltung.

Auch die Kriterien für die Wahl der Hochschule selbst findet man leicht vor Ort bzw. in Publikationen oder auf den Internetseiten der einzelnen Hochschulen: Die effektive durchschnittliche Studiendauer weiß die Zentrale Studienberatung; die Schwerpunktbildung ergibt sich aus dem Infomaterial; die Breite des Lehrangebots lässt sich am Vorlesungsverzeichnis ersehen (die aktuellen VVs findet man über die Homepages der Hochschulen im Netz); die Zahl der Professoren / Mitarbeiter ist im Jahresbericht der Hochschule festgehalten (Pressestelle) oder aus dem VV ersichtlich; die Studentenzahlen im Wunschfach finden sich in der Studentenstatistik oder im Infomaterial der Zentralen Studienberatung.

Brocks Spezialtipp: „Eine vergleichende Untersuchung und Darstellung der Studiendauer an den jeweiligen Fachhochschulen oder Universitäten wurde gerade vom Wissenschaftsrat erarbeitet: Dort kann man dann im Überblick sehen, wie lange ein Studium des Wunschfachs vor Ort im Schnitt dauert. Liegt die Semesterzahl oberhalb des Bundesdurchschnitts, ist in jedem Fall Vorsicht geboten, denn dies könnte auf Probleme im Fach hinweisen. Zu hohe Anforderungen etwa, Wartezeiten für die Aufnahme in Pflichtseminare, schlechte Lehrveranstaltungen, mit Nebentätigkeiten überlastete Professoren, wechselseitige Probleme mit der Chemie zwischen Profs, Mitarbeitern und / oder Studenten, häufige personelle Wechsel im Lehrkörper oder Engpässe in der Bibliothek. Der Grund kann aber auch außerhalb der Uni liegen. Hier sind häufig die job- und freizeitmäßigen Verlockungen des Studienorts ursächlich beteiligt.“

4 Die Sache mit der Zulassung

Was die Zulassung zum Studium angeht, gibt es für Studienanfänger nur drei mögliche Wege: Ein Studiengang ist entweder völlig ohne NC, lokal beschränkt, also an manchen Hochschulen mit, an anderen ohne NC, oder total beschränkt, dann übernimmt die ZVS die Vergabe für alle Hochschulen in Deutschland. Wie immer im Leben, keine Regel ohne Ausnahme: Lokal beschränkte Fächer in Nordrhein-Westfalen werden auch von der ZVS vergeben, obwohl es sich nicht um bundesweite Zulassungsbeschränkungen handelt.

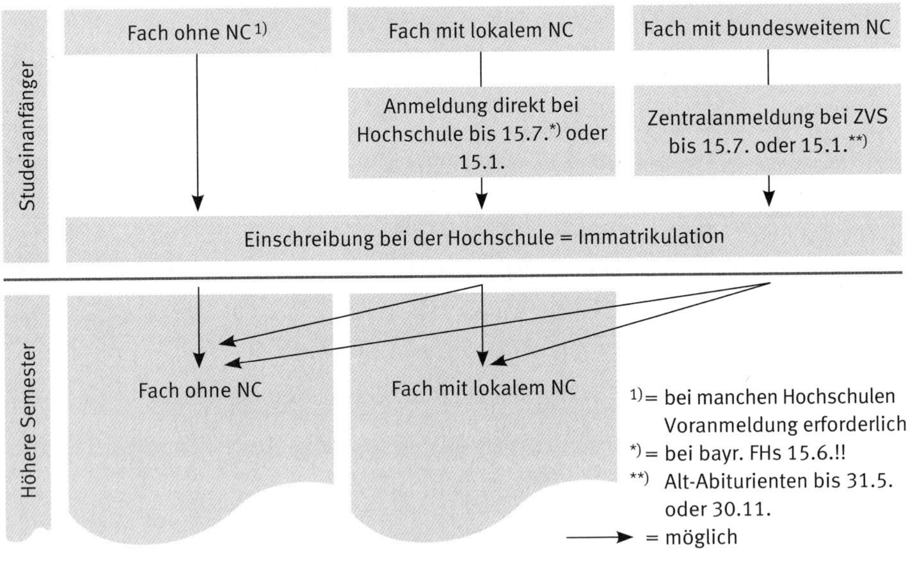

Abb. 4: Drei Wege zum Studienplatz

Wie man der Abbildung entnehmen kann, ist die Sache völlig unkompliziert. Wegen der sich von Semester zu Semester ändernden Zuordnung der Fächer zu den einzelnen Wegen sollte man sich unbedingt vor den Ausschlussfristen bei der ZSB der jeweiligen Uni erkundigen. Die in diesem Buch vorgestellten Fächer unterliegen derzeit allesamt zwar einem NC, die Plätze werden aber von den Hochschulen direkt vergeben. Eine ZVS-Bewerbung ist also momentan nicht erforderlich (Ausnahme: NRW, siehe oben).

Höhere Semester haben mit der ZVS nichts zu schaffen, mal von Studienunterbrechern abgesehen. Fächer, die anfangs mit lokalem NC oder gar mit ZVS-Bann belegt waren, können ab dem zweiten Semester frei zugänglich oder im schlimmsten Fall bis zum höchsten Semester beschränkt sein. Das ist für Hochschulortswechsler interessant oder für Quereinsteiger.

Wie hoch ist eigentlich der NC für BWL?

Die Antwort lautet derzeit: Das kommt ganz darauf an, in welchem Bundesland man Abitur gemacht hat und ob gerade ein Sommer- oder ein Wintersemester vor der Tür steht. Dabei muss man zunächst wissen, das der NC ein volkstümlicher Ausdruck für das ist, was eigentlich Auswahlgrenze oder Verfahrensergebnis heißt: die Note oder Wartezeit, mit der der letzte Bewerber eben gerade noch zum Studium zugelassen werden konnte. Damit ist auch klar, dass dieser Wert nicht vorher festgelegt wird, sondern sich aufgrund der Anzahl und der Qualität der Bewerber hinsichtlich Abschnitt und Wartezeit sowie der Anzahl der zur Verfügung stehenden Plätze ergibt.
Und genau diese Zahl der Plätze ist vorher festgelegt und damit der wirklich echte Numerus clausus. Es handelt sich dabei um die Ausbildungskapazität einer Hochschule.

Bei einem Auswahlverfahren werden nun zunächst aus den Bewerbern zwei Rangreihen gebildet:
- Rangreihe Abiturschnitt: Alle Abiturnoten werden von 1,0 bis 4,3 aufgereiht. Dann wird je nach rechtlichen Grundlagen der Vergabeverfahren ein festgelegter Prozentsatz der verfügbaren Plätze vergeben. Wenn wir also mal so ein Fach nehmen wie International Business Studies, da hat etwa die Uni Erlangen-Nürnberg 30 Plätze, und in Bayern werden davon 40 % über die Note vergeben. Also würden die Kandidaten 1 bis 12 zugelassen. Und die Note von Kandidat 12 wäre vermutlich so was wie 1,2.
- Rangreihe Wartezeit: Wieder werden alle aufgereiht, von 16 bis 0 Wartehalbjahren. In dieser Quote vergeben die Hochschulen in ihren lokalen Verfahren unterschiedliche Anteile, die Bayern zum Beispiel nur 10 %. Bei 30 Studienplätzen würden also ganze drei Bewerber in der Quote berücksichtigt. Das würden vermutlich Altwarter mit 15 oder 16 Wartehalbjahren sein.

Die Wartezeit zählt übrigens nach einer ganz einfachen Regel automatisch, wenn man nach dem Abi nicht in Deutschland studiert. Wartezeit ist also Alter des Abizeugnisses zum Zeitpunkt der jeweiligen Bewerbung in Halbjahren abzüglich der in Deutschland studierten Hochschulsemester. Wenn Sie dieses Jahr etwa das Gymnasium oder Fachoberschule beenden und sich in vier Jahren erstmals für einen

Studienplatz bewerben, schreibt man Ihnen automatisch 8 Wartehalbjahre gut. Maximal werden 16 Halbjahre angerechnet und sind universal für alle Studiengänge einsetzbar.

Wie die kühlen Rechner unter Ihnen sicher schon gemerkt haben, kommen die beiden oben genannten Vergabequoten in der Summe nicht auf 100 %. Stimmt! Es fehlt nämlich noch eine dritte Quote, die ich mit sportlichem Begriff mal als „Trostrunde“ oder „Hoffnungslauf“ bezeichnen will: die sogenannte Hochschulquote. In der können die Hochschulen Studienplätze nach eigenen Kriterien vergeben.

- Rangreihe Hochschulquote: Alle in den beiden Rangreihen Abiturschnitt und Wartezeit noch nicht zugelassenen Bewerber dürfen jetzt noch mal antreten in der Reihenfolge der Abiturnoten. Um das Beispiel „International Business Studies“ nochmals zu bemühen, in den lokalen Vergabeverfahren gibt es eine Trostrunde. Auch hier können besondere Kriterien gelten wie Berufsausbildung oder ein Soziales Jahr. Es kann aber auch sein, dass man zu einem Auswahlgespräch muss oder einfach platt nach der Abiturnote berücksichtigt wird. Die Zahl der zu vergebenden Plätze variiert, in unserem Beispielfach in Bayern sind es immer 50 %. Es würden also noch 15 Kandidaten drankommen und zwar mit einer korrigierten Abinote: Eine einschlägige Berufsausbildung, also etwas Kaufmännisches im weitesten Sinne, verbessert die Note um 0,5.

Warum ein NC niemanden vom Studium abhalten kann

Wer sich von einer Verwaltungsvorschrift daran hindern lässt, seine Lebenspläne umzusetzen, macht einen entscheidenden Fehler. Es gibt immer Möglichkeiten, das Ziel zu erreichen, das man erreichen will. Wir könnten ja mal eben kurz fragen, was Brock dazu meint. Nur befürchte ich, die Antwort würde den Rahmen dieses Buchs sprengen. Außerdem gibt es jede Menge Bücher, die sich mit nichts anderem beschäftigen als der Frage, wie man den Studienplatz bekommt, den man wirklich haben will (siehe Anhang).

> **Brocks Spezialtipp:** „Moment mal. So geht das aber nicht, wenigstens ein paar Dinge müssen gesagt werden, damit die Leser nachher in meiner ZSB-Sprechstunde die richtigen Fragen stellen.
> Zunächst mal: Manche Fächer sind vollkommen zulassungsfrei, etwa VWL an fast allen Unis. Andere wiederum haben zwar einen NC, und es wird nach Note oder Wartezeit ausgewählt, im Ergebnis sind aber nicht mehr ernsthafte Bewerber da als Studienplätze. Dann kriegt jeder einen, so geschehen bei BWL an vielen Hoch-

schulen zum Winter. Auch Wirtschaft / Ökonomie gehört in die Kategorie, genau wie Wirtschaftsinformatik und neuerdings an einigen Unis auch Wirtschaftspädagogik. An den FHs ist das Gedränge etwas größer, aber auch hier kann man durch geschicktes Ausweichen auf etwas weniger zentrale Orte ohne Probleme eine Zulassung bekommen.

Bleibt noch Internationale BWL, da gibt es einen harten NC, so zwischen 1,2 und 1,5. Nur hält auch der nicht vom Studium ab, denn den internationalen Bezug kann man durch gezielte Auswahl der Wahlfächer in jedem Wirtschaftsstudium herstellen."

Mehr über diesen Ausweich- oder Quereinstiegsgedanken finden Sie im Teil II dieses Buchs, wo die einzelnen Wirtschaftsstudiengänge vorgestellt werden.

5 Was kostet ein Studium und wie finanziere ich es?

Ein nicht ganz unwesentlicher Faktor beim Beantworten der Frage „Studieren: Ja oder Nein?" sind die Kosten. Deshalb will ich hier über folgende Aspekte dieses Themas informieren: Lebensunterhalt, studentisches Wohnen und Miete als einer der Hauptpunkte der Lebenshaltungskosten sowie Quellen für die Finanzierung von Studienkosten. Empirische Grundlage dessen ist z. Zt. die 18. Sozialerhebung des Deutschen Studentenwerks (DSW), denn die 19. kommt erst im April 2010.

Das Studentenwerk ist eine Art „Verein", der sich um das Wohlergehen von Universitäts- und Fachhochschulstudenten kümmert, beispielsweise Mensen oder Cafeterien bewirtschaftet, Studentenwohnheime verwaltet, Zimmervermittlungsbüros betreibt und vieles mehr. Und weil das so ist, müssen Sie bei der Einschreibung an der Hochschule einen Pflichtbeitrag an das Studentenwerk entrichten, denn jeder Student ist dort zwangsweise „Mitglied". Ohne Beitrag keine Einschreibung, so einfach ist das. Die Studentenwerksbeiträge (ohne ÖPNV-Studententicket) liegen je nach Bundesland so um die 40 Euro pro Semester. Die örtlichen Studentenwerke sind im Dachverband Deutsches Studentenwerk organisiert und gehören im Übrigen nicht den Universitäten oder Fachhochschulen an, für deren Studenten sie zuständig sind.

Kommen wir zu den Sozialerhebungen zurück, die das DSW regelmäßig in Zusammenarbeit mit dem Hochschul-Informations-System (HIS) durchführt: Mittlerweile liegen die Daten der 18. Erhebung vor. Besonders interessant sind für uns dabei die Kapitel, die mit studentischen Einnahmen und Ausgaben sowie mit den Finanzierungsquellen zu tun haben. Bezogen sind die Angaben dabei auf die Spezies „Normalstudent", ein genormtes Wesen mit den Merkmalen ledig, nicht mehr im Elternhaus wohnhaft, Erststudium. Dieser „Cyborg" wird als Studententyp allen versorgungs- und förderungspolitischen Überlegungen als „Regelfall" zugrunde gelegt, und laut DSW/HIS gehören immerhin fast zwei Drittel der real existierenden deutschen Studiosi in diese Kategorie.

Was also kostet ein Student im Monat?

Diese Frage nach dem Aufwand für den Lebensunterhalt ist dank DSW/HIS leicht zu beantworten, zumindest statistisch. Danach geben die Studenten ihr Geld folgendermaßen aus:

Durchschnittliche monatliche Ausgaben eines Normstudenten

Ausgabezweck	alte Länder		neue Länder	
	2006	2003	2006	2003
Miete	275 Euro	260 Euro	221 Euro	200 Euro
Ernährung	151 Euro	164 Euro	130 Euro	136 Euro
Kleidung / Wäsche / Körperpflege	52 Euro	58 Euro	44 Euro	50 Euro
Fahrtkosten	81 Euro	91 Euro	85 Euro	85 Euro
Lernmittel	36 Euro	38 Euro	30 Euro	33 Euro
Sonstiges*)	164 Euro	134 Euro	134 Euro	128 Euro
Summe	759 Euro	745 Euro	644 Euro	632 Euro

(Tabelle nach Zahlen aus: DSW / HIS, 18. Sozialerhebung, 2006)

*) Sonstiges ist z. B. Krankenversicherung, Telefon, Porto, Hobby, aber auch Genussmittel wie Tabak oder Alkohol; möglicherweise taucht in Bayern der Bierkonsum in den Kosten für Ernährung auf.

Hierbei handelt es sich – wie gesagt – um Durchschnittswerte, genauer gesagt um das arithmetische Mittel, einen Wert, den Statistiker gerne verwenden, der aber von seiner Aussagekraft her in die Kategorie „Tücke des Objekts" tendiert: Denn über die Verteilung der ursprünglichen Einzelwerte, hier in diesem Fall der tatsächlichen Ausgaben einzelner Studenten, wird ja nichts ausgesagt. So könnten viele extrem wohlhabende Hochschüler und viele ärmliche Selbstzahler zu einem moderaten arithmetischen Mittelwert führen, der an der Realität völlig vorbeigeht. Oder anders: Zwei Idioten und zwei Genies haben als Gruppe durchschnittlich sicher immer noch den IQ eines normalen Sachbuchautors.

Und weil all das natürlich auch die Leute von DSW/HIS wissen, geben sie uns für 2006 noch einen Vergleichswert an die Hand, der besagt: Wenn man die Gruppe der Altbundesländer-Studenten in zwei Hälften teilt, gibt die erste Hälfte weniger als 745 € pro Monat, die zweite Hälfte mehr als das aus. In den Ostländern berappen die ersten 50 % monatlich weniger als 632 €, die zweiten 50 % mehr als das. Die Differenz zwischen diesen Werten und den Ausgabesummen in der Tabelle zeigt die Verzerrung des arithmetischen Mittels für das Betrachtungsjahr 2006.

Was die Veränderung der Ausgaben von 2003 nach 2006 angeht, sagen DSW/HIS, die Aufwendungen der Studenten im Westteil der Republik hätten sich real eigentlich nicht erhöht, wenn man berücksichtige, in welchem Maß sich das Leben für die nicht studierende Bevölkerung verteuert habe.

Brock sagt: „Homomorph ist hier wohl der richtige Ausdruck, weil sich die Lebenshaltungskosten bei den Studenten genauso entwickelt haben wie bei normalen Menschen."

Anders in den neuen Ländern. Hier stiegen die Ausgaben der Hochschüler überproportional: Während also sowieso alles teurer wurde, mussten nach DSW/HIS die Studenten dort real 18 % mehr hinblättern als drei Jahre zuvor.

Was sagt all dies nun dem Studieninteressenten, der noch zu Hause wohnt und wie rund 65 % aller Abiturienten in unserem Land an der nächstgelegenen Universität oder Fachhochschule studieren möchte? Nun, die ausgewiesenen Mietkosten würden wohl wegfallen, auch die Ausgaben für Ernährung fänden sich weitgehend im elterlichen Haushaltsbudget bzw. Kühlschrank wieder, dafür wären die Fahrtkosten möglicherweise etwas höher. Unter dem Strich ergäben sich somit im Vergleich zu einem Oberschüler kaum Mehrausgaben für einen studentischen „Heimschläfer", und am elterlichen Budget würde sich wohl wenig ändern.

WG oder Untermiete: Wie wohnen Studenten eigentlich?

Den klassischen studentischen Untermieter, der in der gutbürgerlichen Wohnung einer wohlmeinenden Beamtenwitwe logiert, findet man heutzutage fast nur noch in deutschen Spielfilmen der Fünfzigerjahre. Im 21. Jahrhundert wohnen Hochschüler meist allein oder mit einem Partner in einer Mietwohnung, in Wohngemeinschaften (WG) oder im Studentenwohnheim. Dabei fängt der problembeladene studentische Wohnungsmarkt der Achtzigerjahre, der sich bis Ende der Neunzigerjahre in den meisten Universitätsstädten so schön entspannt hatte, gerade wieder an, Schwierigkeiten zu machen.

Brock meint dennoch: „Es gibt immer Mittel und Wege, auch kurzfristig eine Unterkunft zu finden."

DSW / HIS haben herausgefunden, wo denn nun die Studenten tatsächlich wohnen:

Wohnformen von Studenten

Wohnformen	2003 in %	2006 in %
Wohngemeinschaft	22	25
eigene Wohnung allein	23	20
eigene Wohnung mit Partner	20	20
Wohnheim	12	11
Eltern	22	23
Untermiete	2	2

(Tabelle nach Zahlen aus: DSW / HIS, 2003 und 2006)

Die Entwicklung der vergangenen zehn Jahre im Westen ist dabei so, dass mehr junge Studis eine eigene Wohnung haben und gleichzeitig weniger bei den Eltern logieren. Mittlerweile erfreuen sich WGs größter Beliebtheit. Stark geschrumpft ist hingegen die Untermietergruppe, eine Wohnform, die in der 1. Sozialerhebung des DSW im Jahre 1953 immerhin fast 60 % als die ihre angaben.

In den neuen Ländern ist vor allem der Anteil derer rückläufig, die Quartier im Studentenwohnheim beziehen, was nicht zuletzt daran liegt, dass die Wohnheime dort saniert und die Belegdichte von amerikanischen Collegeverhältnissen – drei Bewohner pro Zimmer – auf den bei uns üblichen Standard von eins zu eins reduziert wurde. Bundesweit steht aber im Schnitt nur etwa jedem sechsten Studenten ein Wohnheimplatz zur Verfügung: In den neuen Ländern können ein Drittel der Hochschüler, in den alten Ländern nur ein Achtel in Wohnheimen untergebracht werden.

Im Übrigen liegen Wunsch und Wirklichkeit beim studentischen Wohnen teilweise recht weit auseinander. Die armen Eltern: Nur 5 % der Studenten wollen freiwillig bei ihnen wohnen, und doch zwingt die Realität 22 % aller Hochschüler in der Herkunftsfamilie zu verweilen. Lediglich bei Wohnheimen stimmen Wunsch und Wirklichkeit überein, vermutlich eine Form der psychischen Rationalisierung im Umgang mit der Macht des Faktischen.

Brock sagt in solchen Fällen immer: „Lügen ist hier und da die menschlichste Form miteinander umzugehen. Und das gilt sicher auch für den Umgang mit sich selbst."

Bleibt noch die Frage, was man denn so monatlich für die unterschiedlichen Wohnformen in Ost und West und natürlich auch in Nord und Süd bezahlen muss. Auch hier haben DSW/HIS die Antwort schnell bei der Hand:

Studentische Wohnformen und ihre monatlichen Kosten (Mietpreis je Bewohner in Euro)

Wohnform	2003	2006
eigene Wohnung solo	300	316
eigene Wohnung mit Partner	267	292
Wohngemeinschaft	232	246
Untermiete	212	234
Wohnheim	181	201

(Tabelle nach Zahlen aus: DSW / HIS, 2003 und 2006)

Wo kommt nun das ganze Geld her und vor allem, wie viel ist es?

Auf diese Zeilen haben Sie nun lange genug gewartet. Wo bekommen die Damen und Herren Studenten denn nun das Geld her, dessen Verwendung DSW/HIS in der 18. Sozialerhebung so akribisch dargelegt haben? Auch hier haben sich die oben genannten Forscherteams verdient gemacht und Licht ins Dunkel der mehr oder minder sprudelnden Finanzquellen deutscher Nachwuchseliten gebracht.

Finanzierungsquellen von Studenten im Vergleich 1997–2006

Geldquelle	2006	2003 in %	2000 in %	1997 in %
Eltern	52	50,6	49,5	49,1
eigener Verdienst	24	26,9	30,5	30,2
BaföG (derzeit zur Hälfte Darlehen)	14	13,2	10,9	10,6
sonstige Quellen (z.B. Stipendien, Renten, Partner/-in, Darlehen außer BaföG, Verwandte...)	10	9,4	9,1	10,1

(Tabelle nach: DSW / HIS, 18. Sozialerhebung, 2006)

Wie man sieht, erhält unser ja nun schon hinreichend bekannter statistischer Normalstudent auch im Jahre 2006 den Löwenanteil seiner monatlichen Apanage von den Eltern. Ein Faktum, das weder neu ist noch verwundert. Schon zu Goethes Zeiten waren des Vaters monatliche Wechsel des Studiosus höchstes Glück.

Möglicherweise haben Sie geglaubt, die staatliche Förderung nach dem Bundesausbildungsförderungsgesetz (BAföG) würde mehr zur Alimentation deutscher Studenten beitragen. Das tut sie natürlich im Einzelfall schon, aber wir haben es beim hier betrachteten Normalstudenten ja mit einem in jeder Hinsicht durchschnittlichen Wesen zu tun. Und weil die Höhe der BAföG-Förderung von den Einkommensverhältnissen des zu Fördernden und seiner unterhaltspflichtigen Eltern bzw. seines unterhaltspflichtigen Partners abhängt, bekommt eben nicht jeder BAföG und schon gar nicht den Höchstsatz: Der liegt derzeit pro Monat bei 585 € für eigenständig krankenversicherte Studenten, die nicht bei den Eltern wohnen, und 375 € für Elternwohner, die noch über die Eltern krankenversichert sind. Übrigens: BAföG gibt es auch in den Semesterferien, allerdings höchstens für zwölf Monate im Jahr, von wegen Weihnachtsgeld oder 13. Monatsgehalt ...

Augenblicklich werden nur rund 20 % der Studenten in den alten und 36 % der Studenten in den neuen Ländern überhaupt nach BAföG gefördert, wobei die eine Hälfte des Förderungsbetrags ein Geschenk des Staats ist, das im Amtsjargon „verlorener Zuschuss" heißt, zugegebenermaßen ein etwas merkwürdiger Begriff. Die zweite Hälfte ist ein zinsloses Darlehen, das einige Zeit nach Studienende in einkommensabhängigen kleinen Raten zurückgezahlt werden muss. Wer übrigens schneller und besser als der statistische Normalstudent Examen macht, kann mit einem großzügigen Teilerlass seiner angesammelten BAföG-Schulden rechnen.

Nachdem nun also diese staatliche Förderung nicht über alle Maßen attraktiv dasteht, beklagen die BAföG-Ämter landauf landab, dass eine Reihe von Studenten trotz vorliegender Fördervoraussetzungen keinen Antrag auf BAföG stellen, weil sie glauben, sowieso kein Geld vom Staat zu kriegen. Soll man nun also einen Antrag stellen oder nicht?

! **Brocks Spezialtipp:** „Nur ein nicht gestellter Antrag ist von vornherein chancenlos!"

Betrachtet man neben der absoluten Höhe die Bedeutung eigener Verdienstquellen von Hochschülern für die Finanzierung ihres Studiums rückblickend über einen längeren Zeitraum, fällt eine stetige Zunahme dieser Geldquelle auf: Seit Beginn der Achtzigerjahre ist ihr Anteil von 19 % auf 27 % gestiegen. In absoluten Zahlen heißt das, der Normalstudent verdiente damals etwa 85 € im Monat dazu, während es heute schon rund 195 € sind.

An dieser Stelle muss ich nun unbedingt den diplomierten pädagogischen Zeigefinger erheben und warnen, denn Erwerbstätigkeiten im Studium, zumal während der Vorlesungszeit, führen immer zur Verlängerung desselben. Bei alledem ist die Frage, ob man da nicht möglicherweise Zeit verschwendet, denn die Nebenjobs werden nach meiner Erfahrung keineswegs immer nur zur blanken Existenzsicherung angenommen. Nicht selten finanzieren Hochschüler damit die kleinen Extras des Alltags. Sicherlich haben auch Studenten ein Recht auf Teilhabe an ihrem persönlichen Stück Konsumrausch. Allerdings, wie bei jedem Narkotikum kann dies gewisse Abhängigkeiten und Gewöhnungseffekte hervorrufen, und mit der Zeit braucht man ständig eine höhere Dosis ... und verbrät dann immer mehr Zeit für Lohnarbeit statt für geistige Höhenflüge. Und leider nur allzu oft führt dies zu Problemen im Studium: Die Zeit bis zur Prüfung ist in allen Studiengängen, die in diesem Buch behandelt werden, begrenzt. Und die Tendenz bei den Hochschulen geht eher dahin, die Daumenschrauben in diesem Bereich weiter anzuziehen.

Studienzeitverkürzung heißt das Zauberwort, das in vielen ministeriellen und universitären Hirnen Kreise zieht. In der Praxis bedeutet das, die zugestandenen Überziehungszeiten für die Prüfungsfristen werden kürzer werden und Ausnahmen seltener genehmigt. Nur zu oft habe ich schon zerknirschte Ratsuchende in meiner Sprechstunde gehabt, die sich wegen Erwerbstätigkeiten im Studium zeitlich ins Abseits manövriert hatten und in manchen Fällen dadurch ihr Studium endgültig in den Sand setzten.

Aber genug der Ermahnungen, festzuhalten bleibt, dass der Normalstudent im Monat gut 680 € unters Volk bringt, womit er – an manchem Ort zehntausendfach in Erscheinung tretend – vom schnöden Kostenfaktor schnell zum regionalen Umsatzrenner mutiert. Bei einer mittleren Uni mit 20.000 Studis ist das immerhin eine Kaufkraft von 160 Mio. €. Aber das ist ein anderes Thema.

Brock zieht Bilanz: „Also Leute, ihr müsst derzeit wohl davon ausgehen, dass ledige Erststudenten, die nicht bei den Eltern wohnen, irgendwo zwischen 600 und 700 € monatlich verbrauchen. Bereitet eure Eltern schon mal schonend darauf vor! Und noch was: Studiengebühren sind schwer im Kommen. Die meisten Bundesländer verlangen schon jetzt pro Semester einen zusätzlichen Obolus. Der liegt je nach Fachhochschule oder Universität zwischen 300 und 600 € fürs halbe Jahr. Das wären dann monatlich noch mal rund 80 €.“

Förderung durch Stiftungen

Anders als in den USA, wo Studenten richtige saftige Gebühren für ihr Studium berappen müssen, hat sich in Deutschland nie ein Stipendienwesen größeren Ausmaßes aus privaten Vermögen entwickelt. Auch das stiftungsunfreundliche Steuerrecht trägt sicher seinen Teil zu dieser Misere bei. Dennoch gibt es auch hierzulande Stiftungen, die Studiosi unterstützen. Deren Ziel ist es, hochbegabte Studenten und Studentinnen zu fördern. Neben überdurchschnittlichen Leistungen und einer besonderen Eignung zum wissenschaftlichen Arbeiten zählen charakterliche Reife und gesellschaftliches Engagement in kulturellen, politischen, kirchlichen oder sozialen Bereichen zu den Aufnahmekriterien.

Aber nicht nur finanzielle Unterstützung ist wichtig, auch ideelle Förderung wollen die Stiftungen vermitteln: Kontakte zu ehemaligen und jetzigen Stipendiaten bieten dem Einzelnen Anregungen und Möglichkeiten zur persönlichen Entwicklung und zum Aufbau von Beziehungen. Die Auswahlkriterien für die Aufnahme in die Stiftungen sind recht unterschiedlich. In jedem Fall findet ein mehrstufiges Auswahlverfahren statt, in dem man mit anderen Stipendienbewerbern konkurriert.

Neben den großen überregionalen Studienförderorganisationen wie beispielsweise der Heinrich-Böll-Stiftung, der Studienstiftung des Deutschen Volkes oder der Hans-Böckler-Stiftung gibt es eine Reihe lokaler Stipendienfonds. In diesen Fällen muss man sich bei der jeweiligen Stipendienstelle der Hochschulen vor Ort erkundigen. Einen umfassenden Überblick gibt der „Bundesverband Deutscher Stiftungen" unter www.stiftungen.org im Internet.

6 Erstsemester-ABC

An Uni und FH gibt es jede Menge neue Begriffe, die ich hier in alphabetischer Reihenfolge zu erklären versuche:

Akademisches Auslandsamt	Referat der Universitätsverwaltung, das für die soziale Betreuung ausländischer Studierender und Wissenschaftler zuständig ist. Außerdem bearbeitet das Akademische Auslandsamt die Stipendienanträge für einen Studienaufenthalt im Ausland.
Aushänge (früher „Schwarze Bretter")	Wichtige Mitteilungen an die Studenten werden am „Schwarzen Brett" per Anschlag bekannt gegeben und sind nicht selten nur auf diesem Weg zu erfahren, so z.B. finden Sie hier Mitteilungen über verlegte oder ausfallende Lehrveranstaltungen, die Sprechstunden der Mitglieder des Lehrkörpers, Prüfungs- und Anmeldetermine. Lesen Sie deshalb die Aushänge regelmäßig und aufmerksam.
Auslandsstudium	Informationen hierzu siehe Stipendienführer und Länderbroschüren des DAAD. Falls Sie im Ausland studieren wollen, sollten Sie frühzeitig die entsprechenden Schritte einleiten, da die Bewerbungsfristen sehr lang sind (meistens ein Jahr, bei manchen Programmen 16 Monate). Anträge auf Förderung gibt es beim Akademischen Auslandsamt der Hochschule.
BAföG (Bundesausbildungsförderungsgesetz)	Die Antragsformulare werden beim Studentenwerk ausgegeben.
Bachelor	Aus dem angloamerikanischen Hochschulsystem abgekupferter Studienabschluss, der durch die Umstrukturierung im deutschen Hochschulwesen das gute alte Diplom nach und nach verdrängen wird. Den Bachelor erwirbt man als ersten berufsqualifizierenden Abschluss bereits nach 6 bis 7 Semestern. Er wird in den Varianten Bachelor of Arts (BA) für Geistes-, Kultur-, Sozial- und Wirtschaftswissenschaften angeboten und als Bachelor of Science (BSc) für Naturwissenschaften. Frei übersetzt könnte man diesen Titel als (Jung-) Gesellen der Wissenschaft interpretieren. Um im Bild handwerklicher Abschlüsse zu bleiben: Die Meisterprüfung wäre dann der Masterabschluss, MA oder MSc.
Behindertenbeauftragter	Als Behindertenbeauftragter fungiert meist ein Mitarbeiter der Zentralen Studienberatung. Er ist Ansprechpartner, wenn Sie als behinderte/r Studienbewerber/in besondere Fragen zur Realisierung eines Studiums haben.

Belegen	Auf dem Belegbogen der Uni vermerkt man die Lehrveranstaltungen, die man im laufenden Semester besucht. Diese Eintragung von Lehrveranstaltungen ist nicht zu verwechseln mit der manchmal erforderlichen Eintragung in Teilnehmerlisten. Die Informationen der Fachschaft enthalten die entsprechenden Hinweise. Außerdem wird in der Einführungsveranstaltung oder auf den Anschlagbrettern der Institute auf die notwendige Eintragung in Teilnehmerlisten hingewiesen.
Beurlaubung vom ordnungsgemäßen Studium	Vom ordnungsgemäßen Studium wird man bei Vorliegen eines wichtigen Grunds bis zu zwei Semester befreit (Beurlaubung). Gründe für die Befreiung sind beispielsweise Auslandsstudium, Krankheit, Schwangerschaft oder Kindererziehung. Der Antrag ist im Normalfall vor Beginn der Vorlesungszeit zu stellen.
Brückenkurse (Vorkurse)	Werden in Ausnahmefällen angeboten (z. B. Mathematikrepetitorium für BWLer). Auskünfte erteilt die Studienfachberatung des jeweiligen Fachs bzw. Studiengangs. An Gesamthochschulen haben Brückenkurse eine völlig andere Bedeutung: Ihr erfolgreicher Besuch ist die Voraussetzung für die Aufnahme in den Unizweig, falls man zu Studienbeginn nur das FOS-Abi hatte.
c.t. (cum tempore)	Eine Veranstaltung beginnt nicht genau zur angegebenen Zeit, sondern eine Viertelstunde später („akademisches Viertel"). Also: 14 Uhr c.t. heißt Veranstaltungsbeginn ist um 14.15 Uhr. Da in der Regel alle Veranstaltungen an der Uni „c.t." beginnen, wird c.t. oft weggelassen. (Siehe aber „s.t.").
Dekan / Dekanat	Vom Fachbereich oder einer Fakultät aus ihrer Mitte gewählter Professor, der die Interessen der Fakultät vertritt und die Geschäfte der Fakultätsverwaltung (Dekanat) führt.
Einführungsveranstaltung	Zu Beginn des Semesters gibt es in den meisten Studiengängen eine Einführungsveranstaltung für Studienanfänger. Ort und Zeit können einem Informationsblatt entnommen werden, das während der Zeit der Einschreibung von der Zentralen Studienberatung verteilt wird.
Einwohnermeldeamt	Nach dem Meldegesetz ist man verpflichtet, einen Wohnungswechsel innerhalb einer Woche beim zuständigen Einwohnermeldeamt anzuzeigen. Das gilt auch für Studierende, die als neuen Wohnort den Hochschulort oder dessen Umgebung wählen. Vergessen Sie auch nach einem Umzug am Hochschulort nicht, sich umzumelden. Zuständig ist die Stadtverwaltung bzw. Gemeindeverwaltung des neuen Wohnorts (Rathaus).

Exmatrikulation	Abmeldung von der Universität. Kann von Ihnen vorgenommen werden bei Hochschulwechsel, Studienabbruch/-unterbrechung oder Beendigung des Studiums. Wird von der Universität vorgenommen bei nicht erfolgter Rückmeldung, endgültig nicht bestandener Prüfung oder nach erfolgreichem Studienabschluss zum Ende des Semesters, in dem man die Abschlussprüfung gemacht hat. Die Exmatrikulation kann man das ganze Jahr über beim Studentensekretariat der Hochschule beantragen. Im Gegensatz zur Immatrikulation ist sie nicht an Fristen gebunden. Ohne Exmatrikelvermerk der Uni im Studienbuch bzw. ohne Exmatrikelbescheinigung der FH werden Sie an einer anderen deutschen Universität oder FH später nicht eingeschrieben.
Exkursion	Untersuchung oder Besichtigung außerhalb der Universität, die in engem Zusammenhang mit fachspezifischen Inhalten steht.
Fachsemester	Anzahl der Semester, die man in einem bestimmten Studiengang oder -fach eingeschrieben war, ohne beurlaubt gewesen zu sein.
Fakultät	Organisatorische Grundeinheit der Hochschule, in der meist mehrere oder verwandte Fachgebiete zu einer Einheit zusammengefasst sind.
Frauenbeauftragte	Für Studentinnen gibt es die Möglichkeit, sich an das Büro der Frauenbeauftragten der Hochschule zu wenden. Hier können Sie sich über alle Fragen informieren, die mit dem Thema „Frau und Studium" zu tun haben.
Grundlagen- und Orientierungsprüfung	Die GO schließt in der neuen BA-Studienstruktur den meist 2-semestrigen ersten Studienabschnitt ab, der neudeutsch auch gerne als „Assessmentphase" bezeichnet wird. Früher nannte man das Grundstudium, und viele nennen das auch heute noch so.
Grundstudium	Das ist der erste Abschnitt in klassischen Diplomstudiengängen. Er dauert normalerweise 4 Semester und wird mit der Vordiplomprüfung (VD) abgeschlossen. In den neuen Bachelorstudien heißt das dann Assessmentphase oder ähnlich und wird bereits nach dem ersten Jahr mit einer Grundlagen- und Orientierungsprüfung quittiert. Wenn man so will gewissermaßen die „Parterre-Akrobatik" im akademischen Zirkus.
Hauptstudium	Hier haben wir den Teil des Studiums, der sich an die Vorprüfungen, also VD oder GO anschließt. Im Hauptstudium findet die inhaltliche Vertiefung statt, daher gibt es hier auch viele Wahl- und Spezialisierungsmöglichkeiten. In den neuen BA-Studien bezeichnet man diesen Abschnitt meist auch als Bachelorphase.

Hochschulsemester	Gesamtzahl der Semester, die man an wissenschaftlichen Hochschulen oder an Fachhochschulen eingeschrieben war. Bei einem Studiengangwechsel innerhalb der Hochschulart zählen die Hochschulsemester weiter, die Fachsemester werden in der Regel nicht angerechnet, es sei denn bei verwandten Studiengängen.
Höchststudiendauer	In den meisten Prüfungsordnungen ist festgelegt, wann Sie sich spätestens zur Prüfung (Vor-, Zwischen- oder Abschlussprüfung) anmelden müssen. Ein Überschreiten dieser Höchststudiendauer ist in der Regel nur möglich, wenn Sie die Gründe für die Studienverzögerung nicht selbst zu vertreten haben. Beachten Sie dabei auch, dass Sie eine Wiederholungsprüfung nur innerhalb eines bestimmten Zeitraums (in der Regel ein Semester bis ein Jahr) ablegen können und dass dieser Ablauf durch nichts, auch nicht durch Exmatrikulation, unterbrochen werden kann. Wird die Höchststudiendauer überschritten, ohne dass hierfür seitens der Universität eine Erlaubnis vorliegt, gilt die Prüfung als erstmals nicht bestanden.
Immatrikulation	Einschreibung bzw. Aufnahme in die Liste der Studierenden. Über die Immatrikulationsfristen und über die notwendigen Unterlagen informiert die Zentrale Studienberatung der jeweiligen Hochschule.
Informationsblätter	Diese werden zu den jeweiligen Fächern bzw. Studiengängen von der Zentralen Studienberatung in Zusammenarbeit mit der Studienfachberatung herausgegeben. Neuerdings haben die meisten Hochschulen diese Materialien auch über Internet zugänglich gemacht.
Kanzler	Der leitende Beamte der Hochschulverwaltung und Beauftragter für den Haushalt der Hochschule.
Kommentiertes Vorlesungsverzeichnis	Manche Institute der Uni geben zusätzlich zum Gesamtvorlesungsverzeichnis ein kommentiertes Verzeichnis über ihr Lehrangebot heraus. Dies enthält zusätzliche Angaben zum Inhalt der Lehrveranstaltungen und über den angesprochenen Hörerkreis. Auch das gibt es oft im Internet.
Leistungsnachweis	siehe Schein
Literaturliste	In der ersten Lehrveranstaltung wird oft eine Aufstellung von Büchern ausgegeben, die in die zu behandelnden Themen einführen.

Master	Aufbauender Abschluss nach einem ersten berufsqualifizierenden Bachelor-Examen, der in den Varianten Master of Arts für Geistes-, Kultur-, Sozial- und Wirtschaftswissenschaften (MA) angeboten wird, und den es als Master of Science (MSc) für Naturwissen schaften geben wird bzw. vereinzelt bereits gibt. Häufig werden diese Aufbaustudien als „Professional Studies" bezeichnet.
Matrikelnummer	Diese Nummer begleitet den Studenten, solange er eine bestimmte Universität besucht. Bei Anfragen und Schriftwechsel sollte die Nummer stets angegeben werden.
Mensa	Studentische „Kantine", die wesentlich besser ist als ihr Ruf.
Mindeststudiendauer	Die einzelnen Prüfungsordnungen sehen vor, dass man zu Prüfungen erst dann zugelassen wird, wenn man als ordentlicher Studierender (also nicht als Gasthörer) eine bestimmte Mindestzahl von Fachsemestern studiert hat. (Siehe auch „Höchststudiendauer".) Bei Vorliegen der fachlichen Zulassungsvoraussetzungen (also der Scheine, die man zur Prüfungsanmeldung braucht) kann die Frist unterschritten werden.
N.N. (nomen nominandum)	Der Name des Veranstaltungsleiters oder Vortragenden ist noch nicht bekannt.
Praktikum / Praxissemester	Praktika (z. B. in Handels- oder Industriebetrieben etc.) sollen berufspraktische Erfahrung vermitteln. In einer Reihe von Unistudiengängen gehören solche außeruniversitären Praktika zur universitären Ausbildung, sind allerdings in den Semesterferien abzuleisten; bei den Fachhochschulen finden sie im Semester statt. Näheres ist durch die jeweiligen Prüfungsordnungen geregelt.
Prüfungsamt / Prüfungen	Dass man an der Hochschule Prüfungen ablegen muss, ist bekannt. Um an diesen Prüfungen teilnehmen zu können, muss man sich anmelden (siehe Prüfungsfristen). Zuständig für die Bearbeitung der Prüfungsangelegenheiten sind die einzelnen Prüfungsämter an den Hochschulen.

Prüfungsfristen	Die Prüfungsordnungen enthalten Bestimmungen darüber, bis zu welchem Zeitpunkt eine Vor- oder Abschlussprüfung abgelegt sein muss. Hat ein Studierender bis zu diesem Zeitpunkt aus Gründen, die er selbst zu vertreten hat, die entsprechende Prüfung nicht abgelegt, so gilt die Prüfung erstmals als nicht bestanden. Die Wiederholungsprüfung ist dann innerhalb eines festgesetzten Zeitraums abzulegen; geschieht das nicht, gilt die Prüfung als endgültig nicht bestanden. Nach einer endgültig nicht bestandenen Prüfung wird man im gleichen Studiengang bzw. -fach an der gleichen Hochschulgattung nicht mehr immatrikuliert, und zwar nirgendwo in der Bundesrepublik. Diese Bestimmungen zwingen Studierende, mit ihrer Zeit an der Hochschule sorgsam umzugehen, denn durch die Fristen wird die Studiendauer in einem Studiengang begrenzt.
Prüfungsordnung	Man sollte sich zu Beginn des Studiums die jeweiligen Prüfungsordnungen zulegen und das Studium daran orientieren, um bei der Meldung zur Prüfung vor Überraschungen sicher zu sein. Denn eine Zulassung zur Prüfung ist nur bei Vorliegen aller formalen und fachlichen Voraussetzungen möglich.
Psychologische Hilfe	Psychologisch-psychotherapeutische Beratungsstellen gibt es bei den Studentenwerken oder bei den Zentralen Studienberatungen der Hochschulen. Bei Problemen seelischer Natur kann man hier professionelle Hilfe finden. Bei der Anmeldung zur Sprechstunde wird im Normalfall nicht nach dem Grund für das Gespräch gefragt.
Rechenzentrum	Das Rechenzentrum der jeweiligen Hochschule ist meist eine zentrale Einrichtung. Hier gibt es die begehrten und teilweise völlig kostenlosen Internet-Accounts und Benutzernummern fürs Einloggen. Auch Programmierkurse oder sonstige EDV-Kurse für die Studierenden werden dort angeboten.
Regelstudienzeit	Die Regelstudienzeit ist für jeden Studiengang in der Prüfungsordnung festgesetzt. Die Institute sind verpflichtet, Studienordnungen und Lehrangebot so zu gestalten, dass das Studium innerhalb der Regelstudienzeit abgeschlossen werden kann. In den meisten Fällen gilt die Faustregel: Höchststudiendauer ist gleich Regelstudienzeit plus vier Semester.
Rektor	Auf vier Jahre gewählter Leiter der Hochschule; formelle (ältliche) Anrede: Magnifizenz. An manchen Hochschulen heißt der Rektor auch Präsident.

Rückmeldung / Rückmeldefrist	An den Hochschulen muss man sich gegen Ende der Vorlesungszeit beim Studentensekretariat für das weitere Studium im nächsten Semester rückmelden.
Schein	Leistungsnachweis bzw. Bestätigung der erfolgreichen Teilnahme an einer Übung, einem Praktikum oder Seminar. Der Veranstaltungsleiter legt fest, ob die erfolgreiche Teilnahme durch Klausur, Referat, Hausarbeit, Protokoll oder sonstwie nachgewiesen wird.
Semesterwochenstunden (SWS)	Veranstaltungsstunden je Woche während der Vorlesungszeit eines Semesters.
Seminar	Veranstaltungen zu einem Gesamtthema mit Eigenbeiträgen der Teilnehmer zu Einzelthemen.
s.t. (sine tempore)	Eine Veranstaltung beginnt genau zur angegebenen Zeit. Also 14 Uhr s.t. = Veranstaltungsbeginn 14 Uhr; siehe auch c.t. Im Gegensatz zu c.t. wird s.t. immer ausdrücklich angegeben.
Skript	Schriftliche Ausarbeitung einer Vorlesung, erhältlich bei Dozenten oder Studentenvertretung.
Sprachkurse	Am Sprachenzentrum der jeweiligen Hochschule kann man seine Sprachkenntnisse in den modernen Sprachen verbessern oder Sprachen neu lernen. Außerdem gibt es meist die Möglichkeit, Fremdsprachenprüfungen abzulegen und Zertifikate zu erwerben.
Sportzentrum	Die Sportmöglichkeiten für alle Studierenden einer Hochschule werden durch Aushang oder Handzettel / Semesterprogramme bekannt gegeben.
Studentenausweis	Der Studentenausweis dokumentiert innerhalb der Hochschule und nach außen, dass Sie eingeschriebener Student sind. In Museen, Theatern etc. gibt es bei Vorlage des Studentenausweises meist verbilligte Eintrittskarten. Mittlerweile bestehen Studentenausweise fast überall nur noch aus einem computerbedruckten Stück Papier. Er gilt nur in Verbindung mit dem Personalausweis. Einen internationalen Studentenausweis kann man sich gegen eine Gebühr bei verschiedenen studentischen Reisebüros oder beim Studentenwerk ausstellen lassen. Dazu braucht man ein Passbild und den Studentenausweis.
Studentenvertretung	Die Studentenvertretung ist die gewählte Interessenvertretung der Studenten an der Hochschule. Hier kann man u.a. die Adressen der Studentengruppierungen der jeweiligen Studienfächer (Fachschaften) erfragen.

Studentenwerk	Aufgaben der Studentenwerke sind die wirtschaftliche Förderung der Studierenden, deren soziale und gesundheitliche Betreuung, der Bau und der Betrieb von Studentenwohnheimen sowie die Bereitstellung von Einrichtungen im kulturellen und gesellschaftlichen Bereich.
Studentische Hilfskräfte	(auch „Hiwis“ genannt) sind Studenten, die im Institutsbereich oder in der Verwaltung für einige Stunden in der Woche angestellt sind. Die Tätigkeiten können recht unterschiedlich sein, z.B. Diavorführung während der Vorlesung, Vorbereitung von Übungen und Praktika, Laborarbeiten, Aufsicht in der Bibliothek, auch Kopieren ist sehr beliebt. Wenn Sie also schon unbedingt während der Vorlesungszeit Geld verdienen wollen/müssen, sind diese Arbeiten trotz magerer Bezahlung den Jobs auf dem freien Markt vorzuziehen, denn man verliert das Studium nicht aus den Augen und bekommt obendrein einen tieferen Einblick in das Innenleben seiner Hochschule.
Studienbuch	Das amtliche Dokument des Studentenlebens; es enthält alle wichtigen Angaben zum Ablauf des Studiums, wie z.B. das Datum der Erstimmatrikulation, vorgenommene Studiengangwechsel, Urlaubssemester etc. Zum Nachweis eines ordnungsgemäßen Studiums werden die Belegbögen für jedes einzelne Semester in das Studienbuch eingeheftet (siehe Belegen). Bei der Meldung zur Prüfung ist das Studienbuch mit allen Studiennachweisen vorzulegen; insofern ist es besonders ratsam, mit dem Studienbuch nicht allzu sorglos umzugehen. Die Erstellung einer Zweitschrift ist aufwändig und verursacht erhebliche Kosten. An Fachhochschulen gibt es häufig keine Studienbücher. Stattdessen werden meist „Akten“ beim Studentensekretariat geführt.
Studienfachberater	Hilft bei allen fachspezifischen Fragen des Studiums, da er selbst dem Lehrkörper des betreffenden Instituts angehört. Namen, Adressen, Sprechzeiten und Telefonnummern sind von der ZSB zu erfahren.

Studiengangwechsel	Bei einem Studiengangwechsel müssen Sie die Zulassungsregelungen für das neue Fach beachten. Außerdem muss man den Studiengangwechsel gegenüber dem BAföG-Amt begründen, wenn man weiter gefördert werden will. Lassen Sie sich daher unbedingt vorher beraten. Ausländische Studierende müssen bei einem Studiengangwechsel vorsichtiger sein, weil es Probleme mit der Verlängerung ihrer Aufenthaltsbewilligung geben könnte: Bis zum Ende des dritten Fachsemesters macht ein Studiengangwechsel keine Schwierigkeiten. Danach ist der Wechsel nur noch möglich, wenn Fachleistungen in größerem Umfang auf das neue Studium angerechnet werden können.
Studienordnung	Aus den Prüfungsordnungen der einzelnen Fächer abgeleitete Bestimmungen, die den Studienverlauf regeln.
Studienortswechsel	Bevor Sie einen Studienortswechsel durchführen, sollten Sie sich rechtzeitig am neuen Hochschulort erkundigen, unter welchen Bedingungen Sie wechseln können. Zur Vorbereitung eines Wechsels sollten Sie das verfügbare Material der ZSB benutzen.
Studienplan	Auflistung der Lehrveranstaltungen, die im Verlauf des Studiums besucht werden sollen.
Stundenplan	An der Uni können Sie Ihren Stundenplan für ein Semester mithilfe des Vorlesungsverzeichnisses, in dem Titel, Zeit und Ort der Veranstaltungen angegeben sind, und des Studienplans / der Studienordnung / der Prüfungsordnung zusammenstellen. An der Fachhochschule bekommt man normalerweise einen fertigen Plan vorgesetzt.
Tutorium	Übung mit eng begrenzter Teilnehmerzahl, die von einem Studierenden höheren Semesters (Tutor) betreut wird.
Übung	Veranstaltung zur Vertiefung von theoretischen, methodischen und/oder praktischen Kenntnissen anhand von Beispielaufgaben. Übungen werden meist parallel zu Vorlesungen angeboten und sollen den Vorlesungsstoff vertiefen oder einüben.
Vorlesung	Lehrveranstaltung mit Vortragscharakter über ein gesamtes Semester mit dem Ziel, in einen bestimmten Wissenschaftsbereich einzuführen und den Studierenden einen Überblick über theoretische Ansätze, Forschungsergebnisse und Forschungsmethoden zu geben. Die Teilnehmerzahl ist nicht begrenzt.

Vorlesungsbeginn an Universitäten	Das Wintersemester (WS) dauert vom 01.10. bis 31.03., die Vorlesungen beginnen meist Mitte Oktober und enden Mitte Februar. Die Vorlesungszeit des WS wird von den Weihnachtsferien unterbrochen. Das Sommersemester (SS) dauert vom 01.04. bis 30.09., die Vorlesungen beginnen meist Mitte April und enden Mitte Juli.
Vorlesungsverzeichnis	Das Vorlesungsverzeichnis enthält Namen der Mitglieder des Lehrkörpers, die Institutsbezeichnungen sowie Adressen und Telefonnummern, außerdem die Lehrveranstaltungsankündigungen des jeweiligen Semesters. Die Studenten kaufen im Allgemeinen nur das Vorlesungsverzeichnis. Die Vorlesungsverzeichnisse aller Hochschulen können in gesammelter Form bei der ZSB oder in allen Hochschulbibliotheken (Informationstheke) eingesehen werden. Mittlerweile haben fast alle Hochschulen das Vorlesungsverzeichnis auch als Datenbank im Internet.
Zimmersuche	Eine Schwierigkeit zu Beginn des Studiums ist die Zimmersuche. Es gibt folgende Möglichkeiten: Zimmervermittlung des Studentenwerks; kommunale Wohnungsvermittlungen im Rathaus (vermitteln nur Sozialwohnungen); eine Anzeige in der lokalen Tageszeitung. Daneben sollte man vor allem mittwochs und samstags die Rubrik „Zu vermieten“ systematisch lesen. Die Wohnheimplätze der Studentenwerke werden auch von diesem vermittelt; für die Wohnheime, die nicht zum Studentenwerk gehören, muss man sich bei der jeweiligen Verwaltung bewerben. Eine große Anzahl frei werdender Studentenzimmer wird jeweils zu Semesterende durch Aushang in den Universitätsgebäuden angeboten.
Zentrale Studienberatung (ZSB)	Zentrale Studienberatung der jeweiligen Hochschule mit ganz unterschiedlichen Namen wie „ZIB“ oder „IBZ“, an die man sich mit allen Fragen wenden kann. Dort finden Sie so gut informierte Leute wie etwa „Dr. Brock“, die all Ihre Fragen geduldig beantworten.

II Studienfächer aus der Nähe betrachtet

Bevor wir die einzelnen Studiengänge im Bereich der Wirtschaftswissenschaften aus der Nähe betrachten, zunächst ein paar Bemerkungen über inhaltliche Aspekte, die für all diese Studiengänge gelten.

1 Inhalte wirtschaftswissenschaftlicher Studiengänge von A bis Z

Im Bereich der Wirtschaftsstudiengänge gibt es so etwas wie ein genormtes Grundstudium. Dazu gehören eine ganze Reihe von Fächern, die in jedem der Studiengänge vorkommen, die in diesem Buch dargestellt sind. Lediglich die Zusammensetzung variiert ein wenig von Studiengang zu Studiengang und auch zwischen Universität und Fachhochschule.

Ein ähnliches Bild findet man im zweiten Teil des Studiums. Das ist der Studienabschnitt nach dem Vordiplom bzw. nach der Grundlagen- und Orientierungsprüfung in Bachelor-Studiengänge. Dort nennt man diesen Abschnitt meist Bachelorphase, während er im Diplomstudiengang schlicht Hauptstudium heißt. Damit wir hier nicht dauernd diese beiden Begriffe nennen müssen, benutze ich einfach die herkömmlichen Bezeichnungen Grundstudium für den ersten Teil und Hauptstudium für den zweiten Teil des Studiums, egal, ob jemand am Ende ein Diplom oder einen Bachelor in der Tasche hat.

Also dann: Im Hauptstudium existieren wieder Bausteine, die in wechselnder Zusammensetzung in jedem der hier vorgestellten Studiengänge auftauchen könnten. Einziger Unterschied zum eher einheitlichen Grundstudium: Im Hauptstudium hat man sehr viele Wahlmöglichkeiten. Dadurch kann man, immer im Rahmen der von Studiengang zu Studiengang und von Hochschule zu Hochschule verschieden aufgebauten Regelungen der Prüfungsordnung, einen ganz individuell zugeschnittenen Studienschwerpunkt wählen.

Inhaltliche Aspekte des Grundstudiums, oder was lernt man eigentlich bei „Kosten- und Leistungsrechnung"?

Andi rollt fragend ihre dunklen Augen, und Alex streicht nachdenklich sein bartloses Kinn: „Also ich hab da immer so meine Probleme, wenn jemand mir solche Studienübersichten zeigt, wo nur die studierten Fächer draufstehen. Ich meine, wo ist denn da der Sinn, wenn man diese ganzen Begriffe aufschreibt und äh ..."

„Was er meint, ist", versucht Andi zu erklären, „wir haben eigentlich keine genaue Vorstellung davon, was hinter solchen Begriffen wie Management, Controlling oder wie hieß das eine noch, Leistungsrechnung, steht. Was lernt man da eigentlich im Studium?"
Brock schmunzelt innerlich. Als hätte er diese Frage nicht schon längst erwartet. Wie gut, dass er vor Jahren angefangen hat, alle Fragen in Merkblättern zu thematisieren.
„Ist doch klar. Wenn ihr das alles schon wüsstet, könntet ihr ja gleich euer Vordiplom machen, oder? Wir haben schon vor Jahren angefangen, die Antworten auf häufig gestellte Fragen in Merkblättern zusammenzufassen."
Er greift hinter sich und zaubert zwei Übersichten aus einem windschiefen Gestell hervor, die die Inhalte der fraglichen Fächer näher erläutern. „Hier, durcharbeiten, und wenn ihr was nicht versteht, schaut halt im Lexikon nach."

Schauen wir uns die Liste doch mal an, die Brock Andi und Alex in die Hand gedrückt hat. Dort sind nahezu alle Fächer aufgeführt, die in Wirtschaftsstudiengängen an Unis und FHs vorkommen. Was im Einzelnen in den jeweiligen Fächern an den entsprechenden Hochschulen verpflichtend besucht werden muss, hängt vom Zuschnitt der Prüfungsordnung vor Ort ab. Die Kapitel 2 bis 7 bieten durch die Darstellung repräsentativer Grundstudiumspläne einen ersten Einblick in die inhaltlich unterschiedliche Struktur bis zum Vordiplom bzw. zur GO.

Grundstudiumsinhalte alphabetisch

Betriebswirtschaft	Lösung unternehmerischer Fragestellungen mit statistischen Verfahren; Anwendung statistischer Methoden in unterschiedlichsten Unternehmensbereichen Erstellung empirischer Verteilungen; Datenerhebung; Datenaufbereitung mittels Zentraltendenz- und Streuungsmaßen; Analyse und Auswertung; Interpretation Erstellung und Aussagefähigkeit von Verhältniszahlen; betriebsstatistische Kennzahlen; Messung von Zusammenhängen mittels Korrelation und Regression Erfassung und Auswertung von Betriebshistorie als Grundlage unternehmerischer Entscheidungen Stichprobenverfahren; Testverfahren; Prognoseverfahren und deren Anwendung

Buchführung und Bilanzierung	Überblick über betriebliches Rechnungswesen; praktische Be herrschung der Buchführung Abgrenzung von Finanz- und Betriebsbuchhaltung, Systeme und Techniken der Buchführung; Kontenrahmen und -pläne; handelsrechtliche Rechnungslegung Besondere Geschäftsvorfälle und deren buchungsmäßige Einordnung; Bewertungsmethoden; Systeme für Rechnungswesen und Buchung Rechnungswesen als Einrichtung des Controlling Aufbau von Buchführungssystemen; vorbereitende Jahresabschlussarbeiten wie Inventur oder Anlagespiegel; Bilanzierungsverfahren
Datenverarbeitung	Istanalysen und Bestandsaufnahme der EDV in Unternehmen; historische Entwicklung; Zahlensysteme Hardware: Aufbau und Arbeitsweisen einschließlich Peripherie; Software: Programmiersprachen; Objektorientierung; Betriebssysteme; Software-Engineering mit Hilfsmitteln und Techniken; Vertrautheit mit einer Programmiersprache Anwendungsgebiete von Informations- und Kommunikationssystemen und deren Vernetzung; Erkennung von Ratiopotenzialen; computergestützte Verfahren für verschiedene Funktionsebenen; durchgängige Verbindung dieser Ebenen zu Managementsystemen; Datenfernübertragung Systemanalyse als EDV-Organisation
Finanz- und Investitionswirtschaft	Finanzwirtschaftliche Grundbegriffe, Ziele und Instrumente, etwa Liquidität oder Kapitalbedarf; Finanzkennzahlen Kapitalformen und Kapitalquellen; Finanzierungsarten; Kreditsicherung Finanzmanagement und Zeithorizonte; Analysemöglichkeiten; Cashflowmanagement; Finanzierungsregeln und betriebliche Finanzpolitik Grundlagen der Investitionswirtschaft; wichtigste Verfahren der Investitionsrechnung / Wirtschaftlichkeitsrechnung; Investitionsarten; Investitionspläne; statische und dynamische Verfahren der Investitionsrechnung

Grundlagen der BWL	Abgrenzung der BWL gegenüber anderen wissenschaftlichen Disziplinen; wissenschaftstheoretische Positionen und Ansätze wie faktortheoretischer Ansatz, systemorientierter Ansatz oder ökologieorientierte BWL; Erkenntnisinteressen Betriebliche Leistungserstellung, Realgüterströme, Zahlungsvorgänge; betriebliche Umsatzprozesse; Geldkreislauf; Basiskennzahlen betrieblicher Indikatoren wie Produktivität, Wirtschaftlichkeit, Rentabilität oder Liquidität Wichtige betriebliche Funktionsbereiche wie Beschaffung, Produktion, Absatz oder kaufmännische Verwaltung sowie Unternehmensleitung; Aufgaben und Zusammenarbeit dieser Funktionsbereiche im Betrieb Grundsätzliche wirtschaftsjuristische Zusammenhänge; rechtliche Beziehung zwischen Unternehmen und Umfeld; Rechtsformen privater und öffentlicher Unternehmen; Zusammenhang zwischen Unternehmensstruktur und Rechtsform; wettbewerbsrechtliche Fragen von Unternehmensverbindungen
Grundlagen der Volkswirtschaftslehre	Volkswirtschaftliche Fragestellungen und Begriffe; komplexe volkswirtschaftliche Abläufe; gesellschaftliche Voraussetzungen volkswirtschaftlicher Zusammenhänge Planungs- und marktorientierte Wirtschaftssysteme und deren Leistungsfähigkeit; soziale Marktwirtschaft als besondere Wirtschaftsform Angebot und Nachfrage als Regelgrößen; wirtschaftliches Verhalten von Anbietern und Nachfragern; private Haushalte und Unternehmen als zentrale Größen volkswirtschaftlicher Abläufe; Wettbewerb, Preisbildung und Märkte; mikroökonomische Erklärungsansätze Wirtschaftskreisläufe einschließlich Währungsfragen; volkswirtschaftliche Wertschöpfungsprozesse; volkswirtschaftliches Rechnungswesen einschließlich dessen Terminologie wie Sozialproduktvarianten, Gesamtrechnung Konkurrierende makroökonomische Erklärungsansätze einschließlich der Steuerung und Prognose der Wirkung von Steuerungseingriffen
Kosten- und Leistungsrechnung	Aufgaben und Ziele der Kosten- und Leistungsrechnung als Teil des betrieblichen Rechnungswesens und Grundlage von Informations- und Controllingsystemen

	Beherrschung und Weiterentwicklung der Kosten- und Leistungsrechnung; Kosteneinteilung nach Kostenarten Bildung von Kostenstellen; Verrechnung von Kosten und Leistungen innerhalb eines Unternehmens; Kenntnisse in Kostenträgerrechnung Kurzfristige Erfolgsrechnung zur ergebnisorientierten Steuerung von Unternehmen oder Teilbereichen Kostenrechnungssysteme und deren Weiterentwicklung
Makroökonomische Theorie	Erklärung gesamtwirtschaftlicher Zusammenhänge in der Tradition von Keynes an den wechselseitigen Beziehungen weniger zentraler Größen Volkswirtschaft als Kreislaufmodell mit verschiedenen Einflussgrößen Kenntnis institutionell definierter Gruppen / Sektoren wie Haushalte, Unternehmen, Staat und funktionell bestimmter aggregierter Begriffe wie Volkseinkommen, Konsum, Sparen, Investitionen Bildung und Verteilung von Volkseinkommen Konjunktur und Beschäftigungsstand Preisniveau, Außenhandel und Wachstum
Marketing	Bedeutung und Aufgabe des Marketing; Begriffe und Marketingphilosophie; Marketinginstrumente; Marketingmix; Strategien und Ziele; Planung und Controlling im Marketing; Marketingkonzepte einschließlich operativer und strategischer Marketingentscheidungen Begriffe und Methoden der Marktforschung; Sekundär- und Primärforschung; Projektplanung, -durchführung und Auswertung von Marktdaten; Aufbereitung der Ergebnisse, Marktprognosen Produktpolitik mit Käuferverhalten, Marktanforderungen, Sortiments- und Markenpolitik sowie Servicepolitik; Preispolitik einschließlich Preisfindung und Preisstrategien; Kommunikation als Marketinginstrument mit Werbung, PR und Verkaufsförderung; Distributionsstrategien; Marketinglogistik

Material- und Fertigungswirtschaft	Industrielle Fertigung mit Verfahren, EDV-Einsatz und Organisationsformen; grundlegende Abläufe vom Einkauf über die Lagerung und Bereitstellung bis zum Versand Planungsabläufe für Bedarf, Bestand, Beschaffung und Disposition; Logistik in Beschaffung, Produktion und Vertrieb Verfahren und Methoden für Entscheidungsfindung und Optimierung, etwa mittels ABC-Analyse, Lagerhaltungsstrategien, Kennzahlen oder Bedarfsprognosen Planungsabläufe im Bereich der Fertigungswirtschaft; Arbeitsvorbereitung und -planung; Fertigungskapazitäten und -steuerung; Zeitartensystematik
Mikroökonomische Theorie	Volkswirtschaftliche Theorien zur Erklärung wirtschaftlicher Zusammenhänge aus dem unmittelbaren Verhalten einzelner Wirtschaftssubjekte Rationalitätsprinzip im wirtschaftlichen Verhalten; rationale Zielorientierung; methodologischer Individualismus Wettbewerbstheorie; Preisbildung in Einzelmärkten Entscheidungslogik; politische Ökonomik; Theorie der Institutionen
Öffentliches Recht	Grundzüge der wirtschaftlich relevanten Teilgebiete des öffentlichen Rechts Öffentlich-rechtliche Rechtsformen von Unternehmen Finanzrecht; Körperschaftsrecht; Stiftungsrecht Verwaltungsrecht und -gerichtsbarkeit Sozialversicherungsrecht; Arbeitsrecht und -gerichtsbarkeit
Operations Research	Modellgestützte Vorbereitung von Entscheidungen in Unternehmen; modellgestützte Planung Mathematische Planungsmodelle Interdisziplinäre Ansätze und Blickwinkel zur Entscheidungsvorbereitung; Einschätzung relevanter Abhängigkeiten und Auswirkungen
Organisation	Managementaufgabe Organisation; betriebliche Einordnung; Systemorganisation und Kybernetik Instrumente zur Organisation von Abläufen und Aufgaben in Unternehmen; Organisationsprinzipien Organisationsprozess und -zyklus; Methoden und Techniken Strukturen der Büroorganisation; Bürokommunikation

Personalführung	Arbeitsmarkt und Personalbeschaffung; Entwicklung und Förderung eigener Mitarbeiter Personalwirtschaftliche Instrumente zur Personalorganisation, -beschaffung und -auswahl; Einarbeitung und Einsatz von Mitarbeitern; Personalentwicklung und Förderung; „Human-Resource-Konzepte"; Personalfreisetzung Soziologische und psychologische Grundlagen und Konzepte der Personalführung; interdisziplinäre Kommunikationsansätze; Normenbegründung und Führungsethik; Wertewandel, Unternehmenskultur, Führungsstile; Humanisierung der Arbeit; Mitbestimmung im Betrieb Anreizsysteme; Motivation; Leistungsbewertung und Lohnfindung; systematische Führung Personalinformationssysteme und EDV-Einsatz
Propädeutische Fächer	Einführung in die Grundkenntnisse, die zu einem Studium der BWL an Unis gehören: • Mathematik (Analysis, Lineare Algebra) • Betriebliches Rechnungswesen; Buchführung • Kostenrechnung • Betriebliche Datenverarbeitung; Erlernen einer Programmiersprache • Statistik (an manchen Universitäten gehört Statistik nicht zur Propädeutik, sondern ist ein eigenständiges Vordiplomfach)
Umweltökonomie	Beziehung zwischen Betrieben, Volkswirtschaften und Umwelt; Analyse und Empfehlungen zur Optimierung dieser Beziehung Ausgleich von Wirtschafts- und Umweltgesichtspunkten; gesamtwirtschaftliche Kostenminimierung durch Senkung der Umweltbelastung in Industrie und Handel Kosten-Nutzen-Analysen präventiver umweltgerechter Produkt- und Dienstleistungsgestaltung; umweltgerechtes Handeln und Produzieren als Vermarktungs- und Wettbewerbsfaktor
Wirtschaftsmathematik	Mathematische Grundkenntnisse zur modernen Betriebsführung; mathematische Denk- und Arbeitsmethoden für wirtschaftliche Prozesse Finanzmathematik als Grundlage unternehmerischer Investitions- und Finanzierungsentscheidungen etwa Zinsrechnung, Renten- und Tilgungsrechnung, Renditerechnung

	Lineare Algebra mit Matrizenrechnung und linearen Gleichungen; Differenzial- und Integralrechnung; Fähigkeit zu deren Anwendung zur Lösung wirtschaftswissenschaftlicher Problemstellungen Abbildung wirtschaftlicher Prozesse mit mathematischen Methoden; Simulation von Entscheidungsvarianten und deren Auswirkung bei singulären und multivarianten Problemstellungen Mathematische Grundlagen der Statistik und Wahrscheinlichkeitstheorie
Wirtschaftsprivatrecht	Grundzüge der wirtschaftlich relevanten Teile des Privatrechts Allgemeiner Teil des Bürgerlichen Rechts (BGB); Schuldrecht und Mahnverfahren; Sachenrecht Grundkenntnisse im Handelsrecht (HGB); rechtliche Gesellschaftsformen; Bedeutung der unterschiedlichen Gesellschaftsformen für die betriebliche Praxis

Inhaltliche Aspekte des Hauptstudiums, oder was lernt man eigentlich bei „Operations Research"?

Auch hier wollen wir uns doch die Liste mal genau anschauen, die Andi und Alex von Brock bekommen haben. Diesmal sind alle Fächer dran, die im Wirtschaftsstudium an der Fachhochschule und der Universität vorkommen. Welche und wie viele dieser Fächer im Hauptstudium wählbar sind, hängt naturgemäß von den Regelungen ab, die in den Prüfungsordnungen der jeweiligen Fächer an der entsprechenden Hochschule niedergeschrieben sind. Die Kapitel 2 bis 7 in diesem Teil bieten durch die Darstellung der Wahl- und Kombinationsmöglichkeiten einen ersten Einblick.

Hauptstudiumsinhalte alphabetisch

Allgemeinwissenschaftliche und fachbezogene Wahlpflichtfächer	Breite Palette von meist zweistündig angebotenen Themen, im Hauptstudium in erster Linie Wirtschaftssprachen oder wirtschaftliche Anwendungsgebiete aus Handel, Dienstleistung und Produktion, teilweise sogar branchenspezifisch, und aus Nachbardisziplinen z. B.: • Wirtschaftssprachen • Versicherungswirtschaft; Immobilienwirtschaft; Tourismus; Geld- und Kreditwesen

	• Verkehrsgewerbe und Speditionsgeschäft • Fertigungsbetriebe Metall, Kunststoff, Glas / Keramik • Grundstoffindustrie • Soziologie / Politik / Wirtschafts- und Sozialpolitik • Psychologie einschließlich Arbeits- / Betriebs- und Organisationspsychologie • Philosophie / Wirtschaftsethik • Rhetorik / Präsentationstechnik (Das Angebot variiert von Hochschule zu Hochschule stark und verändert sich häufig von Studienjahr zu Studienjahr.)
Arbeitsrecht	Kollektives Arbeitsrecht einschließlich Betriebsverfassungsrecht; Mitbestimmung Individuelles Arbeitsrecht; Arbeitsvertragsrecht; Sozialversicherungsrecht Grundlagen des Tarifrechts Arbeitsschutzrecht und -maßnahmen im Betrieb
Betriebliche Besteuerung	Unternehmensspezifische Auswirkungen des deutschen Besteuerungssystems; Fragen von Standorten und Unternehmensrechtsformen und Besteuerung; Steuergestaltung und Unternehmensentscheidungen Steuerarten und betriebliche Relevanz von Ertrag-, Substanz- und Verkehrssteuern; Steuergesetze mit Einkommen-, Körperschafts-, Gewerbe-, Umsatz- und Vermögenssteuer; Bilanzsteuerrecht Steuerwirkungen bei auslandsbezogenen Geschäften; Doppelbesteuerung; EG-Richtlinien; Außensteuergesetze Energie und Umwelt (Betriebswirtschaftliche Ökologie) Grundlagen der Unternehmensbewertung; Wert und Werttheorien Begriffe des Unternehmenshandels und der Unternehmensübernahmen Prozess der Unternehmensbewertung Ertragsorientierte und unterstützende Bewertungsverfahren Bilanzanalyse mit Grundlagen des Jahresabschlusses und der Bilanzpolitik Erkenntnisziel der Bilanzanalyse; Entwicklungen Instrumente der Berichterstattung über die Bilanzanalyse

	Sonderaspekte der Unternehmensbewertung; Ertragswertermittlung bei Mehrfachzielsetzung Strategische Unternehmensbewertung Bewertung ausländischer Unternehmen
Entwicklungspolitik	Gesamtheit der wirtschaftspolitischen Maßnahmen zur Erreichung von Zielen in unterentwickelten Volkswirtschaften Herstellen einer angemessenen Wirtschaftsordnung Entwicklungsbeschleunigung im wirtschaftlichen, politischen und sozialen Bereich als Oberziel Unterscheidung zwischen geldpolitischen Maßnahmen (finanzielle Infrastruktur mit Zentralbank, Währungspolitik, außenwirtschaftliches Gleichgewicht) und finanzpolitischen Maßnahmen (Besteuerungssysteme, investitionsorientierte Ausgabe von Staatsmitteln)
Entwicklungssoziologie	Soziologische Ansätze zu Bedingungen und Grundlagen der Entwicklungspolitik Kritische Betrachtung von Entwicklungszielen Analyse und Ansätze zur positiven Veränderung der Sozialstruktur von Entwicklungsländern Soziologische Grundlage und Bedingungen sektoraler Entwicklungshilfe Gesellschaftliche Funktionen von Entwicklungshilfe Entwicklungsprogramme und Institutionen der Entwicklungshilfe (national, international, supranational)
Familien- und Jugendsoziologie	Ansatz der speziellen Soziologie zur Klärung von Phänomenen im Bereich Familie und Jugend Gesellschaftliche Relevanz und Funktion der Familie als soziologische Institution Familiäre Sozialisation, soziale Struktur und Sozialverhalten Gruppenverhalten von Jugendlichen Generative Einstellung nachkommender Generationen

Finanz-, Bank- und Investitionswirtschaft	Vertieftes Problembewusstsein bei praxisorientierter Anwendung finanzwirtschaftlicher Analysen Einsatz erforderlicher Finanzierungstechniken bei bank-, finanz- und investitionswissenschaftlichen Anwendungen oder Entscheidungen Bankstruktur, Bankbetriebslehre und Bankpolitik Finanzwirtschaftliche Finanzierungstechniken einschließlich Analysemethoden und Entscheidungsabläufen Investitionsplanung und -entscheidung; Investitions- und Wirtschaftlichkeitsrechnung
Genossenschaften	Genossenschaften als offene Vereinigungen zur Förderung der wirtschaftlichen Anstrengung ihrer Mitglieder Entwicklung des Genossenschaftsgedankens und -wesens Ziele und Wirkungsweisen genossenschaftlicher Organisationen Finanzierungsmöglichkeiten und Modelle für genossenschaftliche Vereinigungen Rechtliche Grundlagen des Genossenschaftswesens Gewinn- und Verlustbeteiligungen in Genossenschaften
Internationale Wirtschaft	Globalisierung und Internationalisierung von Wirtschaft und Handel und deren Folgen Internationale Finanz- und Devisenmärkte; internationale Währungspolitik; Struktur- und Regelungspolitik Welthandel, Handelsabkommen und Zollprobleme Ordnungspolitische Maßnahmen zur Etablierung einer adäquaten Weltwirtschaftsordnung Bedeutung weltweiter Marktstrukturen und regionaler Märkte Internationaler Wettbewerb und Fragen des Wettbewerbsrechts; Internationales Privatrecht; Rechtsformen von Unternehmen im internationalen Bereich
Kommunikationswissenschaften	Untersuchung grundlegender Kommunikationsprozesse Struktur von Kommunikationsprozessen Kommunikation als Grundlage arbeitsteiliger Prozesse in Wirtschaft und Gesellschaft

	Medien und ihre Bedeutung; Wirkung und Reichweite von Medien Bedeutung von Information als Wirtschaftsfaktor Markt- und Meinungsforschung; Konsumforschung; Werbewirksamkeitsforschung; Marktakzeptanz von Produkten / Dienstleistungen Analyse der Ursachen und Wirkungen von Kommunikationsstörungen
Logistik, Material- und Produktionswirtschaft	Kenntnisse von Transport-, Lager- und Umschlagvorgängen in und zwischen Unternehmen; logistische Steuerungs- und Regelabläufe Gestaltungsmöglichkeiten des Flusssystems von Waren, Materialien und Informationen; Analyse und Optimierung bestehender Systeme durch ganzheitliche und bereichsübergreifende Organisation Einfluss der Standortwahl bzw. Anordnung von Betrieben in Handel, Produktion und Dienstleistung Techniken für Bedarfsermittlung und Einkauf von Materialien Lagerhaltung und -bewirtschaftung im Bereich Roh-, Hilfs- und Betriebsstoffe, Halbzeuge und Fertigwaren Materialwirtschaftliche Kostenoptimierung
Marketing	Vertiefte Marketingkenntnisse; selbstständiges Anwenden von Marketingkenntnissen in der Praxis Strategisches Marketing Marketingkonzepte und Branchenlösungen (Konsumgüter, Investitionsgüter) Marktforschung Instrumente des Marketing Marketing als Grundlage von Unternehmensentscheidungen
Öffentliches Recht	Vertiefung der Fragestellungen aus dem Grundstudium in den wirtschaftlich relevanten Teilgebieten des öffentlichen Rechts Öffentlich-rechtliche Rechtsformen von Unternehmen Finanzrecht; Körperschaftsrecht; Stiftungsrecht Verwaltungsrecht und -gerichtsbarkeit Sozialversicherungsrecht; Arbeitsrecht und -gerichtsbarkeit

Operations Research	Lösung privat- und öffentlich-wirtschaftlicher Planungsprobleme mithilfe computergestützter Verfahren Lösungsansatz durch Strukturierung der Probleme mit mathematischen Modellen Vergleichbarkeit operativer bzw. strategischer Alternativen hinsichtlich der jeweiligen Zielerreichungsgrade Einbeziehung von Ungewissheiten und individuellen Wertvorstellungen Wirksame Argumentationshilfe für Entscheidungsträger und Entscheidungsbetroffene Aneignen kritischer Haltung gegenüber dem Verhältnis Modelllösung – Realität Befähigung zur Entwicklung eigener Lösungen für Probleme der Praxis
Organisation und Wirtschaftsinformatik	Vertieftes Problembewusstsein zur besseren Analyse und Weiterentwicklung von Organisation und betrieblicher DV Hardwarekonfigurationen und betriebliche Anforderungen; Netzwerke Erschließung von Ratiopotenzialen durch DV-Anwendungen; Anpassen von Standardsoftware an geforderte Unternehmensapplikation; durchgängige Datenstrukturen; Datenbankdesign; Programmiersprachen Datenschutz und Datensicherheit Organisationsgrundsätze und organisatorische Weiterentwicklung; Organisationsmodelle Analyse und Gestaltung von Unternehmensorganisation
Personalwirtschaft	Befähigung zur Lösung personalpolitischer Probleme in der beruflichen Praxis Personalwirtschaft als operative und strategische Unternehmensaufgabe Personalmarketing mit Personalbeschaffung und -freisetzung; Einbindung von neuem und vorhandenem Personal Personalentwicklung und -betreuung; innerbetriebliche Weiterqualifizierung

Politikwissenschaft / Sozialpolitik	Analyse und Einordnung der Funktion und Ausübung von Herrschaft Politische Theorie und normative Ansätze Politische Systeme im typologischen und historischen Vergleich Internationale Politik und Zeitgeschichte Wirtschaftspolitik und Wirtschaftsordnung Sozialpolitische Grundlagen; Mittel, Wege und Ziele Wirtschaftspolitische Zielsetzungen und soziale Marktwirtschaft
Produktionswirtschaft	Grundlagen von Produktionsplanungs- und Produktionssteuerungssystemen; Analyse und Optimierung Konzeption und Planung derartiger Systeme Materialwirtschaft und Materialflusssysteme; Einbindung dieser Systeme in übergeordnete Systeme für durchgängige Auftragsabwicklung; Systemintegration (CAM- und CIM-Konzepte) Verhältnisse von Produktionsfaktoreneinsatz und Produktionsergebnis; Erreichung von Zielgrößen (Gewinn, Kostendeckung, Qualität)
Quantitative Wirtschaftsforschung	Methoden zur Datenerhebung und -auswertung (Zeitreihenanalysen; ökonometrische Methoden) Beurteilung wirtschaftlicher Handlungsalternativen; Testen von Hypothesen und Erklärungsansätzen; Statistik; Schätzverfahren Analyse und Prognose ökonomischer Zusammenhänge und Abläufe Verfügbarkeit von aktuellen und zuverlässigen Daten als Längsschnitt- oder Querschnittdaten Wahl geeigneter methodischer Ansätze in Abhängigkeit von Datenqualität; Skalierungsfragen
Rechnungswesen und Controlling	Ermittlung relevanter Daten für die Unternehmensführung und -entscheidung; kritische Beurteilung und Weiterentwicklung betrieblicher Verrechnungssysteme Beurteilung und Entwicklung betrieblicher Controllingkonzepte; betriebliche Umsetzung von Controllingkonzepten; Durchführung von Controllingmaßnahmen Bilanzierung und Bilanzanalyse; Abschlussprüfung DV-Anwendungen in Rechnungswesen und Controlling

Revisions- und Treuhandwesen	Grundlegende Aufgaben der Revision als Führungsinstrument im Betrieb bei komplexen Strukturen Überprüfung betrieblicher Strukturen und Abläufe Zweckmäßigkeit, ordnungsgemäßer Ablauf, Sicherheit Aufdecken von Soll- und Istdiskrepanzen Empfehlung zur Verbesserung der Situation Rechtliche Grundlagen von Treuhandschaften (rechtsgeschäftlich / gerichtlich); juristische und wirtschaftliche Verhältnisse von Treugebern zu Treuhändern Treuhänderische Verwaltung von Betrieben, Vermögen und Immobilien Treuhandtätigkeiten von Steuerberatern, Wirtschaftsprüfern und vereidigten Buchprüfern Betriebswirtschaftliche und volkswirtschaftliche Aspekte von Treuhandverhältnissen
Sozialwissenschaftliche Grundlagen des Personalwesens	Soziologische, psychologische und pädagogische Ansätze der Personalführung und -entwicklung Bedeutung psychologischer Testkonzepte bei der Personalauswahl, bei Personalentwicklung und sozialer Betreuung Arbeitsplatzgestaltung aus sozialwissenschaftlicher Sicht Personalpolitik in Unternehmen und Staat Betriebspädagogische Konzepte innerbetrieblicher Aus- und Weiterbildung; Ausbilderqualifikationen Sozialwissenschaftliche Grundlagen von Personalvertretungs- und Mitbestimmungskonzepten Umgang mit Veränderungen in der Arbeitswelt oder Unternehmensorganisation Normative Aspekte der Zielentwicklung in modernen Unternehmen
Statistik	Analyseverfahren zur Reduktion und Verdichtung großer Datenmengen durch Mittelwertbildung, Streuungsmaße und Verteilungsformen zur repräsentativen Abbildung von Rohdaten Deskriptive Statistik zur Darstellung methodisch einfacher Zusammenhänge (Prozentuierung, Tabellen, Schaubilder etc.)

	Schlussfolgernde Statistik auf der Basis der Wahrscheinlichkeitsrechnung; projektive Testverfahren Verfahren zur quantitativen Erfassung von betrieblichen oder volkswirtschaftlichen Merkmalsausprägungen Betriebswirtschaftliche Einsatzfelder statistischer Analyseverfahren; Darstellung und Dokumentation von Geschäftsverläufen; Betriebskennzahlen Volkswirtschaftliche Einsatzgebiete statistischer Methoden; Wirtschaftsindikatoren; Indexbildung
Umweltorientierte Unternehmensführung	Unternehmen als Systeme einschließlich der wissenschaftstheoretischen und empirischen Erklärungsansätze unter besonderer Berücksichtigung der Beziehung zwischen Betrieben, Volkswirtschaften und Umwelt; Analyse und Empfehlungen zur Optimierung dieser Beziehung; Führung als umweltorientierter Entscheidungsprozess Grundfunktionen des Managements mit Zielbildung, Planung, Kontrolltätigkeit, Information und Prognose sowie Organisationsentwicklung auf Prozess- und Systemebene mit Blick auf Ausgleich von Wirtschafts- und Umweltgesichtspunkten Strategische Unternehmensplanung; empirische Strategieforschung zum Ausgleich von Wirtschafts- und Umweltgesichtspunkten; gesamtwirtschaftliche Kostenminimierung durch Senkung der Umweltbelastung in Industrie und Handel; umweltgerechtes Handeln und Produzieren als Vermarktungs- und Wettbewerbsfaktor Betriebliche Informationssysteme zur Grundlegung unternehmerischen Handelns; Kosten-Nutzen-Analysen präventiver umweltgerechter Produkt- und Dienstleistungsgestaltung
Unternehmens- und Gesellschaftsrecht	Spezialgebiet des privaten und des öffentlichen Rechts mit Blick auf die Unternehmensverfassung und rechtliche Abläufe im Unternehmen Äußere Gesellschafts- und Rechtsformen von Betrieben; Kapitalhaltung; Haftungsfragen; steuerliche Auswirkungen Rechtsformen multinationaler Unternehmen und Unternehmensgruppen Auswirkungen der Rechtsform auf den Schutz der Interessen von Teilhabern, Aktionären, Konsumenten und Gesellschaft

	Unternehmensinterne rechtliche Regelungen von Kompetenzen, Zuständigkeiten und Entscheidungsbefugnissen
Unternehmens-besteuerung / Steuerrecht	Vertiefte Kenntnisse in Steuernormenlehre und Steuerwirkungslehre; Vertrautheit mit realer Unternehmensbesteuerung Grundlagen nationaler Besteuerung von Unternehmen; innergemeinschaftliche Steuerpflicht bei bestimmten Gesellschaftsformen; Abschreibungsmöglichkeiten Steuerliche Wirkung unterschiedlicher Rechnungslegungen
Unternehmensführung	Unternehmen als System einschließlich der wissenschaftstheoretischen und empirischen Erklärungsansätze; Führung als Entscheidungsprozess Grundfunktionen des Managements mit Zielbildung, Planung, Kontrolltätigkeit, Information und Prognose sowie Organisationsentwicklung auf Prozess- und Systemebene Methodik des Führungssystems mit Planung, Steuerung und Kontrolle Zielbildung, Unternehmensgrundsätze und Unternehmenspolitik als Führungsaufgabe; Ansätze des ökologieorientierten Managements Strategische Unternehmensplanung; empirische Strategieforschung; Konzepte lernender Unternehmen; Budgetierungsansätze zur operativen Planung und Kontrolle Betriebliche Informationssysteme zur Grundlegung unternehmerischen Handelns; Grundlagen von Planung und Kontrolle bei Ertrag, Cashflowmanagement, Unternehmensfinanzierung oder Liquidität
Unternehmens-kooperations- und Genossenschaftswesen	Besondere Formen der Zusammenarbeit zwischen Unternehmen; strategische Partnerschaften; Joint-Venture-Geschäfte; Ziele von gemeinschaftlichen Aktionen Markterschließung durch Zusammenarbeit; Ausschaltung des Wettbewerbs durch gemeinsame Projekte Selbstständigkeit von Partnern in Unternehmenskooperationen Analyse von Unternehmenspartnerschaften unter dem Aspekt der Firmenfinanzierung Zusammenarbeit von Unternehmen in Form von Genossenschaften

	Ziele und Wirkungsweisen genossenschaftlicher Organisationen Finanzierungsmöglichkeiten und Modelle für genossenschaftliche Vereinigungen
Volkswirtschaftslehre und Volkswirtschaftspolitik	Träger, Ziele und Mittel der Wirtschaftspolitik; wirtschaftspolitische Gestaltungsspielräume bei gewandelten gesellschaftlichen und ökologischen Rahmenbedingungen Ursachen und Folgen gesamtwirtschaftlicher Probleme (z. B. Inflation, Arbeitslosigkeit, Konjunkturschwankungen); Stabilisierungsmaßnahmen; Möglichkeiten strukturpolitischer Steuermaßnahmen Monetäre und reale Zusammenhänge der Geld- und Kreditpolitik; Bedeutung des Geld- und Kreditwesens; geld-, kredit- und währungspolitisches Instrumentarium Finanzpolitik und öffentliche Haushalte; Einnahmen- und Ausgabenpolitik staatlicher Einrichtungen; öffentliche Verschuldung Globale, europäische und nationale wirtschaftspolitische Entwicklungen; außenwirtschaftliche und währungspolitische Zusammenhänge; Bedeutung internationaler Wirtschaftsvereinigungen
Wirtschafts- und Betriebspädagogik	Teilbereich der Erziehungswissenschaften, der Bildungsaufgaben in wirtschaftlichen Zusammenhängen erforscht (kaufmännische Ausbildungen; Vermittlung wirtschaftswissenschaftlicher Inhalte in Betrieben, Schulen und Hochschulen; Wirtschaftsstudien) Normative Fragestellungen der Wirtschafts- und Betriebspädagogik; Erziehungsziele, Erziehungsmethoden; Bildungsausgaben Beschreibung und Analyse von Erziehungsprozessen im Bereich wirtschaftlicher Bildung Wirtschaftsbezogene Aus- und Weiterbildung in Schulen (Berufsschulen, Berufsfachschulen, Akademien und Hochschulen) sowie in Unternehmen (innerbetriebliche Ausbildung) Unterrichtsprozesse und Unterrichtsmethoden; Didaktik wirtschaftsbezogener Unterrichtsinhalte im weitesten Sinne; Auswahl und Begründung von Unterrichtsinhalten Unterschiedliche Ansätze zur wirtschaftsbezogenen Ausbildung von Jugendlichen und Erwachsenen

Wirtschafts- und Betriebspsychologie	Teilbereich der Psychologie: menschliches Erleben und Verhalten in wirtschaftlichen Zusammenhängen Grundlagen der Teildisziplinen Arbeits-, Betriebs- und Organisationspsychologie sowie Markt- und Werbepsychologie Analyse, Erklärungsansätze und Vorhersage menschlichen Verhaltens in wirtschaftlichen Zusammenhängen (z. B. Bestimmung der Determinanten von Kaufentscheidungen) Ausnutzen dieser Erklärungsansätze in Produktmanagement und Werbung Möglichkeiten und Grenzen der Verhaltensbeeinflussung von Mitarbeitern im Sinne der Unternehmensziele Ergonomie und Arbeitsplatzgestaltung; Zusammenhänge von Arbeitsumfeld, Arbeitszufriedenheit und Motivation von Mitarbeitern
Wirtschafts- und Organisationssoziologie / Betriebssoziologie / Soziologie	Grundlagen der Gesellschaftslehre, von Gruppen- und Herrschaftsprozessen Beschreibung und Analyse von sozialen Strukturen (Bevölkerungsstruktur; Altersverteilungen; soziale Schichten) und sozialen Verhaltensweisen (Sozialisation; schichtspezifisches Verhalten; Einstellung zum generativen Verhalten etc.) Aufbau und Wandel sozialer Institutionen und Gebilde (Organisationen, Betriebe, Unternehmen, Familien etc.) Menschliches Verhalten in Gruppen und Institutionen (Verhalten am Arbeitsplatz; Freizeitverhalten etc.) Methoden empirischer Sozialforschung; Datenerhebung und -auswertung; deskriptive und schlussfolgernde Statistik; quantitative und qualitative Forschungsmethoden
Wirtschaftsgeographie	Teilgebiet der Geographie zur Beschreibung und Analyse erdräumlicher Verortungen menschlicher Handlungen in wirtschaftlichen Zusammenhängen Wirtschaftliche und gesellschaftliche Organisationsformen im Raum; Untersuchung räumlicher Strukturen und Prozesse im Zusammenhang mit wirtschaftlichem Handeln Regionale Untersuchungen von Wirtschaftsstruktur und -ausprägung (Area Studies); Standortanalysen; Infrastruktur; Untersuchung von Einzugsbereichen, Verkehrsbewegungen und Wirtschaftsmigration

	Darstellung von Über- und Unterordnungssystemen von Siedlungen / Orten in räumlich-wirtschaftlichen Strukturen (z. B. „Theorie der zentralen Orte") Räumliche Beschreibung und Abgrenzung regionaler Märkte
Wirtschaftsgeschichte	Historische Entwicklung von Wirtschaftssystemen in zeitlichen, inhaltlichen und regionalen Zusammenhängen Klassifizierung und Einordnung von Phänomenen dieser historischen Entwicklung (Wirtschaftsepochen; Vorherrschen bestimmter Wirtschaftsformen / Wirtschaftsstufen, z. B. Zunftwesen, Merkantilismus oder Industrialisierung etc.) Kulturhistorische Betrachtung der Arbeiter und Arbeiterbewegung; Sozialgeschichte; Geschichte aus Sicht der Betroffenen Entwicklung der wirtschaftlichen Theorie und historische Veränderungen in Wirtschaftssystemen und -prozessen Wechselwirkungen und wechselseitige Bedingungen von Wandlungen im ökonomischen, technischen und sozialen Bereich
Wirtschaftsrecht	Vertieftes Befassen mit Rechtsnormen, die selbstständige Erwerbstätigkeit lenken, fördern oder begrenzen Erwerb spezialisierter Kenntnisse im Bereich der wirtschaftlich relevanten Teile des Privatrechts oder des öffentlichen Rechts Grundkenntnisse internationaler Rechtsnormen im Wettbewerbs- oder Handelsrecht
Wissenschaftstheorie	Als Metawissenschaft uneinheitliches Teilgebiet der philosophischen Erkenntnistheorie mit vielen verschiedenen Strömungen Bestimmung der Erkenntnisziele der wirtschaftsbezogenen Einzelwissenschaften wie Volkswirtschaft, Betriebswirtschaft, Wirtschaftspädagogik oder Wirtschaftsinformatik Erarbeitung und Analyse von Methoden zur Gewinnung von Erkenntnissen; Regeln für Modell-, Hypothesen- und Theoriebildung; Axiomatisierung Gestaltungsinteresse wissenschaftlicher Forschung; Verbesserung der Beherrschung bestehender Systeme durch neue Erkenntnisse

2 Das Studium der Betriebswirtschaftslehre an Universitäten, Fachhochschulen und Berufsakademien

Im Folgenden werden die einzelnen Studienfächer vorgestellt; als Erstes das bei weitem am häufigsten gewählte Fach Betriebswirtschaftslehre, wie es an den Universitäten heißt, und Betriebswirtschaft, wie der Studiengang an den Fachhochschulen bezeichnet wird. Wenn Sie wissen wollen, warum es diesen kleinen Unterschied im Namen gibt und was das in der Praxis bedeutet, müssen Sie sich noch ein wenig in Geduld üben, denn auf diese Fragen gehe ich erst später ein. Vorerst wäre zu klären:

2.1 Was ist denn eigentlich BWL?

Vielleicht sollten wir noch einmal zu dem Punkt zurück, wo Brock in seiner Sprechstunde Andi und Alex fragte, wie denn wohl der Käse auf die Pizza käme. Sie erinnern sich doch noch an die Szene und die ratlosen Gesichter der beiden Schüler?

Also, da ist einmal der Betrieb, die Pizzeria, dann das Produkt, die Pizza, und der Gast, der Kunde. Ist das schon Betriebswirtschaftslehre? Nein, sicher nicht, es sind vielmehr Elemente aus dem Wirtschaftssektor. Aber wir können mit diesen drei Elementen schon die Grundfunktion von Wirtschaft beschreiben, die Rezeptur gewissermaßen, um im Bild zu bleiben. Sehen wir uns also die Zutaten noch mal genau an, die man braucht, damit so etwas wie Wirtschaft funktioniert: Es braucht offensichtlich zunächst einmal Menschen, die sind unverzichtbarer Bestandteil.

Diese treten in unserem einfachen Beispiel in zwei Rollen auf: Anbieter und Nachfrager. Dann haben wir das Produkt, das angeboten und nachgefragt wird. Was also noch fehlt, ist eine Art Organisationsform, in deren Rahmen das Produkt entstehen kann, der Betrieb.

Wenn ich nun anfange, Fragen im Zusammenhang dieser drei Basiselemente genauer zu betrachten und meine gewonnenen Erkenntnisse vom Einzelfall Pizzeria auf eine ganze Gruppe von Betrieben übertrage, Gastwirtschaften etwa, finde ich möglicherweise Phänomene und Wirkungsweisen, die unter bestimmten Voraussetzungen auf alle Arten dieser Betriebe zutreffen. Geht man einen Schritt weiter, ergeben sich durch noch stärkere Abstraktion – weg von Einzelfällen und branchenspezifischen Besonderheiten – übergeordnete Abläufe, die man als Gesetzmäßigkeiten formulieren kann. Das wäre dann Betriebswirtschaft oder etwas bescheidener formuliert, es wären betriebswirtschaftliche Erkenntnisse. Formt man aus diesen Erkenntnissen ein System von Erklärungsansätzen für wirtschaftliche Phänomene, entsteht die Betriebswirtschaftslehre.

Gegenstand der betriebswirtschaftlichen Betrachtung sind also vor allem Menschen und deren wirtschaftliches Handeln. Ist demnach Betriebswirtschaft als wissenschaftliche Disziplin eine Untergruppe der Sozialwissenschaften? Es gibt tatsächlich Meinungen, die in diese Richtung gehen. Wie dem auch sei, entscheidend für die wissenschaftliche Beschäftigung mit Vorkommnissen aus dem Bereich Wirtschaft ist – wie übrigens bei allen anderen Wissenschaftszweigen auch – das zugrunde liegende Erkenntnisinteresse. Es ist der Wunsch, in der Praxis existierende Formen wirtschaftlichen Handelns im allerweitesten Sinne genauer zu untersuchen und mittels Analyse aus diesen Untersuchungen allgemein geltende Gesetzmäßigkeiten aufzustellen, mit deren Hilfe man dann Erklärungsansätze zu einer Lehre des betrieblichen Wirtschaftens zusammenstellt, eben Betriebswirtschaftslehre.

Wenn man nun etwas untersuchen will, braucht man Methoden, die allgemein anerkannt sind und eine Vergleichbarkeit der Ergebnisse ermöglichen. Und man braucht eine normierte Sprache, damit alle am wissenschaftlichen Prozess Beteiligten auch von den gleichen Inhalten reden, wenn sie dieselben Begriffe benutzen. Letzteres findet sich als so genannte „Fachterminologie" in allen wissenschaftlichen Zweigen, und einen nicht eben kleinen Teil des Studiums verbringt man damit, die Fachsprache und ihre spezifischen Bedeutungen kennen und anwenden zu lernen.

Was die Methoden angeht, macht die Betriebswirtschaft Anleihen bei Grundlagendisziplinen wie Mathematik, Statistik, Soziologie und Philosophie und wandelt dort entwickelte Untersuchungsmethoden für eigene Zwecke und Fragestellungen ab.

Vielleicht wäre es nun an der Zeit, Brock zu bitten, uns mal an einem Beispiel betriebswirtschaftlicher Fragestellung deutlich zu machen, wie sich die Sache mit dem Erkenntnisinteresse in der Praxis so verhält.

„Da brauchen wir also eine Frage", sagt Brock und rollt die Augen. „Wie wäre es dann damit: Was ist ein Betrieb?
Zu einfach, meint ihr. Na ja, mal sehen. Probieren wir's doch gleich mal mit einer Definition und sagen: Ein Betrieb ist eine Wirtschaftseinheit, in der Güter und Dienstleistungen produziert werden, und zwar durch den Einsatz der Produktionsfaktoren – äh wie war das doch gleich – Arbeit, Kapital und Zeit oder so. Jedenfalls, wenn unsere Definition stimmt, muss sie auf alle Betriebe zutreffen, auf unsere Pizzeria genauso wie auf eine Stadtverwaltung oder auf einen großen Automobilkonzern."
„Dann wäre ja unsere Schule auch ein Betrieb", meint Alex, „aber wir produzieren doch nichts?"

„Und was ist mit den Absolventen, sind wir etwa nichts?“ Andi ist fast entrüstet. „Wir sind doch wohl eindeutig ein Produkt unserer Schule, Mann!“
„Du meinst wohl eher Opfer?!“ Alex grinst breit.
Brock hebt beschwichtigend die Hände: „Gemach, gemach, Leute, ihr wollt euch doch hier vor den Lesern nicht streiten, oder? Dienstleistung, eure Schule ist ein Dienstleistungsbetrieb. Die Pauker stellen eine institutionalisierte und ministeriell verordnete Form von Bildung zur Verfügung. An deren Ende angekommen, könnt ihr dann mit der Reifeprüfung beweisen, was ihr draufhabt.“
Einen kurzen Augenblick muss Brock an seine eigene Abiprüfung denken und innerlich lachen. Aber gleich kommt er wieder zum Thema: „Betriebe existieren offensichtlich in recht unterschiedlichen Ausprägungen, und der real existierende Betriebsbegriff hat viele Bedeutungsaspekte. ‚Betrieb‘ beispielsweise kann ja auch ganz einfach nur einen Ort oder ein Gebäude mit Maschinen, Anlagen und Büros bezeichnen. Scheint so, als würden wir mit einem Begriff gar nicht auskommen. Also nehmen wir noch einen zweiten hinzu: ‚Unternehmen‘. Damit wird die Sache schon deutlicher, weil nun ‚Betrieb‘ für die gleiche Wirtschaftseinheit den Teil bezeichnet, der eher die technisch-produktionswirtschaftliche Seite abdeckt, während ‚Unternehmen‘ für den finanzwirtschaftlichen und rechtlichen Bereich steht. Aber hallo, ich glaub, wir haben da noch was vergessen.“ Brock schaut Antwort suchend in die Runde.
Keine Reaktion bei Alex und Andi. Also gibt Brock die Antwort selbst: „Zu einem Unternehmen gehört natürlich noch ein Ziel. Und Menschen, die sich Ziele stecken und umsetzen.“

Wie man sieht, können selbst solche auf den ersten Blick harmlose Fragen zu längeren Diskussionen führen. Und nachdem wir nun ungefähr wissen, was ein Betrieb ist, könnten wir doch wieder zurückkommen auf die eingangs gestellte Frage: Was ist Betriebswirtschaftslehre?
Die präzisieren wir jetzt aber aufgrund unserer inzwischen neu erworbenen Kenntnisse etwa so: Welche Fragestellungen versucht das Fach Betriebswirtschaft zu klären? (Wir hätten auch fragen können: Was ist das Erkenntnisinteresse der Betriebswirtschaft?)

Nun denn: Die beiden wirtschaftswissenschaftlichen Hauptdisziplinen heißen Volkswirtschaftslehre (VWL) und Betriebswirtschaftslehre (BWL), wobei Letztere ihrem Wesen nach von vielen Fachleuten als Untermenge von VWL gesehen wird. Oberbegriff für beide ist Wirtschaftswissenschaft, wobei die Volkswirtschaftslehre die Aufgabe übernimmt, die Koordination der Arbeitsteilung von Haushalten, Betrieben und Staat (so genannte „Wirtschaftssubjekte“ oder „Handlungsträger“) in den Bereichen Produktion, Verteilung und Konsum zu untersuchen und Erklärungsansätze zu finden. Untersuchungsgegenstand der VWL ist also die Volkswirtschaft, definiert als das ökonomische Geflecht öffentlicher und privater Wirtschaftssubjekte, die in einem Staatsgebiet arbeitsteilig agieren und damit eben dieses Geflecht zu wirtschaftlichem Leben erwecken.

Grundlagen des Ganzen sind die in diesem Staat geschaffene Rechts-, Gesellschafts- und Wirtschaftsordnung, aber auch die natürlichen Voraussetzungen wie Klima, Bodenschätze, Bevölkerung sowie der Austausch mit anderen Volkswirtschaften. An dieser Stelle wird die Sache international, denn durch die weltweiten Handels- und Produktionsverflechtungen führen Volkswirtschaften heute kein isoliertes Dasein mehr.
Wichtig wäre noch zu bemerken, dass Volkswirtschaft nur ein Begriff und keine in welcher Weise auch immer handlungsfähige Institution ist. Handeln können nur die in eine Volkswirtschaft eingebundenen Wirtschaftssubjekte. Und damit wären wir auch schon wieder bei den Betrieben, die nämlich genau zu diesen Elementen einer Volkswirtschaft gehören. Dabei kann ein internationaler Betrieb naturgemäß Element mehrerer Volkswirtschaften sein.

Die Betriebswirtschaftslehre versucht nun, wirtschaftliche Vorgänge in derartigen Wirtschaftssubjekten zu analysieren und zu erklären. Es geht also um wirtschaftliches Handeln
- in Betrieben, Unternehmen und Wirtschaftsorganisationen zur Erzeugung von Produkten und Dienstleistungen für Dritte („Fremdbedarfsdeckung“) und
- in selbst verbrauchenden Haushalten als Konsumenten („Eigenbedarfsdeckung“).

Wirtschaftliches Handeln wird dabei durch den Umstand erzwungen, dass – anders als im Schlaraffenland – die Mittel zur Befriedigung der Bedürfnisse nicht unbegrenzt und beliebig zur Verfügung stehen. Ein Satz, den jeder leicht nachvollziehen kann, wenn mal wieder Ebbe auf dem Konto ist.

Schaut man sich nun die Vielfalt eines Wirtschaftssystems an, wird sofort klar, dass Betriebswirtschaft nur allgemeine Erklärungen liefern kann. Zur Untersuchung und Erforschung spezifischer betriebswirtschaftlicher Fragestellungen haben sich daher innerhalb der Betriebswirtschaftslehre nach Bedarf Teildisziplinen gebildet und angesiedelt, die speziellen Betriebswirtschaftslehren. Dazu gehören beispielsweise
- Bank- und Börsenwesen
- Betriebswirtschaftslehre der Banken
- Betriebswirtschaftslehre der Industrie
- Betriebswirtschaftslehre des Prüfungswesens

- Betriebswirtschaftliche Steuerlehre
- Internationales Management
- Logistik
- Marketing
- Operations Research
- Rechnungswesen
- Unternehmensführung
- Wirtschaftsinformatik (Schwerpunkt Industrie- und Logistikbetriebe)
- Wirtschaftsinformatik (Schwerpunkt Büro- und Dienstleistungsbereich)

Ansonsten bedient sich die Betriebswirtschaftslehre vieler Nachbarfächer, um Spezialfragen zu klären. Diese Nachbarwissenschaften erhalten dann manchmal den Zusatz „Wirtschafts ...“, also etwa

- Wirtschafts- und Betriebspädagogik
- Internationale Wirtschaft
- Entwicklungspolitik
- Finanzwissenschaft
- Statistik
- Quantitative Wirtschaftsforschung
- Genossenschaftswesen
- Arbeitsrecht
- Öffentliches Recht
- Steuerrecht
- Unternehmens- und Gesellschaftsrecht
- Soziologie
- Bildungs- und Wissenssoziologie
- Entwicklungssoziologie
- Familien- und Jugendsoziologie
- Medizinsoziologie
- Wirtschafts- und Organisationssoziologie/Betriebssoziologie
- Wirtschafts- und Betriebspsychologie
- Kommunikationswissenschaft
- Politikwissenschaft
- Sozialpolitik
- Sozialwissenschaftliche Grundlagen des Personalwesens
- Wirtschaftsgeographie
- Wirtschaftsgeschichte
- Auslandswissenschaft: englischsprachige Kulturen

- Auslandswissenschaft: romanischsprachige Kulturen (Frankreich, Italien oder Spanien/Lateinamerika)
- Auslandswissenschaft: ostasiatische Kulturen (Japan, China oder „Tigerstaaten")

Zum Abschluss dieser Überlegungen schnell noch eine historische Rückblende. Im Konzert der Fächer an den Universitäten ist die Betriebswirtschaft ein verhältnismäßig junges Fach. Zwar gehen erste Ansätze handelskundlicher Traktate bis ins 15. Jahrhundert zurück, den Startschuss für die wissenschaftliche Disziplin BWL aber gab die Gründung der ersten Handelshochschulen Ende des 19. Jahrhunderts in Leipzig, St. Gallen, Aachen und Wien. Damals hieß das Ganze übrigens noch „Handelsbetriebslehre", und Volkswirtschaft bezeichneten die Altvorderen als „Nationalökonomie".

2.2 Universitätsstudium: Inhalt, Aufbau, Abschluss

Wenden wir den Blick nun jenen Institutionen zu, die sich der wissenschaftlichen Erforschung wirtschaftlicher Zusammenhänge verschrieben haben, den Universitäten und sonstigen wissenschaftlichen Hochschulen mit Promotionsrecht. Zu dieser Gruppe zählen auch die Gesamthochschulen, die bekanntermaßen Uni und FH unter einem Dach beherbergen, wobei wir in diesem Zusammenhang nur den Unizweig betrachten. Die folgende Tabelle führt die Universitäten und wissenschaftlichen Hochschulen an, die Betriebswirtschaftslehre als Studiengang anbieten.

Tabelle 3: Betriebswirtschaftslehre an Universitäten

Universität / wissenschaftliche Hochschule	Betriebswirtschaftslehre / Business Studies / Business Administration
Aachen TH	B / M
Augsburg U	B / M
Bamberg U	B / M
Bayreuth U	B / M
Berlin ESCP-EAP	D / M
Berlin FU	B / M
Berlin HU	B / M
Berlin SHB	B / M
Bremen U	B / M
Bruchsal IU	B
Chemnitz TU	M
Clausthal TU	B / M
Cottbus TU	B / M
Dortmund TU	B

Universität / wissenschaftliche Hochschule	Betriebswirtschaftslehre / Business Studies / Business Administration
Dresden TU	M
Duisburg-Essen U	B / M
Düsseldorf U	B / M
Eichstätt-Ingolstadt U	B / M
Erlangen-Nürnberg U	B / M
Flensburg U	M
Frankfurt/Main FSFM	B / M
Frankfurt/Main U	B / M
Frankfurt/Oder U	B
Freiberg TU	B
Gießen U	B
Göttingen U	B / M
Greifswald U	B / D
Halle-Wittenberg U	B / M
Hamburg U	B / M
Hohenheim U	B
Ilmenau TU	M
Jena U	B
Kaiserslautern U	B t
Kiel U	B
Köln U	B / M
Leipzig HandelsH	M #
Leipzig U	M
Lüneburg U	B / M
Magdeburg U	B / M
Mainz U	M
Mannheim U	B / M
Marburg U	B / M
München TU	B t / M t
München U	B / M
Münster U	B / M
Oestrich-Winkel EBS	B / M
Oldenburg U	B j
Osnabrück U	B
Paderborn U	M
Passau U	B / M
Potsdam U	B / M
Regensburg U	B / M
Rostock U	M
Saarbrücken U	B
Siegen U	B

Universität / wissenschaftliche Hochschule	Betriebswirtschaftslehre / Business Studies / Business Administration
Stuttgart U	B
Trier U	B
Tübingen U	B / M
Ulm U	M
Vallendar WHU	B / M
Witten-Herdecke U	B
Würzburg U	M

Abkürzungen / Anmerkungen

In der Tabelle werden die offiziellen Kurzbezeichnungen der Universitäten nach HRK benutzt.
Die genaue Bezeichnung der Hochschulen entnehmen Sie bitte dem Adressenteil im Anhang.

D = Diplomabschluss
B = Bachelorabschluss
M = Masterabschluss
t = mit technischem Schwerpunkt
j = mit juristischem Schwerpunkt
# = auch berufsbegleitend als Teilzeitstudium

Der klassische Diplomabschluss in Betriebswirtschaftslehre ist inzwischen fast überall durch Bachelorabschlüsse ersetzt, teilweise mit synonymen Fachbezeichnungen wie Business Studies oder Business Administration. Dabei haben viele Hochschulen ihre alten Studienfächer BWL, VWL, etc. zu neuen Studiengängen zusammengefasst, die bis zum Bachelorabschluss einfach nur Wirtschaftswissenschaften heißen. Der Aufbau dieser Bachelorstudiengängen wird deshalb in dem Kapitel über Wirtschaftswissenschaft ab Seite 156 erklärt.

Auch an den Universitäten existiert eine breite Palette spezieller Betriebswirtschaftslehren und Wahlfächer, die von Uni zu Uni variieren, allerdings erst im Hauptstudium relevant werden.

Aufbau des BWL-Grundstudiums an Universitäten

Das Grundstudium in Betriebswirtschaftslehre umfasst vier Semester und ist für die verschiedenen wirtschaftswissenschaftlichen Studienfächer an den Universitäten weitgehend identisch. So kann man mit bestandenem Vordiplom in BWL beispielsweise im Hauptstudium VWL studieren. Umgekehrt funktioniert die Sache auch meistens. Sogar Wirtschaftspädagogik hat an den meisten Universitäten das gleiche Grundstudium. Also wäre auch hier ein Wechsel vom Grundsatz her machbar. Allerdings gibt es im Fach Wirtschaftspädagogik an vielen Unis einen durchgehenden Numerus clausus, womit der Wechsel von BWL nach WiPäd dann gelegentlich in Ermangelung freier Studienplätze im Zielfach scheitert.

Die Tatsache des gemeinsamen Grundstudiums mit den eleganten Wechselmöglichkeiten hat aber, wie fast immer im Leben, einen gravierenden Haken, nämlich für die Leute, die ihr Vordiplom irgendwo unterwegs in den Sand setzen. Das hat zunächst mal die Folge, dass man wegen endgültigen Nichtbestehens in ganz Deutschland an keiner Universität mehr BWL studieren darf. Außerdem bedeutet es, dass man sich aber auch nicht mehr für VWL oder WiPäd einschreiben kann, denn auch diese beiden Fächer sind bei gleichem Grundstudium mit dem Bannstrahl des Prüfungsamts belegt, an allen Unis in der gesamten Republik.
Aber wir wollen natürlich nicht gleich vom Schlimmsten ausgehen, postulieren deshalb einfach Ihr erfolgreiches Abschneiden beim Vordiplom und sehen uns deshalb erstmal einen typischen Plan für das universitäre Grundstudium in BWL an:

Grundstudium an Universitäten

	1. Semester	S	L	2. Semester	S	L
	Planspiel	L				
Propädeutik	V/Ü Mathematik für Wirtschaftswissenschaftler V Einführung betriebliches Rechnungswesen Ü Buchhaltung und Grundlagen der Bilanzierung	4 2 2	K K K	V Kostenrechnung Ü Kostenrechnung	1 3	K
Grundzüge der Betriebswirtschaftslehre				V Einführung in die BWL V Verhalten in Organisationen (alles BWL I)	3 1	P
wirtschaftlich wesentliche Teile des Privatrechts	V Grundkurs BGB / HGB I Ü Übung zu Grundkurs I	2 3		V Grundkurs BGB / HGB II Ü Übung zu Grundkurs II Klausurenkurs	2 3 2	P
wirtschaftlich wesentliche Teile des öffentlichen Rechts	V Öffentliches Recht der Wirtschaft I (WverwR) V Öffentliches Recht der Wirtschaft I (WverfR)	2 2		V Öffentliches Recht der Wirtschaft II Ü Übung im Öffentlichen Recht der Wirtschaft (WverfR)	2 2	P
Grundzüge der Volkswirtschaftslehre	V Grundzüge der Mikroökonomischen Theorie oder wahlweise V Grundzüge der Makroökonomischen Theorie	2 2		V Grundzüge der makro- bzw. der mikroökonomischen Theorie V Einführung in die Finanzwissenschaft	2 2	
Grundzüge der Statistik	V/Ü Statistik I	6		V/Ü Statistik II	6	P
Summe		27			29	

Grundstudium an Universitäten

	3. Semester	S	L	4. Semester	S	L
Propädeutik	V/Ü Einführung in die Informationsverarbeitung (EDV) Mikrocomputerpraktikum	2 3	K 1			
Grundzüge der Betriebswirtschaftslehre	V/Ü Absatz I V/Ü Steuerlehre V/Ü Investition und Finanzierung (alles BWL II)	2 2 4		V/Ü Produktion I V/Ü Finanzwirtschaft I V/Ü Operations Research / Entscheidungslehre (alles BWL II)	2 2 2	P
Grundzüge der Volkswirtschaftslehre	V Grundzüge der Wirtschaftspolitik Ü Volkswirtschaftliche Übungen für Anfänger	2 5	P	V Grundzüge der makro- bzw. der mikroökonomischen Theorie V Einführung in die Finanzwissenschaft	2 2	
Summe		20			6	

Legende:

S = Semesterwochenstunden
L = Leistungsnachweis
K = Klausur
P = Teilprüfung des Vordiploms
V = Vorlesung
Ü = Übung

„Also, was die meisten Fächer so beinhalten“, sagt Andi, „das wissen wir ja schon ungefähr. Aber die Stundenzahl, ist das nicht ein kleines bisschen zu wenig für ein Studium?“
„Genau“, meint Alex, „wie wollen denn die Professoren den ganzen Stoff in so kurzer Zeit mit uns durchnehmen?“
„Nun, ja. An der Uni geht es halt anders zu als in der Schule. Es wird nämlich überhaupt nichts durchgenommen.“
Die beiden jungen Leute schauen Brock verwundert an. Wie oft hatte er in Gesprächen genau an dieser Stelle Noch-Schüler in heillose Verwirrung gestürzt. Und wie oft hatte er sich vorgenommen, diesen Punkt eines Tages schriftlich zu fixieren. Endlich der große Rundumschlag: „Der Unterschied zwischen Schule und Uni, Band 1: Exemplarisches Lernen.“ Wie so oft fand er aber nie die richtige Muße und überhaupt, manche Dinge ließen sich halt mündlich auch viel besser tradieren. Naturvölker etwa, die keine Schriftsprache besitzen, überliefern ihre gesamten Weisheiten noch heute mündlich von Generation zu Generation. Also beispielsweise die ...

„Herr Brock?“, unterbricht Andi Brocks Phantasien, „Herr Brock, was meinen Sie mit ‚Es wird nichts durchgenommen‘?“
„Ach so, ja. In den Vorlesungen an der Uni werden Inhalte vermittelt. Kurz und schmerzlos, alles wird nur einmal gesagt, wenn überhaupt. Manche Dinge werden nur vage angedeutet oder gar als Allgemeinwissen vorausgesetzt. Und deshalb muss man selbst mitarbeiten, vor und nach der Vorlesung: Begriffe nachschlagen und ihre Bedeutung lernen, Textpassagen erarbeiten und Zusammenhänge eigenständig erschließen. Ihr müsst aber auch in der Lage sein, einmal erworbenes Wissen selbstständig auf andere Zusammenhänge zu übertragen und anzuwenden. Das stetige Lernen und die Methodik sind die maßgeblichen Eckpfeiler eines Unistudiums. Und Eigenverantwortung für das, was ihr tut, ist der Schlüssel zum Erfolg. In der Schule kann man die Verantwortung vielleicht noch bei Lehrern oder Eltern abgeben.“
Während sich tief greifendes Unverständnis in den Augen der beiden Eleven spiegelt, denkt Brock: „Das hört sich irgendwie an wie das Wort zum Sonntag!“

Die vergleichsweise geringere Zahl von Wochenstunden macht schon deutlich, dass es an der Uni anders zugeht als an der Schule oder der Fachhochschule. An der Universität liegt eben mehr Gewicht auf theoretischen Erklärungszusammenhängen. Gleichzeitig wird versucht, unterschiedliche Strömungen, Denkweisen und „Schulen“ zu den jeweiligen Themen darzustellen. Damit sollen die Studenten frühzeitig lernen, dass es eben nicht nur eine Wahrheit gibt und dass man wissenschaftliche Ansätze selbstständig und kritisch auswerten können muss, um im Berufsleben zu bestehen und nicht die erstbeste Erklärung akzeptieren zu müssen. Alles, was einfach und logisch klingt, ist vom wissenschaftlichen Standpunkt her grundsätzlich verdächtig.

Aufbau des BWL-Hauptstudiums an Universitäten

Im BWL-Hauptstudium ergeben sich vielfältige Wahlmöglichkeiten, da das Studium aus fünf Bereichen besteht, von denen drei wählbar sind:
Pflichtbereich:
- Allgemeine BWL
- Allgemeine VWL

Wahlbereich:
- Spezielle BWL
- Pflichtwahlfach 1
- Pflichtwahlfach 2

Jeder Student stellt sich aus den an seiner Universität angebotenen Fächern eine individuelle Kombination zusammen. Dabei gibt es gelegentlich Zuordnungsunterschiede an den einzelnen Unis: Fächer, die beispielsweise in Hamburg zur Gruppe der speziellen Betriebswirtschaftslehren gehören, könnten in München etwa zu den Pflichtwahlfächern gezählt werden, oder umgekehrt. Daher enthalten die beiden folgenden Aufzählungen die eine oder andere inhaltliche Überschneidung. Ganz davon abgesehen ist das Spektrum der an den einzelnen wissenschaftlichen Hochschulen angebotenen Schwerpunkte natürlich sehr unterschiedlich strukturiert.

Spezielle Betriebswirtschaftslehren an Universitäten:

- Bank- und Börsenwesen
- Betriebliche Finanzwirtschaft
- Betriebswirtschaftliche Steuerlehre
- Betriebswirtschaftslehre der Banken
- Betriebswirtschaftslehre der Industrie
- Internationale Unternehmen/Exportwirtschaft
- Internationales Management
- Logistik, Materialwirtschaft, Beschaffung
- Marketing, Absatzwirtschaft
- Operations Research, Unternehmensforschung
- Personalwirtschaft
- Produktionswirtschaft
- Rechnungswesen
- Revisions- und Treuhandwesen
- Unternehmensführung
- Unternehmenskooperation und Genossenschaftswesen
- Verkehrswirtschaft
- Versicherungswirtschaft
- Wirtschaftsinformatik (Schwerpunkte Industrie- und Logistikbetriebe oder Büro- und Dienstleistungsbereich)
- Wirtschaftsprüfung, Betriebsanalyse, Unternehmensbewertung

Die Wahlfachmöglichkeiten sind noch einmal breiter gefächert als die speziellen Betriebswirtschaftslehren. Hier finden sich nicht nur wirtschaftswissenschaftliche Themen, sondern auch Inhalte von verwandten Sozial- oder Kulturwissenschaften. Was die Bezeichnung dieser Bereiche angeht, gibt es keine einheitliche Sprachregelung. Quer durch Deutschland ist alles zu finden, Wahlfächer, Pflichtwahlfächer, Wahlpflichtfächer und so weiter.

Wahlfächer im Studiengang BWL an Universitäten:

- Arbeitsrecht
- Auslandswissenschaft: Sprache, Wirtschaft, Kultur
- Bildungs- und Wissenssoziologie
- Energie und Umwelt (Betriebswirtschaftliche Ökologie)
- Entwicklungspolitik
- Entwicklungssoziologie
- Familien- und Jugendsoziologie
- Finanzwissenschaft
- Genossenschaftswesen
- Internationale Wirtschaft
- Kommunikationswissenschaft
- Medizinsoziologie
- Öffentliches Recht
- Politikwissenschaft
- Quantitative Wirtschaftsforschung
- Sozialpolitik
- Sozialwissenschaftliche Grundlagen des Personalwesens
- Soziologie
- Statistik
- Steuerrecht
- Unternehmens- und Gesellschaftsrecht
- Wirtschafts- und Betriebspädagogik
- Wirtschafts- und Betriebspsychologie
- Wirtschafts- und Organisationssoziologie/Betriebssoziologie
- Wirtschaftsgeographie
- Wirtschaftsgeschichte
- Wissenschaftstheorie

Brocks Spezialtipp: „Bei der Kombination der drei wählbaren Fächer kann man auch spezielle Betriebswirtschaftslehren als Pflichtwahlfächer einsetzen. Besonders Hartgesottene kommen so auf drei spezielle Betriebswirtschaftslehren. Eiserne Regel ist allerdings stets, dass jedes Fach nur einmal gewählt werden darf."

Praktikum an Universitäten

Auch an der Universität sind Praktika erforderlich, allerdings weniger vorgeschrieben als an den Fachhochschulen. Und ganze Semester damit ersetzen, geht auch nicht. Also müssen die Semesterferien herhalten. Die Prüfungsordnungen der wissenschaftlichen Hochschulen schreiben unterschiedliche Längen der Praktika als Zulassungsvoraussetzung meist zum letzten Teil der Hauptdiplomprüfung vor: Zwischen zwölf und 26 Wochen liegen hier die zeitlichen Anforderungen.
Und noch eines ist anders als an den FHs. An der Uni muss man sich in der Regel selbst darum kümmern, einen Praktikumsplatz aufzutun. Auch das stärkt die Eigeninitiative. Wie überhaupt die Vorbereitung des Übergangs in den Beruf völlig ins Belieben der jeweiligen Studenten gestellt ist.

Brock meint dazu: „Das gehört zu den darwinistisch angehauchten Vorstellungen der hohen Schulen und beugt der „Pizza-Service-Mentalität“ vor, die sich heutzutage gelegentlich so äußert: Wenn mir jemand einen Job zu Hause vorbeibringen würde, würde ich mich glatt reinstressen und würde ihn nehmen.“

Einen Pferdefuß hat diese Sache mit den berufsvorbereitenden Praktika: Man verdient im Normalfall kein Geld damit. Um dem vorzubeugen, sollte man sich lieber einen gut bezahlten Ferienjob im kaufmännischen Bereich suchen und wochenweise aufschreiben, was man jobmäßig so getan hat. Dieses „Berichtsheft“ lässt man am Ende vom Chef quittieren und hat schon einen Praktikumsnachweis für die Uni.

Bachelor-Abschluss: Aufbau des BWL-Studiums an Universitäten

Viele Universitäten haben ihre Diplomstudiengänge bereits auf die neue Studienstruktur umgestellt und bieten Bachelorabschlüsse an. Die Intensität dieser Umstellung reicht dabei von der bloßen Umetikettierung des bisherigen Diploms bis zur völligen Neuschöpfung des Bachelors. Die so erzeugte Vielfalt hat Folgen: Waren die Diplomstudiengänge bis zum Vordiplom bislang aufgrund einer von der Hochschulrektorenkonferenz vorgegebenen Rahmenprüfungsordnung identisch, bastelt sich heute jede Hochschule ihren Bachelor nach hauseigenen Vorstellungen zusammen. Ein Hochschulortwechsel wird so mangels vergleichbarer Studienleistungen zur Lotterie, denn die Anrechenbarkeit der erbrachten Studienleistungen variiert nun zwischen null und hundert Prozent. Die von der neuen Struktur erwartete größere Durchlässigkeit der Studiengänge in Europa (sic!) ist damit nicht mal innerhalb Deutschlands gegeben.

Brock meint dazu: „Hört! Hört! Aber das hätte ich den Enthusiasten gleich sagen können. Diese reformatio bolognese wird nicht zu einer größeren Einheitlichkeit der Studiengangstrukturen in Euroland beitragen. Ich kenne das englische Hochschulsystem, das ja hier Pate stand, ganz gut. Dort gibt es zwar eine viel größere Mobilität bei der Wahl des Hochschulortes vor Studienbeginn als bei uns, wo jeder vor der Haustür studieren will. Wechsel des Studienortes im laufenden Bachelorstudium sind aber weitgehend unbekannt. Eine räumliche Neuorientierung geht dort meist erst mit der Auswahl des Masterstudiums einher. So wird es dann in Zukunft bei uns wohl auch sein."

Und wie sehen die neuen Bachelor denn nun aus? Sie sind sehr unterschiedlich strukturiert, aber hier dennoch der Versuch der Darstellung, idealtypisch gewissermaßen, denn den hier abgebildeten BA gibt es genau so an keiner deutschen Uni. Nicht einmal die Bezeichnung des Abschlusses ist überall dieselbe. Einige Universitäten verleihen am Ende ihrer wirtschaftswissenschaftlichen Studien einen Bachelor of Science, der es eigentlich den naturwissenschaftlichen Fächern vorbehalten ist.

In einem 3-jährigen Bachelorstudiengang werden häufig zunächst einführende Kenntnisse sowie juristische und ökonomische Grundlagen gelegt. Das unterscheidet sich wenig vom bisherigen Diplom. Auf diesen Grundlagen aufbauend können die Studierenden ausgewählte Spezialgebiete vertiefend studieren. Mit fächerübergreifenden Schlüsselqualifikationen wird das Bild schließlich abgerundet. Hier der Ablauf eines idealtypischen Bachelorstudiums an wissenschaftlichen Hochschulen:

Modul Propädeutika	Buchführung und Abschluss + Kostenrechnung Informationsverarbeitung für Wirtschaftswissenschaftler
Modul Mathematik und Statistik	Mathematik für Wirtschaftswissenschaften Statistik I + II
Modul Schlüsselqualifikationen	Business English I + II Unternehmensplanspiel + Fallstudien Kommunikation (oft wahlweise Rhetorik, Gesprächs- und Verhandlungsführung, Interkulturelle Kommunikation oder Konfliktmanagement)
Modul Grundlagen des Rechts	Wirtschaftsrecht I (Vertragsgestaltung) + Wirtschaftsrecht II (Gesellschaftsrecht)
Modul Grundlagen VWL	Mikroökonomik I + II Makroökonomik I + II

Modul Grundlagen BWL	Marketing Produktion und Logistik Finanzwirtschaft Rechnungslegung (Bilanzen)
Wahlmodule Allgemeine BWL **Spezialisierungsmodule BWL**	Meist sind mehrere Module aus folgenden Teilbereichen zu absolvieren: Finanzmanagement, Investition und Unternehmensbewertung, Controlling, Kostenrechnungssysteme, Bilanzpolitik und -analyse, Grundlagen Wirtschaftsinformatik, Grundlagen Unternehmensbesteuerung, Strategisches Marketing, Planungs- und Entscheidungsmethoden, Grundlagen Organisation, Grundlagen Personalwesen, Grundlagen Dienstleistungsmanagement, Grundlagen Internationales Management
Modul Fremdsprache	Grundkurs, Aufbaukurs, Spezialisierungskurs, Landeskundeseminar
Modul Praktikum	Ein Berufspraktikum außerhalb der Universität ist fast überall verpflichtender Bestandteil des Studiums. Je nach Uni dauert es zwischen vier und zwölf Wochen und ist innerhalb der vorlesungsfreien Zeiten zu absolvieren.
Modul Bachelorarbeit	Eine Bachelorarbeit ist natürlich immer Bestandteil universitärer BA-Studien. Hier können die Absolventen meist nach dem Ende des fünften Fachsemesters zeigen, was sie an methodischen, theoretischen und inhaltlichen Kenntnissen gelernt haben. Die Bearbeitungsdauer liegt bei etwa zwei Monaten und ist an den einzelnen Unis in den Prüfungsordnungen spezifiziert. Bei manchen Universitäten muss die Bachelorarbeit am Ende des Studiums vor einem Prüfungssausschuss in einer Art Disputation vorgestellt und verteidigt werden.

2.3 Fachhochschulstudium: Inhalt, Aufbau, Abschluss

Schauen wir uns jetzt mal die Möglichkeiten an, Betriebswirtschaft an Fachhochschulen zu studieren. Voraussetzung für den Einstieg ist hier die Fachhochschulreife, auf schulischem Weg am günstigsten über die Fachoberschule oder die Berufsoberschule zu erreichen. Warum heißt nun der Studiengang an Fachhochschulen Betriebswirtschaft und nicht Betriebswirtschaftslehre?

Wie bereits erörtert, befasst sich die Betriebswirtschaft mit Fragen des Wirtschaftens im Betrieb und bedient sich dazu der Erkenntnisse der Betriebswirtschaftslehre. Man erforscht betriebliches Wirtschaften mit wissenschaftlichen Methoden und entwickelt auf dieser Basis Erklärungsansätze, die nach theoretischer Fundierung

Gesetzmäßigkeiten zum Ausdruck bringen. Dieses System von Erklärungsansätzen nennt man Betriebswirtschaftslehre.
An Fachhochschulen werden demnach zwar wissenschaftliche Erkenntnisse vermittelt, die Qualifikation zum eigenständigen wissenschaftlichen Arbeiten erlangen FH-Absolventen jedoch nicht. Diese fehlende wissenschaftlich-methodische Vollimprägnierung zeigt sich auch darin, dass nur das Diplom der Universität oder neuerdings der Master zur anschließenden Promotion berechtigt und auch nur Universitäten das Recht haben, Doktorgrade zu verleihen. Zwar gibt es die Möglichkeit, für im wörtlichen Sinn sehr gute FH-Diplomer (Mindestnote 1,5) eine Promotionseignungsprüfung abzulegen, die dann den Weg zum Doktortitel öffnet, diese Prüfung erfordert aber in der Regel Vorleistungen, deren Erwerb etwa zwei Studiensemester in Anspruch nimmt. Ähnliches gilt auch für Berufsakademie-Absolventen, und zwar nur in den Bundesländern, die Berufsakademien haben.

Durch die Einführung des Bachelorabschlusses nivelliert sich das: Zwar werden die Unterschiede in Anspruch und Niveau zwischen den Fachhochschulen und den Universitäten bleiben, aber die Abschlüsse heißen gleich, eben Bachelor, und der bislang obligate Zusatz FH verschwindet bei den Bacheloren der Fachhochschulen.

Die folgende Tabelle führt die Fachhochschulen an, die Betriebswirtschaft als Studiengang anbieten. An jeder FH kann man nun zwar den gleichen Abschluss erwerben, die inhaltliche Struktur und vor allem die mögliche Schwerpunktbildung ist aber an jeder Institution anders. Die Vielfalt ist sehr groß, gleichwohl bieten nicht alle Fachhochschulen das gesamte Spektrum an.

Tabelle 4: Betriebswirtschaft an Fachhochschulen

Fachhochschule	Betriebswirtschaft / Business Studies / Business Administration
Aachen FH	B / M
Aalen H	B
Albstadt-Sigmaringen H	B / M
Amberg-Weiden H	B
Anhalt H	B / M
Ansbach FH	B #
Aschaffenburg H	B j
Augsburg H	B
Berlin BHT	B
Berlin FH Best Sabel	B
Berlin HTW	B / M
Berlin HWR	B # / M

Fachhochschule	Betriebswirtschaft / Business Studies / Business Administration
Berlin SRH	B
Biberach FH	B / M
Bielefeld FH	B j / M
Bielefeld FHM	B # / M
Bochum EBZ	B
Bochum H	M
Bochum TFH	B t / M t #
Bonn-Rhein-Sieg H	B / M
Brandenburg FH	B #
Braunschweig/Wolfenbüttel FH	B / M
Bremen H	B / M
Bremerhaven H	B / M
Bruchsal IU	B
Brühl EUFH	B
Coburg H	B # / M
Darmstadt H	B / M
Deggendorf FH	B / M
Dortmund FH	B / M
Dresden HTW	B
Eberswalde FH	B
Elmshorn Nordakademie FH	B / M
Erding FHM	B / M
Erfurt Adam-RiesFH	B
Essen FOM #	M
Flensburg FH	B
Frankfurt/Main FH	B
Frankfurt/Main FHProvadis	B
Friedrichshafen ZU	B / M
Furtwangen H	M
Gießen-Friedberg FH	B # / M
Göttingen PFH	B # / M
Hamburg FernH #	B
Hamburg HAW	B t
Hamburg HSBA	B / M
Hannover FH	B / M #
Hannover FHDW	B
Harz H	B
Heidelberg H	B / M
Heilbronn H	B / M
Hof H	B / M
Idstein HFresen	B
Ingolstadt H	B

Fachhochschule	Betriebswirtschaft / Business Studies / Business Administration
Iserlohn BiTS	B
Jena FH	BA
Kaiserslautern FH	B t / M
Karlsruhe IKH	M
Kempten H	B
Kiel FH	B / M
Koblenz FH	B / M #
Köln FH	B
Köln RheinFH	M
Konstanz H	B
Lahr AKAD-WHL	M #
Landshut H	B / M
Lausitz H	B
Leipzig AKAD #	B / M
Leipzig HTWK	B / M
Lübeck FH	B / M
Ludwigshafen FH	B # / M #
Magdeburg-Stendal H	B # / M
Mainz FH	B # / M
Merseburg H	B # / M
Mittweida H	B #
München H	B / M
München MBS	M
Münster FH	B / M t
Neu-Ulm H	B / M
Niederrhein H	B #
Nordhausen FH	B
Nordhessen FH	B #
Nürnberg H	B / M
Nürtingen H	B # / M
Offenburg H	B / M
Osnabrück FH	B / M
Ostwestfalen-Lippe H	B / M
Paderborn FHDW #	B
Pforzheim H	B / M
Pinneberg AKAD #	B / M
Ravensburg-Weingarten H	B
Regensburg H	B / M
Reutlingen HTW	B
Rhein-Main H	B / M
Riedlingen FH	B / M
Rosenheim H	B

Fachhochschule	Betriebswirtschaft / Business Studies / Business Administration
Saarbrücken HTW	B / M
Stralsund FH	B
Stuttgart AKAD #	B / M
Stuttgart H	B / M
Südwestfalen FH	B j # / M t
Trier FH	B / M
Vechta/Diepholz FHWT	B
Wedel FH	B / M
Westküste FH	B #
Wildau TFH	B # / M
Wilhelmshaven/Oldenburg/Elsfleth FH	B
Wismar H	B # / M
Worms FH	B
Würzburg-Schweinfurt FH	B # / M
Zittau/Görlitz H	D / M
Zwickau H	B / M

Abkürzungen / Anmerkungen

In der Tabelle werden die offiziellen Kurzbezeichnungen der Fachhochschulen nach HRK benutzt. Die genaue Bezeichnung der Hochschulen entnehmen Sie bitte dem Adressenteil im Anhang.

D = Diplomabschluss
B = Bachelorabschluss
M = Masterabschluss
t = technisch orientiert
j = auch mit juristischem Schwerpunkt
# = auch als Fernstudium / auch berufsbegleitend bzw. dual möglich

Die Angebote sind teilweise sehr eng auf bestimmte Branchen oder Berufe bezogen. Mit einer derartigen Studienausrichtung versuchen die Hochschulen, Forderungen von Industrie und Handel nachzukommen oder auf Entwicklungen zu reagieren, die der Arbeitsmarkt aufzeigt. Einziges Problem dabei: Solche Trends sind oft sehr kurzlebig, und bis die Studienanfänger ihr Diplom in der Tasche haben, ist möglicherweise längst etwas anderes am Markt gefragt. Statt nun also grundlegende Qualifikationen zu vermitteln und den Hochschülern Methoden und Techniken an die Hand zu geben, Sachverhalte kritisch durchdenken und beurteilen oder sich selbstständig in neue Gebiete einarbeiten zu können, hecheln diese Hochschulen den sich halbjährlich ändernden Forderungen der Unternehmen hinterher. Dabei stopfen sie ihre Eleven mit Detail- und Faktenwissen voll, das nach der Prüfung wieder schnell vergessen wird oder noch schneller veraltet.

Diplomabschluss: Aufbau des BWL-Grundstudiums an Fachhochschulen

Das Studium an Fachhochschulen ist auf acht Semester konzipiert und gliedert sich in zwei Abschnitte: Die ersten vier Semester bilden das Grundstudium, die zweiten vier das Hauptstudium. In jedem Abschnitt ist üblicherweise ein Praxissemester integriert, bleiben also in der Summe noch sechs Theoriesemester übrig. Anhand eines Beispiels möchte ich nun kurz zeigen, wie das Grundstudium an der FH abläuft:

Grundstudium an Fachhochschulen

Fächer / Inhalte	Semesterwochen-stunden (SWS)	Prüfung / Dauer in Min.
Pflichtfächer		
Grundlagen der Betriebswirtschaftslehre	4	Klausur/90
Umweltorientierte Unternehmensführung	2	
Finanz- und Investitionswirtschaft	4	Klausur/90
Marketing	4	Klausur/90
Material- und Fertigungswirtschaft	4	Klausur/90
Personalführung	2	Klausur/90
Übungen zur Personalführung	2	Klausur
Organisation	4	Klausur
Datenverarbeitung	6	Klausur
Buchführung und Bilanzierung	4	Klausur/90
Kosten- und Leistungsrechnung einschl. Übungen	6	Klausur/90
Wirtschaftsmathematik	5	Klausur/90
Betriebsstatistik	5	Klausur/90
Grundlagen der Volkswirtschaftslehre	4	Klausur/90
Umweltökonomie	2	
Wirtschaftsprivatrecht	8	Klausur/90
Wirtschaftssprachen	6	Klausur
Praxisbegleitende Lehrveranstaltungen	6	Klausur
Wahlpflichtfächer:		
Allgemeinwissenschaftliche Wahlpflichtfächer	2	Klausur
Fachbezogene Wahlpflichtfächer	4	Klausur

Das Studium an den Fachhochschulen ist stark verschult. Dies hat den Vorteil, dass man sich nicht weiter um den Stundenplan kümmern muss, weil ohnehin wenig Wahlmöglichkeiten bestehen. Vor allem Studienanfänger wissen das meist zu schätzen. Spätestens aber nach der Eingewöhnungsphase an den Hochschulen wünschen sich viele Studenten mehr Gestaltungsspielraum. Den gibt es an der FH jedoch allenfalls bei der Auswahl der Wahlpflichtfächer und in den Praxissemestern.

Praxissemester an Fachhochschulen

Bei Fachhochschulstudiengängen finden das dritte und sechste Semester in der Praxis statt. Man ist also überwiegend im Betrieb tätig, wobei es natürlich begleitende Vorlesungen an der Hochschule gibt: vier Tage Arbeit, ein Tag Ohren spitzen. Dabei gilt für die Inhalte die Faustregel: Das erste Praxissemester ist eine Art „verkürzte Lehre“, während man im zweiten schon ganz konkret in später möglichen Berufsfeldern auf dem Niveau eines FH-Absolventen arbeitet. Nicht selten werden die guten Leute übrigens schon hier von den Firmen unter Vorvertrag genommen, womit dann auch klar ist, wie es nach dem Diplom weitergeht.

Die Details der praktischen Ausbildungsabschnitte regeln die jeweiligen Hochschulen in eigener Regie. Damit nun aber nicht jede FH macht, was sie will, ist in einer Rahmenordnung vorgegeben, dass pro Praxissemester mindestens 20 Wochen im Betrieb gearbeitet werden müssen. Aber wie immer im Leben gibt es auch bei den Praxissemestern zwei Varianten. Eine FH kann sich nämlich auch für ein Studienmodell mit nur einem Praxissemester entscheiden, das dann im Hauptstudium liegen muss. Statt des zweiten praktischen Semesters wird das achte Fachsemester dann als Prüfungssemester deklariert. Hier das Ganze noch einmal im Überblick:

Zwei Studienmodelle der Betriebswirtschaftslehre mit Praxissemestern

Studienmodell 1		Studienmodell 2	
Semester	**Inhalte**	**Semester**	**Inhalte**
1 2	Grundlagen und Funktionslehren	1 2	Grundlagen und Funktionslehren
3	Praxissemester 1	3	Fortsetzung 1 & 2
4	Fortsetzung 1 & 2	Vordiplom	
Vordiplom		4	Vertiefung
5	Vertiefung	5	Praxissemester
6	Praxissemester 2	6 7	Vertiefung und Schwerpunkte
7 8	Vertiefung und Schwerpunkte	8	Prüfungssemester
Diplom		Diplom	

Bei zwei Praxissemestern kann übrigens das erste durch eine kaufmännische oder vergleichbare Berufsausbildung ersetzt werden.

Diplom-Abschluss: Aufbau des BWL-Hauptstudiums an Fachhochschulen

Das Hauptstudium beginnt nach bestandenem Vordiplom und dient, wie könnte es anders sein, der Vertiefung der im Grundstudium erworbenen Kenntnisse. Neben den Pflichtfächern bietet dieser zweite Studienabschnitt außerdem die Möglichkeit, sich auf wählbare Schwerpunkte zu spezialisieren und so dem Studium ein spezifisches inhaltliches Profil zu geben.

Hauptstudium an Fachhochschulen

Fächer / Inhalte	Semesterwochen-stunden (SWS)	Prüfung / Dauer in Min.
Pflichtfächer		
Unternehmensführung	4	Klausur/90
Betriebliche Besteuerung	6	Klausur/90
Volkswirtschaftslehre und Volkswirtschaftspolitik	4	Klausur/90
Arbeitsrecht	4	Klausur/90
Wahlpflichtfächer		
Allgemeinwissenschaftliche Wahlpflichtfächer	2	Schein
Fachbezogene Wahlpflichtfächer	4	Schein
Studienschwerpunkte		
• Finanz-, Bank- und Investitionswirtschaft • Marketing • Logistik, Material- und Produktionswirtschaft • Organisation und Wirtschaftsinformatik • Personalwirtschaft • Rechnungswesen und Controlling • Unternehmensbesteuerung • Außenwirtschaft • Umweltorientierte Unternehmensführung • Wirtschaftsrecht	12	
Diplomarbeit		

Bachelor-Abschluss: Aufbau des BWL-Studiums an Fachhochschulen

Wie aus der Tabelle 4 ersichtlich, haben etwa die Hälfte aller Fachhochschulen ihre BWL-Studien bereits „bolognarisiert“ und bieten statt des Diploms nun den Bachelor of Arts an. In dieser neuen Struktur wird der erste berufsqualifizierende

Abschluss schon nach drei Jahren erworben. Auf der Strecke bleiben dabei im Verhältnis zum alten System die beiden Praxissemester, jedoch nicht bei allen FHs. Die bayerischen Fachhochschulen z. B. haben ein Praxissemester erhalten und dort dauert der BA dann 7 Semester.

Modularisierung ist hier der neue Zauberbegriff. Die Fachinhalte werden in kleine Portionen zerlegt, die nach dem Baukastensystem dann zu Studiengängen kombiniert werden. Und diese Module kann man dann auch einzeln abprüfen, was einem zwar die dicke Abschlussprüfung erspart, stattdessen aber zu einem 3-jährigen Prüfungsmarathon führt. Wie der aussieht, zeigt die unten stehende Auflistung eines typischen FH Bachelor-Programms:

Teilprüfungen des Bachelor-Abschlusses in Betriebswirtschaft

Inhalte	Prüfungsdauer	Semester
Allgemeine Betriebswirtschaftslehre	**3 Prüfungen**	
Einführung in die Allgemeine BWL und in die Managementlehre	2 h	1
Operations Management und Beschaffungsmarketing	2 h	2
Marketing - Grundlagen und empirische Sozialforschung	2 h	3
Rechnungswesen / Steuerlehre	**3 Prüfungen**	
Kosten- und Leistungsrechnung	2 h	1
Buchführung / Bilanzierung	2 h	2
Betriebliche Steuerlehre	3 h	4
Investition / Finanzierung	**2 Prüfungen**	
Investition	2 h	3
Finanzierung	2 h	4
Unternehmensführung	**5 Prüfungen**	
Strategisches Management und Marketing	2 h	4
Personalmanagement / Arbeitsrecht und Organisational Behaviour	2 h	4
Controlling	2 h	4
Unternehmensplanspiel	2 h	5
Unternehmenspolitisches Projekt	2 h	5
Volkswirtschaftslehre	**2 Prüfungen**	

Inhalte	Prüfungsdauer	Semester
Volkswirtschaftslehre I	1,5 h	1
Volkswirtschaftslehre II	1,5 h	3
Mathematik / Statistik	**3 Prüfungen**	
Mathematik	3 h	1
Beschreibende Statistik	1,5 h	2
Schließende Statistik	1,5 h	3
Recht	**2 Prüfungen**	
Wirtschaftsrecht I + II	je 2 h	1+2
Wirtschaftsinformatik	**2 Prüfungen**	
Wirtschaftsinformatik I	2 h	2
Wirtschaftsinformatik II	2 h	3
Spezialgebiet	**4 Prüfungen**	
Wahlpflichtmodul 1 - 4	je 2 h	5
Freie Wahlfächer	**4 Prüfungen**	
Soft Skills	1 h	1
3 Wahlmodule	je 2 h	2

Die wählbaren Wahlpflichtmodule sind beispielsweise Controlling, Internationale Betriebswirtschaft, Existenzgründung/Führung junger Unternehmen, Supply Chain Management, Marketing, Personalmanagement und Organisation, Rechnungs-, Finanz- und Steuerwesen, Revision und Steuerlehre, Verbandsmanagement, Wirtschaftsinformatik und Wirtschaftsrecht. Manche FHs bieten auch branchenbezogene Spezialgebiete an wie etwa Immobilienwirt, Tourismus, Wertpapierhandel, Bankwesen oder in küstennahen Standorten etwa Internationale Seeverkehrswirtschaft.

Zu den Wahlmodulen zählen meist Sprachen wie Wirtschaftsenglisch, Wirtschaftsfranzösisch, Wirtschaftsspanisch etc. oder allgemeinwissenschaftliche Fächer wie Politologie, Psychologie, Soziologie und Wirtschaftsgeschichte.

Unter Schlüsselqualifikationen, neudeutsch gerne auch als „Soft Skills" bezeichnet, finden sich Themen wie Präsentationstechniken, Zeitmanagement, Selbstorganisation, Verhandlungstechniken oder Rhetorik.

2.4 Berufsakademiestudium: Inhalt, Aufbau, Abschluss

Werfen wir nun einen Blick auf den Bereich, der eigentlich unterhalb der Hochschulebene liegt: Berufsakademien und Verwaltungs- und Wirtschaftsakademien. Letztere kann man in unserem Zusammenhang außen vor lassen, denn es handelt sich hier um Einrichtungen der Industrie- und Handelskammern auf Fachschulniveau, die mit dem Hochschulbereich nicht konkurrieren können. Zielgruppe sind auch nicht Schulabgänger, sondern vielmehr Berufstätige mit kaufmännischer Vorbildung, etwa Kaufmannsgehilfenbriefbesitzer, die sich berufsbegleitend abends oder am Wochenende weiterbilden wollen.

Anders die Berufsakademien: Hier wird als Zugangsvoraussetzung mindestens die fachgebundene Hochschulreife verlangt, die man auf schulischem Weg normalerweise mit erfolgreicher Abschlussprüfung an einer Berufsoberschule erlangt. Natürlich kann man auch mit „normalem" Abitur an der BA studieren. Heißt das nun BA gleich FH oder gar Uni? Fragen wir einfach Brock, der müsste das doch wissen:

„Was? BA dasselbe wie FH oder Uni? Wohl kaum", meint Brock nachdenklich. „Die BAs hätten das zwar gerne und die Ständige Konferenz der Kultusminister der Länder hat 1995 auch empfohlen, die BA der FH gleichzusetzen. Dennoch sind Berufsakademien eben nicht bundeseinheitlich als vierjährige Hochschulen anerkannt und auch im Ausland nicht. Lediglich die Bundesländer, die BAs eingerichtet haben, sehen das BA-Diplom als gleichwertig mit dem FH-Diplom an. Und, meine Meinung, bei den neuen Bachelortiteln wird's da mit der Abkürzung BA gescheite Verwechslungen geben.
Allerdings schlecht ist die Idee der Berufsakademie mit der Verbindung von betrieblicher Ausbildung und theoretischer Fundierung eigentlich nicht. Und ich glaub auch, dass Unternehmen BA-Absolventen kaum anders ansehen als FH-Absolventen.
Ziemlich gut möchte ich sogar den Ansatz nennen, dass die BA-Leute in BWL nach dem Baukastenprinzip schon nach zwei Jahren einen ersten Abschluss erwerben, den ‚Wirtschaftsassistenten BA'. Wer dann nicht bis zum Diplom durchhält, hat wenigstens einen Berufsabschluss."

Die ersten Berufsakademien wurden 1974 in Baden-Württemberg gegründet und sollten eine Alternative zum Hochschulstudium bieten. Das Studium dauert drei Jahre und ist in mehrere praktische und theoretische Abschnitte unterteilt. Die Praxis wird in einem Ausbildungsbetrieb absolviert, die wissenschaftsorientierten Teile finden an staatlichen Studienakademien statt. Ähnliche Strukturen haben die BAs in Berlin und Sachsen (Dresden, Riesa). Die Studienfächer sind dabei von Anfang an sehr detailliert: So studiert man in Baden-Württemberg (Heidenheim, Karlsruhe, Lörrach, Mannheim, Ravensburg, Stuttgart) nicht etwa Betriebswirtschaft, sondern „Handel", „Grundstücks- und Wohnungswirtschaft" oder „Messe- und Kongressmanagement", wenngleich der Abschluss am Ende „Diplom-Betriebswirt (BA)" heißt.

„Diesen exakten Zuschnitt auf bestimmte Berufe halte ich für fatal, denn ein Studium soll auf der Basis einer wissenschaftlichen Qualifikation eine grundlegende Berufsfähigkeit erzeugen, nicht aber eine Berufsfertigkeit. Letzteres ist Sache von dualen Ausbildungen. Aus diesem Grund ist der Berufsakademie-Abschluss aus meiner Sicht nicht mit einem umfassenden BWL-Studium an einer Universität vergleichbar, hat aber möglicherweise im unteren und mittleren Management beruflich seine Berechtigung, da Unternehmen ja oft auf kurzfristig verwertbares Branchen-Know-how schielen", sagt Brock.

Berufsakademieabschlüsse im allgemeinen Fach Betriebswirtschaft kann man in folgenden Bundesländern erwerben: Hamburg, Niedersachsen (Leer, Lingen), Saarland (Saarbrücken) und Schleswig-Holstein (Flensburg, Kiel, Lübeck, Neumünster), wobei die BAs hier nicht nach dem „Modell Baden-Württemberg" organisiert sind.

2.5 Arbeitsmarkt und Perspektiven

Die individuelle Fächerkombination im Studium ist eine gewisse Vorentscheidung für die spätere Berufstätigkeit. Häufig wird man sich in der Ecke des Berufsfelds wiederfinden, die den schwerpunktmäßigen Inhalten des Studiums entspricht. Wie immer im Leben – und in der Logik – ist der Umkehrschluss jedoch unzulässig: Nehmen wir einmal an, jemand hat sich auf Bankbetriebslehre spezialisiert. Dann hat er sicher gute Chancen, in diesem Bereich auch einen Job zu finden. Der Umkehrschluss aber wäre fatal, nämlich behaupten zu wollen, ein Absolvent ohne Bankbetriebslehre in der Fächerkombination habe keine Chancen, jemals in der Kreditwirtschaft unterzukommen.
Diese Überlegung führt uns zu einer der wichtigsten Erkenntnisse überhaupt, was die berufliche Verwertbarkeit von Hochschulabschlüssen angeht. Der Arbeitsmarkt ist nämlich tausendmal vielfältiger als die Bandbreite möglicher Hochschulabschlüsse. Dabei gibt es zwei Kategorien von Berufsfeldern:

• Spezifische Berufsfelder
Hier baut die berufliche Tätigkeit unmittelbar auf dem Wissen und den fachlichen Inhalten des Studiums auf.

• Unspezifische Berufsfelder
Hier baut die berufliche Tätigkeit auf den grundlegenden Fähigkeiten auf, die man im Studium erworben hat (z. B. Schlüsselqualifikationen).

Wenn man nun nach der generellen beruflichen Verwertbarkeit eines betriebswirtschaftlichen Abschlusses fragt, wird man sich schwer tun, Berufsfelder zu finden, in denen man mit einer derartigen Qualifikation nicht arbeiten kann. Denn Wirtschaftsabsolventen sind doch fast überall einsetzbar: in Handel, Dienstleistung und Industrie sowieso, ebenso in Kammern, Verbänden, Parteien, Kirchen und Gewerkschaften, im Sozialwesen, in der öffentlichen Verwaltung oder in der Erwachsenenbildung. Aber auch in vielen anderen Bereichen, die traditionell als Felder beruflichen „Quereinstiegs" gelten, haben Wirtschaftswissenschaftler Fuß gefasst: Medien, Werbung, Verlagswesen, Public Relations und Öffentlichkeitsarbeit. Und wem das noch nicht reicht: Ein Wirtschaftsstudium ist auch eine hervorragende Ausgangsposition, um sich selbstständig zu machen, in welcher Branche auch immer.

Und was sagt Brock dazu?

„Wirtschaftsstudiengänge zählen eindeutig zu dem, was der Bischof von Regensburg im 15. Jahrhundert als ‚Scientiae lucrativae' bezeichnet hat."
Alex überlegt: „Was ist das denn?"
„Latein", tönt Andi frech.
Brock grinst: „Genau richtig. Es handelt sich nämlich um die ‚Gewinn bringenden Wissenschaften'. Die Sache ist doch ganz einfach. Wenn ihr in einem Studium Kenntnisse erwerbt, müsst ihr euch hinsichtlich des Berufs bloß Folgendes überlegen: Welcher Arbeitgeber ist bereit, genau für diese Kenntnisse Monat für Monat einen fetten Gehaltsscheck rüberzuschieben?"
„Sie glauben also, ich hätte mit einem ‚Diplom-Kaufmann' gute Chancen?" fragt Alex.
„Ich persönlich halte die berufliche Verwertbarkeit eines Wirtschaftsabschlusses für gut. Das sagt aber noch nichts aus über die Chancen eines einzelnen Absolventen. Natürlich gibt es auch Leute, die mit einem solchen Abschluss arbeitslos sind. Aber ich werd den Verdacht nicht los, dass die irgendwas falsch machen. Bei einem derart vielseitigen Studium, da muss doch der Arbeitsmarkt was hergeben. Zum Beispiel ..."
Andi hebt die Hand, als wollte sie Brocks Wortschwall damit abblocken: „Moment mal. Wie soll ich denn rauskriegen, was mich beruflich überhaupt interessiert? Diese Broschüren vom Arbeitsamt, also mit Handel, Dienstleistung oder Kammern

und Verbänden, das ist mir irgendwie alles zu theoretisch. Was macht denn so ein Wirtschaftsmensch nun eigentlich den ganzen Tag, wenn er auf der Arbeit ist?" Au weia, denkt Brock, da kriegen die Kollegen vom Arbeitsamt aber mal wieder ordentlich ihr Fett weg: „Also, es gibt da eine ganz einfache Möglichkeit: Stellenanzeigen. Wenn ihr die lest, wisst ihr, was läuft. Da steht drin, wer oder was gesucht wird, welche Qualifikationen man erwartet, welche Art Job zu tun ist und natürlich auch, wer den Job zu vergeben hat. Sucht euch doch einfach mal aus der Wochenendausgabe der FAZ raus, was euch interessiert. Und dann guckt mal, was man für diese Jobs studiert haben muss. Vielleicht nehmt ihr euch auch die Zeit und schaut mal in eine Wochenzeitung rein? Schnippelt die Anzeigen aus, macht euch einen Chart zurecht und wertet die Dinger genau aus. Das hilft immer!"

Ich glaube, wir sollten es mal mit dem Vorschlag von Brock versuchen. Der Auswertungschart könnte zum Beispiel folgendermaßen aussehen:

Was wird angeboten	Welche Art Tätigkeit	Welche Voraussetzungen / Qualifikationen	Wer bietet an
Food Designer	Herstellung von Wurstwaren	Facharbeiterbrief Metzgerhandwerk, Führerschein	Metzgerei X Y Stadt... Telefon Z
Junior Office Manager	Telefonvermittlung/ Call Center	Erfahrung im Umgang mit wütenden Kunden, gute Nerven	Autohaus A B Stadt... Telefon C
–	–	–	–

Wenn man das ordentlich macht und im Gegensatz zu dem krampfhaft komischen Beispiel relevante und attraktive/gewünschte Tätigkeiten aufnimmt, hat man am Ende eine richtig schöne Übersicht. Mit der kann man ob schlechter Berufsaussichten ständig nörgelnde Eltern und studiensponsernde Erbtanten ebenso beeindrucken wie realitätsferne Lehrer oder gar die Herzallerliebsten. Und ganz nebenbei hat man auch noch eine Liste von Unternehmen, bei denen es sich im Verlauf des Studiums mal lohnen kann, konkret nach einem Praktikum in dem ganz spezifischen Bereich anzufragen. Außerdem wird man sich darüber klar, was der Markt gerade zu bieten hat und wofür man sich beruflich erwärmen könnte, wenn man denn nur schon das Abschlusszeugnis von FH oder Uni in der Tasche hätte.

Und nun zu den Anzeigen. Ich hab mich mal ein bisschen umgesehen und ein paar Anzeigen ausgeschnitten:

(Anzeigenbeispiel 1)

Chance für Absolventen und Aufsteiger im kfm. Bereich

Junior-Controller (w/m)

... ist ein weltweit führendes Unternehmen für Spezialchemikalien mit mehr als 30.000 Mitarbeitern und einem jährlichen Umsatz von 6 Mrd. EUR.

Zur personellen Verstärkung des Controlling und zur Förderung des Führungsnachwuchses im Konzern suchen wir einen ehrgeizigen und leistungsstarken Junior-Controller (w/m) für unsere Tochtergesellschaft in Stuttgart.

Wir bieten Ihnen eine äußerst vielseitige, interessante, aber auch fordernde Tätigkeit. In einem Team von fünf Mitarbeitern werden alle Controlling-Tätigkeiten eines modernen Industrieunternehmens abgedeckt. Ihre Tätigkeitsschwerpunkte umfassen Aufgaben aus den Bereichen Kostenrechnung, Kalkulation und MIS. Sie führen wichtige betriebswirtschaftliche Analysen durch und erarbeiten aussagekräftige Kennziffern zur Unternehmenssteuerung, Sie scheuen aber auch das Tagesgeschäft nicht. Die Einführung von SAP steht kurz bevor.

Als geeigneter Kandidat verfügen Sie über ein solides, zügig absolviertes Studium der Wirtschaftswissenschaften mit Schwerpunkt Controlling oder einem verwandten Fachgebiet. Aufgrund unserer internationalen Aktivitäten sind sehr gute Englischkenntnisse erforderlich. Hinsichtlich künftiger Karrieresteps ist Mobilität unabdingbar. Eine gründliche Einarbeitung ist selbstverständlich.

Wenn Sie diese Aufgabe mit besten Karriereperspektiven in einem internationalen Konzern reizt, dann reichen Sie bitte Ihre Bewerbungsunterlagen mit Angaben zur Gehaltsvorstellung und Verfügbarkeit ein ...

Zu (1): Finanz- und Rechnungswesen der Betriebe und besonders der Bereich Controlling zeigen sich sehr aufnahmefähig. Dass dabei auch Nachwuchskräfte, oder wie es heute so schön heißt „Junior-Irgendwas“, per Anzeige gesucht werden, beweist umso mehr, wie dringend die Betriebe Leute brauchen, die den Mitarbeitern beim Geldausgeben auf die Finger schauen. Normalerweise werden nämlich Einsteigerstellen eher selten groß ausgeschrieben, weil man solche Jobs häufig mit Leuten besetzt, die sich in einer Firma durch Praktika etc. schon „einen Namen“ gemacht haben.

(Anzeigenbeispiel 2)

Zuverlässigkeit ist unser Konzept

Wir sind ein erfolgreiches mittelständisches Unternehmen von internationaler Bedeutung auf dem Gebiet der Flüssigkeitsfiltration und zertifiziert nach DIN EN ISO 9001.

Wir suchen zum nächstmöglichen Termin eine/einen

Marketingmanager/-in

Sie verfügen über
- ein betriebswirtschaftliches Studium mit Schwerpunkt Marketing
- mehrjährige Berufserfahrung im Bereich Marketing mit nachweisbarem Erfolg
- hohe fachliche Kompetenz, Flexibilität und Belastbarkeit sowie das nötige Durchsetzungsvermögen
- Spaß an Teamwork
- gute Englischkenntnisse

Ihre Aufgaben
- strategische Entwicklung der Chemie-/Pharmabranche in internationalen Märkten
- Entwicklung und Umsetzung des Marketingplans in Abstimmung mit der globalen Marketingstrategie
- effiziente Erarbeitung und Steuerung aller Maßnahmen des Marketingmix, um die ehrgeizigen Wachstumsziele zu erreichen
- Durchführung von gezielten Markt- und Wettbewerbsanalysen

Wir bieten einen modernen Arbeitsplatz mit Kommunikation nach innen und außen, ein abwechslungsreiches Arbeiten in einem auf Kreativität und Kundennähe ausgerichteten Team und eine leistungsgerechte Entlohnung. Haben wir Ihr Interesse geweckt? Dann schicken Sie uns bitte Ihre vollständigen Bewerbungsunterlagen mit möglichem Eintrittstermin und Ihrer Einkommenserwartung.

Zu (2): Marketing/Vertrieb ist ebenfalls ein sehr aufnahmefähiger Bereich: Zwar wird hier eine Dame oder ein Herr gesucht, die/der sich in ähnlicher Position schon nachweislich mit Ruhm bekleckert hat, allen Berufsanfängern zum Trost sei jedoch gesagt: Da, wo diese „gestandenen" Leute herkommen, wird ein Job für einen Nachrücker frei, und spätestens diese Nachrücker machen Platz für Berufsanfänger. Typisch ist hier das mittlerweile eigentlich standardmäßig geforderte Englisch und dann natürlich das Durchsetzungsvermögen, das überall im kaufmännischen Bereich zur Schlüsselqualifikation zu werden scheint. Wobei durchsetzen nicht mit durchboxen verwechselt werden darf: Es sind zwar eher selten selbst gesteckte Ziele, die man umsetzen muss, und nicht selten bieten die eigenen Mitarbeiter dabei ebenso viel Widerstandskraft wie die Mitbewerber am Markt, aber der Schwerpunkt beim Durchsetzen liegt heutzutage in der Überzeugungsarbeit.

(Anzeigenbeispiel 3)

Wir suchen die GUTEN

Das Engagement unserer Fachmarktkette erstreckt sich auf die gesamten ost- und süddeutschen Bundesländer einschließlich Berlin. Qualifizierte Beratung und ausgeprägte Kundenorientierung sichern die dauerhaft erfolgreiche Entwicklung unseres Unternehmens und eröffnen engagierten Mitarbeitern/innen vielversprechende Perspektiven.

Unsere weitere Expansion bietet Ihnen die Möglichkeit, Ihr Können als

Merchandiser/-in
(Einkauf/Vertrieb)

für den Warenbereich Computer unter Beweis zu stellen. Sie verfügen über differenzierte Kenntnisse der jeweiligen Beschaffungs- und Absatzmärkte, sind bezüglich technischer Innovationen auf dem neuesten Kenntnisstand und verfügen über ausgeprägtes Verhandlungsgeschick. Sie interpretieren die Position des Merchandisers als Dienstleistungsfunktion für den Vertrieb und pflegen einen teamorientierten Arbeitsstil.

Dann bringen Sie wesentliche Voraussetzungen mit, um zusammen mit uns die Zukunft eines lebendigen, wachsenden Unternehmens zu gestalten.

Ihren aussagefähigen Bewerbungsunterlagen sehen wir mit großem Interesse entgegen.

Zu (3): Einkauf als Teil von Materialwirtschaft und Logistik ist ein Unternehmensbereich, der vor allem anwendungsbezogene Kenntnisse der Datenverarbeitung zu erfordern scheint. Bei all dem sollte man aber nicht vergessen, dass die Computer nur ein Handwerkszeug sind und keineswegs eigenständiges Denken fähiger Mitarbeiter ersetzen können. Die neueste Entwicklung ist dabei das Zusammenschalten von Einkauf mit Vertriebsgesichtspunkten im Bereich des Handels. Anders als beim produzierenden Gewerbe, wo in erster Linie Qualitäts- und Kostenaspekte den Einkauf bestimmen, muss der Handel auch immer gleich an den Weiterverkauf denken. Besonders im Einzelhandel, wo die Produkte ja Stück für Stück an verschiedene Endverbraucher veräußert werden, ist der Einkauf der verlängerte Arm des Vertriebs.
Merchandiser bringt genau diesen Aspekt auf gut Neudeutsch zum Ausdruck. Chic finde ich auch den Satz, dass man „aussagefähigen“ Bewerbungsunterlagen inte-

ressierterweise entgegensieht. Dass die Bewerbungsunterlagen die erste Erledigung für das neue Unternehmen sind, dürfte doch mittlerweile eigentlich jedem klar sein. Und wenn ich als Bewerber bereits diese erste Aufgabe lieblos und aussageschwach erledige, hat sich der Rest ohnehin von selbst erledigt. Wer also käme jemals auf die Idee, „aussageunfähige" Bewerbungsunterlagen zu versenden?

(Anzeigenbeispiel 4)

Wir sind ein erfolgreiches mittelständisches Unternehmen im Metallverarbeitungsbereich der Kfz-Industrie, das komplette Verstellelemente und -systeme für die Kfz-Sitztechnik namhafter Hersteller der Automobilindustrie entwickelt und produziert.

Für unseren kaufmännischen Bereich suchen wir zum nächstmöglichen Termin eine erfahrene

Personalsachbearbeiterin
Sekretärin/Geschäftsleitung

die neben den klassischen Sekretariatsaufgaben, wie effiziente Abwicklung aller in einem Sekretariat anfallenden Tätigkeiten, zusätzlich noch die monatliche Abrechnung unserer Monatslöhner und Gehaltsempfänger im Stammhaus vornimmt.

Sie haben eine abgeschlossene kaufmännische Ausbildung oder ein betriebswirtschaftliches Fachhochschulstudium mit Schwerpunkt Personal, mehrjährige Berufserfahrung auf dem Personalsektor, beherrschen die Technik der modernen Bürokommunikation (Word, Excel usw.) und verfügen über gute Englischkenntnisse in Wort und Schrift. Die Aufgabe erfordert Eigeninitiative, überdurchschnittliche Leistungsbereitschaft, Belastbarkeit und gutes Auftreten.

Wir bieten eine den jeweiligen Kenntnissen und Erfahrungen entsprechende, leistungsgerechte Bezahlung und eine angenehme Arbeitsatmosphäre.

Wenn Sie diese Aufgabe reizt, dann richten Sie Ihre Bewerbung mit aussagefähigen Unterlagen (tabellarischer Lebenslauf, Zeugniskopien, Lichtbild und Gehaltsvorstellungen) an die Geschäftsleitung ...

Zu (4): Igitt. Dafür habe ich doch nicht studiert: Sekretärin?! – Langsam, hier handelt es sich um eine typische Einsteigerstelle in den Bereich Personalwesen. Wer sich für so etwas zu fein ist, wird vermutlich zu denen gehören, die lange nach einem Job suchen. Viele Betriebe haben intensive Personalförderungsmaßnahmen, und wer etwas kann, wird sich im Laufe seiner Tätigkeit schon für „höhere" Aufgaben empfehlen. Also bitte kein beamtenhaftes Anspruchsdenken, die Zeiten sind vorbei. Heute zählt auch auf dem Arbeitsmarkt der olympische Gedanke: Dabei sein ist alles; jedenfalls am Anfang.

Zudem zeigt sich hier, was Arbeitsmarktforscher mit dem Begriff „Vertikale Substitution" bezeichnen: Tätigkeiten, die früher von Leuten mit kaufmännischer Berufsausbildung und IHK-Zeugnis erledigt wurden, werden mehr und mehr den Absolventen von wirtschaftlichen Studiengängen übertragen. Vorteil: mehr Jobs für Hochschulabsolventen. Nachteil: Bezahlung wie gehabt.

Zu (5, folgende Seite): Öffentlicher Dienst, ein Bereich, den wir bislang noch nicht erwähnt haben. Aber auch hier arbeiten eine Menge Absolventen wirtschaftlicher Studiengänge, gleichwohl streng getrennt nach Uni und FH: Wer ein wissenschaftliches Studium abgeschlossen hat, findet sich im so genannten „höheren Dienst" wieder, während sich FH-Diplomer mit dem „gehobenen Dienst" begnügen müssen.

Harte Sitten, aber that's life. Alle öffentlichen oder halböffentlichen Tätigkeiten außerhalb des Beamtenstatus sind mit ähnlichen Tarifstrukturen geregelt. Früher gab es da eine einheitliche Grundlage, den sogenannten Bundesangestelltentarifvertrag, kurz BAT genannt. Inzwischen ist die Situation komplexer geworden, weil Bund, Kommunen und Bundesländer eigene Vertragswerke ausgehandelt haben. Den Unterschied zwischen gehobenem und höherem Dienst gibt es da im Grundsatz aber nach wie vor. Allerdings qualifizieren die schönen neuen Bachelorabschlüsse von Uni und FH nur noch für Tätigkeiten im gehobenen Dienst. Für den höheren Dienst wird neben dem Unidiplom in Zukunft erst der oberhalb des Bachelor liegende höherwertige Masterabschluss die Voraussetzung sein.

Schön finde ich übrigens die Forderung: „unterschriebener Lebenslauf mit Lichtbild". Da weiß man doch gleich, wo es lang geht. Und bloß keine Briefmarken auf den Umschlag kleben, sondern bitte Postwertzeichen.

(Anzeigenbeispiel 5)

Das Bundesaufsichtsamt für das Versicherungswesen sucht für die Durchführung seiner wirtschaftsbezogenen Aufgaben

Diplom-Kaufleute

Ihre Tätigkeit	Finanzaufsicht über private Versicherungsunternehmen, Prüfung der Unternehmen am Firmensitz (jährlich etwa drei Prüfungsreisen von 2–3 Wochen, ad hoc angesetzte Sonderprüfungen).
Ihr Status	Wissenschaftliche(r) Verwaltungsangestellte(r) Entgeltgruppe 10 TVöD, bei Erfüllung der laufbahnrechtlichen Voraussetzung ist die spätere Übernahme in das Beamtenverhältnis vorgesehen.
Ihre Voraussetzungen	Prüfung zum Diplom-Kaufmann / zur Diplom-Kauffrau (Universitäts- nicht Fachhochschulabschluss) mit mindestens „gut". Vertiefte Kenntnisse in der Rechnungslegung/Bilanzierung, vorzugsweise von Versicherungsunternehmen, die durch die Fächerkombination im Hauptstudium sowie ggf. durch entsprechende Praktika nachgewiesen sein sollten. Teamfähigkeit, sicheres Auftreten, Verhandlungsgeschick, gute Sprachkenntnisse zumindest in Englisch, Fortbildungsbereitschaft, möglichst nicht älter als 30 Jahre.

Im Rahmen des Frauenfördergesetzes ist das Bundesaufsichtsamt für das Versicherungswesen bestrebt, den Anteil der Frauen im höheren Dienst zu erhöhen und fordert Frauen besonders zur Bewerbung auf.

Schwerbehinderte Bewerberinnen und Bewerber werden bei gleicher Eignung bevorzugt berücksichtigt.

Bitte senden Sie Ihre Bewerbung einschließlich der üblichen Unterlagen (unterschriebener Lebenslauf mit Lichtbild, Kopien vom Abiturzeugnis und Universitätsdiplom, ggf. Kopien von Arbeitszeugnissen) bis spätestens ...

(Anzeigenbeispiel 6)

Kommen Sie zu ... Wir sind Lizenznehmer in Sachsen, Thüringen und Nordbayern und wachsen überdurchschnittlich. Kürzlich haben wir die Zertifizierung für Qualitätsmanagement nach den internationalen Standards ISO 9002 erhalten. Damit bieten wir unseren Mitarbeitern hervorragende berufliche Perspektiven. Innerhalb einer der weltweit führenden Autovermietorganisationen steuern wir einen klaren Erfolgskurs. Für das Vertriebsgebiet Nürnberg und Bayreuth suchen wir einen

Außendienstmitarbeiter

Sie pflegen sehr selbstständig im Großraum Nürnberg/Bayreuth Kontakte zur mittelständischen Wirtschaft, um über diese insbesondere das Lkw-Firmengeschäft zu forcieren.

Sie verfügen über verwertbare Berufserfahrung, sind kontaktstark und leistungsbereit. Nach umfassender Einarbeitung bieten wir Ihnen eine Position mit großer Selbstständigkeit. Wir können Ihnen ein interessantes steigerungsfähiges Einkommen sowie gute Entwicklungsmöglichkeiten bieten.

Ihre aussagefähige Bewerbung mit handgeschriebenem Lebenslauf und neuerem Foto senden Sie bitte an ...

Zu (6): Einstiegsjobs finden sich oft im Außendienst. Hier ergibt sich eigentlich immer eine Gelegenheit, den ersten Zipfel des späteren Berufslebens zu ergreifen. Was macht man nun, wenn man die in der Ausschreibung geforderte „verwertbare Berufserfahrung" nicht vorzuweisen hat? Ganz klar, man bewirbt sich trotzdem! Denn der Begriff ist weit auslegbar. Wie überhaupt eine erfolgreiche Bewerbung sehr viel mit der Kunst der Selbstdarstellung zu tun hat. Und das wiederum ist das reine Marketing. Sie müssen den Markt kennen, um sich während des Studiums auf dessen Anforderungen einstellen zu können. Wenn Sie dann feststellen, Außendienst wäre was für Sie, verschaffen Sie sich praktische Erfahrungen, z. B. durch einen Ferienjob in dem Bereich, und schon haben Sie verwertbare Berufserfahrung. Sie müssen lernen, genau die Facette Ihres Produkts in den Vordergrund zu stellen, die der zukünftige Arbeitgeber sehen will. Übrigens, das Produkt bei der ganzen Sache sind Sie.

Und bitte vergessen Sie das „neuere" Foto nicht (Man glaubt es kaum!).

(Anzeigenbeispiel 7)

Starten Sie mit uns!

Als innovatives Unternehmen der Krankenversicherung bieten wir für die Bereiche

- Unternehmensführung
- Verhandlungsmanagement
- Personalentwicklung
- Informationsmanagement

zum Jahresbeginn umfassende

Traineeprogramme

an.

Wir stellen hohe Anforderungen an unsere künftigen Führungskräfte:

- Sie haben Ihr Hochschulstudium mit sehr gutem Erfolg abgeschlossen und durch attraktive Praktika ergänzt.
- Sie zeichnen sich durch analytisches und strategisches Denken sowie die Fähigkeit, überzeugend zu kommunizieren, aus. Die Arbeit im Team ist für Sie genauso selbstverständlich wie engagiertes und flexibles Handeln.

Wenn Sie an einem unserer Traineeprogramme teilnehmen möchten, bitten wir Sie, uns Ihre Bewerbung mit den entsprechenden ...

Zu (7): Zum Abschluss der kleinen Auswahl von Stellenausschreibungen noch ein Angebot für eine Traineestelle. Das ist eine Art „Training-on-the-Job“, bei dem sich der zukünftige Arbeitgeber die Leute aussucht, die er später langfristig beschäftigen will.

Der große Vorteil für beide Seiten ist dabei, dass man sich nicht gleich auf ewig bindet. Ein Trainee lernt die verschiedenen Bereiche des Unternehmens kennen und kann sich so ein Bild über das machen, was dort zu tun ist. Für all das bekommt er sogar noch Geld, natürlich weniger als ein normales Einstiegsgehalt.

Auch der Arbeitgeber kann sich in Ruhe überlegen, in welcher Abteilung seines Unternehmens der Trainee am besten aufgehoben wäre.

(Anzeigenbeispiel 8)

Die **Deutsche Forschungsgemeinschaft e.V.** ist die zentrale Forschungsförderungsorganisation in der Bundesrepublik Deutschland. Sie ist eine von Bund und Ländern getragene Selbstverwaltungseinrichtung der Wissenschaft. Da der derzeitige Stelleninhaber in den Ruhestand tritt, ist in Kürze die Stelle des

Leiters des Bereichs Allgemeine Forschungsförderung

neu zu besetzen.

Ihm obliegt insbesondere die Koordination der Aktivitäten der unmittelbar mit den ehrenamtlich tätigen Gutachtern ihres Fachs kooperierenden Fachreferate und die Verantwortung für die Vorbereitung und praktische Umsetzung förderungspolitischer Entscheidungen der Gremien der Deutschen Forschungsgemeinschaft.

Der Bewerber soll die Fähigkeit haben, Anregungen in seinem Bereich zu stimulieren, sie aufzugreifen und zu einem fächerübergreifenden abgestimmten förderungspolitischen Handlungskonzept zu entwickeln. Das erfordert in hohem Maße Integrationsfähigkeit, die Bereitschaft zur Kooperation mit den für die einzelnen Disziplinen zuständigen Fachreferenten und mit den übrigen Bereichen der Geschäftsstellen sowie eine auf persönlicher Autorität beruhende Durchsetzungsfähigkeit. Zu betreuen ist das gesamte Spektrum der Wissenschaften, von den Geisteswissenschaften über die Bio- und Naturwissenschaften bis hin zu den Ingenieurwissenschaften in einer Vielzahl unterschiedlicher Förderungsverfahren.

Unerlässliche Voraussetzung sind der Abschluss eines akademischen Hochschulstudiums und Sensibilität für die organisatorischen und administrativen Voraussetzungen erfolgreicher wissenschaftlicher Arbeit. Eigene Forschungserfahrungen sind nützlich; in längerer beruflicher Praxis erworbene Erfahrung in der Wissenschaftsverwaltung insbesondere im Umgang mit akademischen Gremien und der Umsetzung ihrer Beschlüsse durch eine große, differenzierte Verwaltung ist eine entscheidende Voraussetzung für die erfolgreiche Erledigung der vielfältigen und schwierigen Aufgaben. Die Stelle ist ihrer Bedeutung entsprechend übertariflich dotiert, ggf. im Rahmen eines beamtenrechtsähnlichen Dienstverhältnisses. Bewerbungen mit den üblichen Unterlagen – u.a. handgeschriebener Lebenslauf, Lichtbild, Zeugnisabschriften, ...

Zu (8): Nun hätte ich doch fast vergessen, den Beweis dafür anzutreten, dass Absolventen der Betriebswirtschaftslehre fast überall arbeiten können. Also, hier ist eine Anzeige aus einem absolut unspezifischen Berufsfeld: Ich hätte als BWLer überhaupt keine Probleme damit, mich für diesen Job zu bewerben.
Hier also der typische Rundumschlag, denn von Wirtschaftswissenschaftlern über Politologen, Soziologen, Psychologen, Medizinern, Regionalgeographen und Leh-

rern bis hin zu Pädagogen und Philosophen kann sich ja nun hier jeder angesprochen fühlen, der einen geistes-, sozial- oder wirtschaftswissenschaftlichen Abschluss hat. Vermutlich macht am Ende ein Physiker das Rennen oder gar ein Historiker.

Zu guter Letzt noch ein bisschen Statistik: Im Jahr 2007 – neuere Zahlen liegen derzeit nicht vor – haben in Betriebswirtschaft rund 16.000 und Betriebswirtschaftslehre knapp 19.000 Leute Examen gemacht. Etwa gleichzeitig waren rund 260.000 (mit FH-Abschluss) bzw. 285.000 (mit Universitätsabschluss) Wirtschaftler bundesweit beschäftigt, wovon aufgrund der Altersstruktur allein in den nächsten zehn Jahren ein Fünftel in den Ruhestand gehen wird.

Ausgehend vom Status quo könnte man demnach annehmen, dass der jährliche Ersatzbedarf bei rund 5.000 Betriebswirten (FH) und rund 5.000 BWLer (Univ.) liegt. Hinzu kommen noch die ja nun schon bekannten Substitutionsprozesse, wenn also für Tätigkeiten, die bisher von nichtstudierten Kaufleuten erledigt wurden, studierte Wirtschaftler eingestellt werden.

Brock meint dazu: „Wenn schon die Statistik so günstig ausschaut, braucht einem vor der Realität nicht bange sein."

Und wo arbeiten die alle? Die Antwort gibt die Hitliste der zehn wichtigsten Branchen und Funktionsbereiche von BWLern:

Hitliste der zehn häufigsten Branchen und Funktionen

Rang	Die zehn häufigsten Branchen	Die zehn häufigsten Funktionen
1	Geld- und Kreditgewerbe, Finanzdienstleistungen	Finanz- und Rechnungswesen
2	DV-Beratung, Softwarehersteller/-beratung	Vertrieb
3	Wirtschafts- und Personalberatung	Marketing/ Public Relations/ Werbung
4	Maschinen- und Fahrzeugbau	Management/Planung
5	Elektro-/Elektronikindustrie	Personalverwaltung
6	Behörden/Verbände	Softwareproduktion
7	Universitäten/Fachhochschulen	Allgemeine Verwaltung/Koordination
8	Telekommunikation	Aus- und Weiterbildung
9	Versicherungen	Materialwirtschaft/Logistik
10	Transportgewerbe	Führungsebene/Unternehmensleitung

(Tabelle nach Zahlen aus: DSW/HIS, 2001 und 2004)

3 Das Studium der Volkswirtschaftslehre an Universitäten und Fachhochschulen

Hier kommen wir nun zu einem Fach, bei dem es sich um die älteste der wirtschaftswissenschaftlichen Disziplinen handelt: Volkswirtschaftslehre, allgemeine Grundlagen, aber gleichzeitig auch Ausgangspunkt für alle übrigen wirtschaftswissenschaftlichen Fragestellungen.

3.1 Was ist denn eigentlich VWL?

Versuchen wir es auch hier zunächst einmal mit einer Definition: Volkswirtschaftslehre ist eine Sammlung von Erklärungen und Theorien zu volkswirtschaftlichen Fragestellungen. So weit, so gut, bleibt also die Frage: Was ist Volkswirtschaft? Hatten wir ja eigentlich schon einmal geklärt, aber wir wollen es doch noch mal kurz rekapitulieren: Volkswirtschaft umfasst die Organisation der Arbeitsteilung von Haushalten, Betrieben und Staat (so genannte „Wirtschaftssubjekte“ oder „Handlungsträger“) in den Bereichen Produktion, Verteilung und Konsum, definiert als das ökonomische Geflecht öffentlicher und privater Wirtschaftssubjekte, die in einem Staatsgebiet arbeitsteilig agieren und damit eben dieses Geflecht zu wirtschaftlichem Leben erwecken. Grundlagen des Ganzen sind in diesem Staat geschaffene Rechts-, Gesellschafts- und Wirtschaftsordnungen, aber auch die natürlichen Voraussetzungen wie Klima, Bodenschätze, Bevölkerung sowie der Austausch mit anderen Volkswirtschaften. Dabei führen Volkswirtschaften heute durch die weltweiten Handels- und Produktionsverflechtungen kein isoliertes Dasein mehr.
Wichtig wäre noch zu bemerken, dass die Volkswirtschaft nur ein Begriff und keine in welcher Weise auch immer handlungsfähige Institution ist. Handeln können nur die in eine Volkswirtschaft eingebundenen Wirtschaftssubjekte.

3.2 Universitätsstudium: Inhalt, Aufbau, Abschluss

Aufgrund der Verbindung wirtschaftswissenschaftlicher Inhalte wird Volkswirtschaftslehre bis auf drei Ausnahmen nur an Universitäten angeboten. Zugangsvoraussetzung ist die allgemeine Hochschulreife (z. B. Abitur oder FH-Abschluss) oder die fachgebundene Hochschulreife (Berufsoberschule, BW-Vordiplom an FH oder vergleichbare Leistungen in einem Bacherlorstudium an einer FH). In fast allen Bundesländern können seit Jahren auch beruflich Qualifizierte ohne Abi studieren, seit 2009 sogar in Bayern.

Die folgende Tabelle zeigt auf, an welchen Universitäten und wissenschaftlichen Hochschulen Volkswirtschaft als Studiengang angeboten wird.

Tabelle 5: Volkswirtschaftslehre an Universitäten und wissenschaftlichen Hochschulen

Universität / Wissenschaftliche Hochschule	Volkswirtschaftslehre / Economics
Aachen TH	B
Augsburg U	B / M it
Bayreuth U	B + / M
Berlin FU	B / M
Berlin HU	B / M
Berlin TU	B
Bochum U	B / M
Bonn U	B / M
Chemnitz TU	M
Dresden TU	M
Duisburg-Essen U	B / M
Erfurt U	B / M
Erlangen-Nürnberg U	M
Frankfurt/Main U	M +
Frankfurt/Oder U	B
Freiburg U	B / M
Gießen U	B / M
Göttingen U	B / M +
Halle-Wittenberg U	B / M +
Hamburg U	B
Heidelberg U	B / M
Hohenheim U	M +
Jena U	B
Karlsruhe U	B t / M t
Kiel U	B
Köln U	B / M
Konstanz U	B
Leipzig U	M +
Lüneburg U	B / M
Magdeburg U	B / M +
Mannheim U	B / M
Marburg U	B / M
München U	B / M
Münster U	B / B j / M
Osnabrück U	B
Paderborn U	M +
Passau U	M +
Potsdam U	B / M

Universität / Wissenschaftliche Hochschule	Volkswirtschaftslehre / Economics
Regensburg U	B + / M +
Rostock U	M
Siegen U	B / M
Stuttgart U	B / M
Trier U	B
Tübingen U	B / M +

Abkürzungen / Anmerkungen

In der Tabelle werden die offiziellen Kurzbezeichnungen der Universitäten nach HRK benutzt. Die genaue Bezeichnung der Hochschulen entnehmen Sie bitte dem Adressenteil im Anhang.

B = Bachelorabschluss it = mit informationstechnologischem Schwerpunkt

M = Masterabschluss t = mit technischem Schwerpunkt

+ = an diesen Universitäten wird auch Internationale Volkswirtschaftslehre / International Economics angeboten

Aufbau des VWL-Grundstudiums an Universitäten

Das Grundstudium der VWL ist, wie bereits erwähnt, an den meisten Universitäten identisch mit dem Grundstudium der Betriebswirtschaftslehre. Wegen der detaillierten Inhalte darf ich daher auf Kapitel 2 verweisen. In jedem Fall sollte es möglich sein, unter Beachtung der lokalen Zulassungsbeschränkungen, mit einem Uni-Vordiplom in BWL zum Hauptstudium zur VWL zu wechseln.

Die Gleichheit im Grundstudium hat aber auch Nachteile, und zwar für Leute, die beispielsweise in den ersten Semestern einen Vordiplomteil endgültig nicht bestanden haben. Das hat zunächst einmal die Folge, dass man das gleiche Fach wegen endgültigen Nichtbestehens in ganz Deutschland an keiner Universität mehr studieren darf. Außerdem bedeutet es, dass man sich aber auch nicht mehr für VWL einschreiben kann, denn auch dieses Fach ist bei gleichem Grundstudium mit dem Bannstrahl des Prüfungsamts belegt, an allen Unis in der gesamten Republik.

Die einzelnen Bereiche des VWL-Grundstudiums sind
- Grundzüge der Volkswirtschaftslehre
- Grundzüge der Betriebswirtschaftslehre
- Grundzüge des Rechts
- Grundzüge der Statistik

Hinzu kommen noch die ja nun bereits hinlänglich bekannten Propädeutika im Bereich der kaufmännischen „Parterreakrobatik“ (Mathematik, Buchführung und Rechnungswesen) sowie die Einführung in die Wirtschaftsinformatik.

Die Vordiplomprüfung besteht üblicherweise aus Klausuren und kann in mehrere Abschnitte aufgeteilt werden.

Vordiplomprüfung

Prüfungsfächer	Dauer der Klausur
Grundzüge der Volkswirtschaftslehre mit den Teilfächern Grundzüge der Volkswirtschaftslehre I und II	VWL I VWL II je 2 Stunden
Grundzüge der Betriebswirtschaftslehre mit den Teilfächern Grundzüge der Betriebswirtschaftslehre I und II	BWL II 3 Stunden BWL I 1 Stunde
Wirtschaftlich wesentliche Teile des Privaten Rechts	5 Stunden
Wirtschaftlich wesentliche Teile des Öffentlichen Rechts	5 Stunden
Grundzüge der Statistik	4 Stunden

Es gibt an manchen Unis aber auch die Möglichkeit, parallel zum Studium am Ende der jeweiligen Semester Klausuren zu schreiben. Hier das Modell einer studienbegleitenden Vorprüfung in VWL. Während des maximal fünfsemestrigen Grundstudiums werden 13 Leistungsnachweise abgelegt, deren Summe das Vordiplom ergibt:

1. Einführung in die VWL
2. Mikroökonomische Theorie
3. Makroökonomische Theorie
4. Jahresabschluss
5. Marketing
6. Operations Research
7. Finanzwirtschaft
8. Buchführung und Abschluss
9. Kosten- und Leistungsrechnung
10. Statistik I
11. Statistik II
12. Mathematik für Wirtschaftswissenschaftler I
13. Mathematik für Wirtschaftswissenschaftler II

An einigen Unis versucht man seit ein paar Jahren, andere Wege zu gehen und die Prüfungen studienbegleitend oder über ein Bonus-Punkte-System (Credit-Points) abzuwickeln.

Brock lehnt sich in seinem Schreibtischstuhl so weit zurück, wie es dieses alternde Modell eben zulässt, und denkt an seine Kindheit. Die Sache mit dem Sammeln von Credits erinnert ihn irgendwie an die Fünfzigerjahre. Damals gab es beim Kaufmann zur Kundenbindung auf jeden Kauf spezielle Rabattmarken; die waren ein bisschen kleiner als Briefmarken, sahen aber so ähnlich aus. „Wielands Kolonialwaren-Handlung" hieß der Tante-Emma-Laden an der Ecke, und Brock hatte die Marken dann immer brav in die dafür vorgesehenen Rabattmarkenheftchen eingeklebt. War so ein Heftchen voll, gabs bei Wieland dafür 1,50 DM in bar. „Der alte Wieland!", denkt Brock und muss grinsen. „Na ja, gut ist die Sache mit den Credits schon. Denn man braucht sich am Ende des Studiums nicht dem ganzen Examensstress zu unterziehen." Draußen wird es langsam dunkel. Vom nahen Markt quillt süßliche Musik des gerade eröffneten Weihnachtsmarkts herüber. Es klopft an Brocks Tür. Aber das ist eine andere Geschichte.

Aufbau des VWL-Hauptstudiums an Universitäten

Im VWL-Hauptstudium ergeben sich Wahlmöglichkeiten, da das Studium aus vier Bereichen besteht, von denen einer wählbar ist:
Pflichtbereich:
- Volkswirtschaftstheorie
- Volkswirtschaftspolitik
- Allgemeine BWL

Wahlbereich:
- Pflichtwahlfach

Die Regeln für die Kombination von Fächern und die genauen Bezeichnungen sind von Uni zu Uni verschieden. Daher ist es sehr wichtig, sich Detailinformationen bei der ZSB vor Ort zu holen. Wichtig ist hier und jetzt, das „Strickmuster" des Hauptstudiums zu begreifen.

Also, jeder Student wählt aus den an seiner Universität angebotenen Fächern eines aus. Das Spektrum ist dabei von Uni zu Uni fast so unterschiedlich und vielfältig wie die Volkswirtschaft selbst: In jedem Fall aber ist es möglich, sich eine individuelle Kombination von Inhalten zusammenzustellen und dem Studium damit ein spezifisches Profil zu geben. Die Wahlmöglichkeiten im Pflichtwahlfach schließen die speziellen Betriebswirtschaftslehren ebenso mit ein wie die Wahlfächer der jeweiligen Uni. An vielen Orten ist es inzwischen auch möglich, innerhalb der VWL, deren Betrachtung ja naturgemäß nicht an den Landesgrenzen einer Volkswirtschaft endet, eine international orientierte Ausrichtung zu wählen.

Die folgende Auflistung ist dabei nicht als abgeschlossene Aufzählung aller existierenden Möglichkeiten zu sehen, sondern stellt die üblichen Fächer vor.

Pflichtwahlfächer:
- Agrarökonomie
- Arbeitsrecht
- Auslandswissenschaft: z.B. englischsprachige Kulturen (USA, Kanada, Großbritannien, Irland), romanischsprachige Kulturen (Portugal/Brasilien) usw.
- Bank- und Börsenwesen
- Betriebswirtschaftliche Steuerlehre
- Betriebswirtschaftslehre der Banken
- Betriebswirtschaftslehre der Industrie
- Betriebswirtschaftslehre des Prüfungswesens
- Bildungs- und Wissenssoziologie
- Entwicklungspolitik
- Entwicklungssoziologie
- Europäische Union, Finanzwissenschaft und Eurowährung
- Europäischer Binnenmarkt
- Familien- und Jugendsoziologie
- Finanzwissenschaft
- Genossenschaftswesen
- Internationale Wirtschaft/Wirtschaftsbeziehungen
- Internationales Management
- Kommunikationswissenschaft
- Logistik
- Marketing
- Medizinsoziologie
- Öffentliches Recht
- Operations Research
- Politikwissenschaft
- Psychologie
- Quantitative Wirtschaftsforschung
- Rechnungswesen
- Sozialpolitik
- Sozialwissenschaftliche Grundlagen des Personalwesens
- Soziologie
- Statistik
- Steuerrecht

- Unternehmens- und Gesellschaftsrecht
- Unternehmensführung
- Wirtschafts- und Betriebspsychologie
- Wirtschafts- und Organisationssoziologie/Betriebssoziologie
- Wirtschaftsgeographie
- Wirtschaftsgeschichte
- Wirtschaftsinformatik (Industrie- und Logistikbetriebe oder Büro- und Dienstleistungsbereich)

Der untere Kasten stellt die Form der Prüfung dar, wie sie an vielen Unis als Blockprüfung durchgeführt wird, wobei die Diplomarbeit fast immer vor der eigentlichen Abschlussprüfung liegt.

Prüfungen und Prüfungsdauer

Prüfungsfächer/-leistungen	Klausur	mündlich
Volkswirtschaftslehre/-theorie	4 Stunden	15 Minuten
Volkswirtschaftslehre einschließlich Wirtschaftspolitik und Finanzwissenschaft	4 Stunden	15 Minuten
Allgemeine Betriebswirtschaftslehre	4 Stunden	15 Minuten
Pflichtwahlfach	4 Stunden	15 Minuten
Diplomarbeit	6 Monate	–

An manchen Unis finden die Prüfungen auch als Teilprüfungen in zwei oder drei Abschnitten statt und erstrecken sich dann über mehrere Semester.

Diplomarbeit

Die Diplomarbeit ist Bestandteil der Abschlussprüfung und soll zeigen, dass ein Kandidat in der Lage ist, eine Fragestellung aus der VWL selbstständig nach wissenschaftlichen Methoden zu bearbeiten. Aufgrund der Themenstellung muss die Diplomarbeit in sechs Monaten bearbeitbar sein.
Dem Werk ist ein Verzeichnis der benutzten Quellen und die schriftliche Versicherung beizufügen, dass die Arbeit ohne fremde Hilfe und ohne Benutzung anderer als der angegebenen Quellen angefertigt worden ist. Außerdem darf so ein Traktat natürlich noch nicht bei einer anderen Prüfung vorgelegt worden sein.

Freier Prüfungsversuch, genannt „Freischuss“

Die freien Prüfungsversuche sind eingeführt worden, um die Studienzeit zu verkürzen. Wer sich also frühzeitig ans Examen traut und nicht besteht oder zumindest nicht mit der Note, die er sich wünscht, erleidet keinen Nachteil, denn die Prüfung gilt als nicht abgelegt und darf wiederholt werden. Dieser frühe Zeitpunkt ist meist das neunte Semester. Rechtsverbindliche Detailregelungen muss man bei der „Freischussregelung“ in jedem Fall in der lokalen Prüfungsordnung genau nachlesen.

Praktika bei VWL

Anders als bei den üblichen kaufmännischen Fächern ist bei der VWL normalerweise kein Praktikum abzuleisten. Damit steht es im Ermessen des einzelnen Studenten, zur Verbesserung des Übergangs in den Beruf praktische Erfahrungen zu sammeln.

3.3 Volkswirtschaft an Fachhochschulen

Wenn man so will, sind volkswirtschaftliche Betrachtungen die Keimzellen aller wirtschaftswissenschaftlichen Studien, denn hier hat die Untersuchung wirtschaftlicher Phänomene ihren Ursprung, bezeichnet mit dem zu Kaisers Zeiten geprägten Begriff „Nationalökonomie“. Gleichzeitig ist Volkswirtschaftslehre auch der älteste aller wirtschaftswissenschaftlichen Studiengänge und bis heute der mit den höchsten wissenschaftlichen Ansprüchen. Daher wurde das Fach lange Zeit nur an Universitäten gelehrt. Inzwischen gibt es aber auch zwei FHs, die ihr Glück auf diesem Gebiet versuchen, vom Stifterverband für die Deutsche Wissenschaft lobend erwähnt als modellhafte Initiative zur Reform von Studium und Lehre: Die Hochschulen Nürtingen und Bremen, letztere sogar mit der Ausrichtung Internationale VWL.

3.4 Arbeitsmarkt und Perspektiven

Die berufliche Verwertbarkeit eines VWL-Studiums ist gut. Denn ähnlich wie Diplom-Kaufleute finden auch Diplom-Volkswirte einen sehr vielschichtigen Arbeitsmarkt vor. Diese Vielfalt macht es auch hier schwer, Tätigkeitsfelder allgemein zu benennen. Dennoch vier Bemerkungen dazu, angereichert mit ein wenig „Arbeitsmarktjargon“:

In forschenden, beratenden und kundenorientierten Dienstleistungsberufen ist eine stärkere wissenschaftliche Durchdringung ebenso zu beobachten wie eine fortschreitende Professionalisierung. Das spricht für Volkswirte, die an den Unis eine hervorragende methodisch-mathematisch orientierte Bildung erhalten.

Die vertikale Durchdringung der mittleren und unteren Unternehmenshierarchien, also das Ersetzen von nichtstudierten durch studierte Mitarbeiter, schafft Beschäftigungsmöglichkeiten durch Substitution, nicht zuletzt für Berufsanfänger.

Das zunehmende Zusammenrücken der Weltwirtschaft, vor allem auf dem für Volkswirte wichtigen Finanzsektor, erzeugt einen zusätzlichen Bedarf für wissenschaftlich vorgebildete Wirtschaftler. Das Einlösen der von Arbeitgeberseite geforderten stärkeren Praxisorientierung durch zusätzlich berufsbezogene Aktivitäten, die neben dem wissenschaftlich-theoretischen Studium erworben werden, aber nicht zu seinen Lasten gehen, fördert den Berufsübergang.

Brock schaut misstrauisch über den Goldrand seiner Lesebrille, um zu prüfen, wie Andi und Alex diese allgemeinen Aussagen aufgenommen haben, und sieht eher längliche Gesichter. „Also eigentlich dachte ich, diese Äußerungen würden euch Mut machen. Die Situation ist hoffnungsvoll. Zugegeben, wie alle grundsätzlichen Anmerkungen klingen auch die hier etwas schwammig und unkonkret. Also schauen wir uns dann doch lieber Stellenanzeigen an."
Die Mienen der beiden angehenden Abiturienten hellen sich auf.

Grundsätzliche Überlegungen zur Lektüre von Stellenanzeigen im Zusammenhang mit der Frage der Berufsfindung sind in Kapitel 2.5 ja schon abgehandelt worden. Also können wir hier gleich zu den Stellenanzeigen übergehen:

(Anzeigenbeispiel 1)

Der Bundesverband der Deutschen Banken sucht einen

Diplom-Kaufmann/Kauffrau
oder
Diplom-Volkswirt/Volkswirtin

für den Geschäftsbereich „Bankenaufsicht, Wettbewerbspolitik, Mittelstand".

Wir erwarten fundierte Kenntnisse der bankaufsichtlichen Bestimmungen und Entwicklungen, insbesondere mit Blick auf neue Finanzinstrumente, ein ausgeprägtes Verständnis für ordnungs- und wettbewerbspolitische Fragestellungen sowie Grundkenntnisse auf dem Gebiet des Rechnungswesens. Erfahrungen aus der Tätigkeit in einer Bank, Aufsichtsbehörde oder einem wirtschaftswissenschaftlichen Institut sind Voraussetzung für eine Bewerbung. Gute schriftliche und mündliche Ausdrucksfähigkeit, gute englische Sprachkenntnisse sowie hohe Einsatzbereitschaft setzen wir ebenfalls voraus.

Die Position bietet eine interessante und abwechslungsreiche Tätigkeit in engem Kontakt mit Banken, Behörden und Spitzenorganisationen der Kreditwirtschaft.

Bewerbungen werden erbeten an ...

Zu (1): Ein typischer VWL-Job im Bereich Finanzwesen/Banken: Gefragt sind spezielle Kenntnisse im Kreditgewerbe, Englischkenntnisse und eine hohe Einsatzbereitschaft. Besonders erwähnenswert wäre noch, weil man so etwas eher selten liest, die gute schriftliche und mündliche Ausdrucksfähigkeit im Deutschen. Auch im Wirtschaftsbereich vollzieht sich eben der überwiegende Teil der Kommunikation auf sprachlicher Ebene, weshalb es ausgesprochen wichtig ist, die Dinge auf den Punkt bringen zu können, was für das Mundwerk ebenso gilt wie für das Druckwerk.

(Anzeigenbeispiel 2)

Im Thüringer Ministerium für Soziales und Gesundheit ist sofort die im Rahmen eines Zeitarbeitsvertrages befristete Tätigkeit einer/eines

Referentin/Referenten

im **Referat 23 Europäischer Sozialfonds** zu besetzen.

Das Aufgabengebiet umfasst folgende Schwerpunkte:

- Grundsatzfragen der Förderung des europäischen Sozialfonds;
- Programmplanung für Ziel-1-Gebiete;
- Programmkontrolle auf GFK- und OP-Ebene;
- Landesinterne, überregionale und fondsübergreifende Koordination der EU-Strukturförderung;
- Initiierung wissenschaftlicher Begleitforschung und Evaluierung; Bewertung und Begleitung auf Programm- und Projektebene sowie Berichterstattung;
- Steuerung und Controlling der Mittelbindung und des Mittelabflusses aus dem Europäischen Sozialfonds;
- Abstimmung mit den zuständigen Stellen der Euopäischen Kommission, des Bundesministeriums für Arbeit und Sozialordnung, der beteiligten Landesressorts, der beteiligten Referate des TMSG sowie den Sozialpartnern und anderen Nichtregierungsorganisationen;
- Betreuung der ESF-Förderung nach den Vorgaben des Operationellen Programms für Ziel 1.

Anforderungen:
Abgeschlossenes Hochschulstudium, möglichst auf sozial-, wirtschafts- oder geisteswissenschaftlichem Gebiet. Gründliche Kenntnisse der Institutionen und Politik der Europäischen Union, detaillierte Kenntnisse der europäischen Sozial- und Arbeitsmarktpolitik.

Erwünscht:
Detaillierte Kenntnisse und mehrjährige Erfahrung in der europäischen Strukturfondsförderung, insbesondere des Europäischen Sozialfonds, auf Programm- und Projektebene, der Berichterstattung und Begleitung sowie der Bewertung und der Koordinierung und ihrer Verfahren.

Die Vergütung richtet sich nach dem TVöD.

Bei Vorliegen der Voraussetzungen kann mit Zustimmung des Thüringer Finanzministeriums ein Personalkostenzuschuss gezahlt werden.

Frauen werden besonders aufgefordert, sich zu bewerben. Schwerbehinderte werden bei gleicher Eignung bevorzugt berücksichtigt.

Bewerbungen richten Sie bitte mit den üblichen Unterlagen innerhalb von **3 Wochen** nach Erscheinen dieser Anzeige an das ...

Zu (2): Auch ein typisches Feld für Volkswirte und der Beweis dafür, dass das Zusammenwachsen Europas Arbeitsplätze schafft: der öffentliche Dienst. Dort haben die VWLer den Vorteil, dass es Laufbahnvorschriften für sie gibt, die den Zugang zur höheren Beamtenbesoldung ermöglichen.
Referent heißt im Übrigen nicht, dass man während der Arbeit pausenlos Referate halten muss. Der Begriff wird vielmehr für alles verwandt, was mit einer kurzen Bezeichnung nicht hinreichend treffend zu charakterisieren wäre. Referent bedeutet, in einer Institution für ein bestimmtes Aufgabengebiet, hier für Grundsatzfragen des Europäischen Sozialfonds, oder für eine bestimmte Person zuständig zu sein, z. B. Referent des Oberbürgermeisters.
Die gründlichen Kenntnisse der Arbeitsmarkt- und Sozialpolitik ist ein wesentlicher Teilbereich im VWL-Studium. Von daher würde man die Geisteswissenschaftler unter den Bewerbern möglicherweise ausstechen. Die Auflistung der Vorbildung zeigt aber hier auch schon an, dass mit Konkurrenz aus verschiedenen Richtungen gerechnet werden muss.

(Anzeigenbeispiel 3)

Wir suchen

Diplom-Volkswirte

die als Vertriebskaufleute selbstständig vielseitige Aufgaben mit z.T. internationalem Zuschnitt und hoher wirtschaftlicher Bedeutung in Zusammenarbeit mit unserem technischen Vertrieb wahrnehmen sollen.

Ihre Aufgaben:
- Angebotserstellung/Vertragsverhandlungen
- Rentabilitätsbetrachtungen
- Planung und Controlling
- kfm. Projektabwicklung

Ihr Profil:
- guter Studienabschluss
- hohe Lern- und Leistungsbereitschaft
- konzeptionelles Denken
- gute Englischkenntnisse

Durch die Vielzahl von Disziplinen, Techniken und Systemen innerhalb unseres Unternehmens bieten wir Ihnen hervorragende Entwicklungsmöglichkeiten. Die Aufstiegschancen sind ausgesprochen gut – auch international. Ihre Vergütung orientiert sich an Ihren Fähigkeiten und Ihrem Engagement.

Interessiert? Ihre aussagekräftigen Bewerbungsunterlagen senden Sie bitte an ...

Zu (3): Volkswirte sind aber auch für „ganz normale“ Wirtschaftsjobs gefragt, wie die Anzeige beweist. Gesucht werden Vertriebskaufleute für den Bereich, wo sich im Betrieb die Wertschöpfung in Bargeld wandelt. Denn man kann noch so schöne Dinge herstellen oder die tollsten Dienstleistungen anbieten, wenn der Vertrieb das Zeug nicht los wird, war der ganze vorherige Aufwand vergebens.

(Anzeigenbeispiel 4)

Die Aktion Münsterland e.V. ist eine von öffentlicher und privater Seite getragene Initiative zur regionalen wie überregionalen Profilierung des Wirtschafts- und Lebensraums Münsterland. Mit mehr als 500 Mitgliedern aus Unternehmen, Städten, Gemeinden, Kreisen, Institutionen und Privatpersonen ist sie die größte Regionalmarketinginitiative in Deutschland.

Zur Unterstützung der vielfältigen Aufgaben im

Regionenmarketing Münsterland

suchen wir ab sofort einen/eine

Assistenten/Assistentin
für den Geschäftsführer

Die Aufgabenstellung umfasst die inhaltliche Vorbereitung von Terminen, die Erledigung/Mitgestaltung von Korrespondenz sowie die Erarbeitung von Konzeptskizzen, Vorlagen und Manuskripten mit vorwiegend wirtschaftsbezogenen Aspekten, jedoch projektbezogen auch andere Bereiche (Kultur, Lebensqualität, Ökologie und Wissenschaft) betreffend.

Wir erwarten ein abgeschlossenes Hochschulstudium der Geographie oder Volkswirtschaft mit Schwerpunkten in der Regionalökonomie und/oder dem Regionenmarketing. Gleichwertig erachten wir Bewerber mit einschlägiger Berufserfahrung in diesem Bereich. Die vielseitige Tätigkeit erfordert selbstständiges und eigenverantwortliches Arbeiten. Erforderlich sind zudem ein hohes Maß an Kreativität, Kontaktfähigkeit und Belastbarkeit.

Geboten wird eine Bezahlung in Anlehnung an den TV-L (Entgeltgruppen 8 bis 10, je nach Qualifikation).
Schriftliche Bewerbung mit den üblichen Unterlagen und Lichtbild richten Sie bitte innerhalb von 14 Tagen nach Erscheinen der Anzeige an ...

Zu (4): Als Nächstes sehen wir den guten alten Assistenten der Geschäftsleitung, ein Job, der auch Einsteigern passable Chancen verspricht. Hier in diesem Fall geht es wohl darum, eine Region besser zu vermarkten. Wirtschaftsförderung ist fast schon so etwas wie ein ideales Arbeitsfeld für Volkswirte, die aufgrund ihrer im Studium erworbenen Fähigkeiten zum formalen und vernetzten Denken gute Voraussetzungen für derartige Tätigkeiten mitbringen. Typisch ist leider in diesem speziellen Fall auch die Bezahlung, die eben nicht der im öffentlichen Dienst üblichen Gage eines Uniabsolventen entspricht, sondern dem Niveau eines FH-Diplomers. Aber mal ehrlich, Geld ist nicht alles. Und wenn der Job einerseits hält, was die Anzeige verspricht, und man als Volkswirtin oder Volkswirt kein Brett vor dem Kopf hat, stellt der Regionalverband e.V. möglicherweise bald fest, dass der Assistent mehr drauf hat als die Geschäftsleitung. Ein Sprungbrett könnte es allemal sein.

(Anzeigenbeispiel 5)

Wir sind eine mittelgroße, bundesweit tätige Wirtschaftsprüfungsgesellschaft. Mit erfahrenen Wirtschaftsprüfern, Steuerberatern und Juristen sind wir für unsere Mandanten anerkannte Ansprechpartner. Unser Ziel ist es, unseren Mandanten auf allen Ebenen eine gleichermaßen qualifizierte Prüfung und Beratung zu bieten.

Für unsere Niederlassungen in Münster, Nürnberg und Rendsburg sowie für unser Büro in Dresden suchen wir

Prüfungsassistenten/innen

mit Hochschulabschluss als Diplom-Kaufmann/frau

Wir bieten eine gründliche Ausbildung und anspruchsvolle Tätigkeit auf dem Gebiet der Abschlussprüfung und Beratung einschließlich der Erstellung betriebswirtschaftlicher Gutachten.

Es erwarten Sie die Vorzüge einer mittelgroßen Wirtschaftsprüfungsgesellschaft, verbunden mit einem leistungsbezogenen Gehalt und guten Entwicklungschancen.

Zu (5): Moment mal, da steht doch eindeutig Diplom-Kaufmann. Da kann ich mich doch als Volkswirt gar nicht bewerben. Wenn Sie so denken, haben Sie Recht, also Schwamm drüber. Volkswirte sind aber wegen ihrer finanzwissenschaftlichen Kenntnisse auch ganz hervorragend für Wirtschaftsprüfungsfirmen geeignet. Und wenn man dann noch Prüfungswesen als Wahlfach hat, eventuell blond ist und gut aussieht …

(Anzeigenbeispiel 6)

Wirtschaftsförderungsgesellschaft der Stadt Chemnitz

sucht

Assistent/in des Geschäftsführers

Aufgaben:

- Projektleitung von laufenden Sonderprojekten wie Einsatz von IT-Technologien (Internet), Moderation regionaler Unternehmenskooperationen, Begleitung von Qualifizierungsprojekten, Investorenakquisition, Absatzförderung etc.
- Mitwirkung bei der Entwicklung neuer regionaler Entwicklungsprojekte
- Vor- und Aufbereitung von Präsentationsunterlagen und PR-Material
- Organisation und Durchführung von Veranstaltungen und Meetings
- Mitwirkung bei Studien- und Berichterstattung

Anforderungsprofil:

- Hochschulausbildung (BWL- oder VWL-Studium)
- erste Berufserfahrung, Moderationsfähigkeit, soziale Kompetenz
- gute Englischkenntnisse in Wort und Schrift, Organisationstalent
- absolute Diskretionsfähigkeit und Loyalität
- professionelle Kenntnisse im Umgang mit Microsoft-Office

Es erwartet Sie ein Arbeitsplatz mit viel Eigenverantwortung und angemessener Dotierung. Sie sind interessiert?

Dann reichen Sie bitte Ihre aussagefähigen Bewerbungsunterlagen mit Angabe Ihrer Gehaltsvorstellung und des frühestmöglichen Eintrittstermins ein ...

Zu (6): Assistent, die Zweite: Schon wieder Wirtschaftsförderung und schon wieder ein Job für jemand, dessen Examen noch nicht so lange zurückliegt. Hier ist aber der Zuschnitt ein wenig anders, weil man in Chemnitz mehr selbstständige Arbeiten zu erledigen hat als im Münsterland. Auch scheint der Job öffentlichkeitswirksamer, was immer gut ist, weil man dabei jede Menge Leute kennen lernt. Und das heißt, man erarbeitet sich, gute Führung vorausgesetzt, auch jede Menge neuer Jobmöglichkeiten. Also nicht wundern, wenn dann irgendwann mal das Telefon klingelt und ein zufriedener Kunde Sie ganz für seine Aktivitäten verpflichten will.

(Anzeigenbeispiel 7)

Ihr Abschluss bestätigt den Erfolg des gesamten Konzerns.

Sie kennen die ... als eine weltweit führende Versicherungsgruppe. Das wirtschaftliche Ergebnis aller ... Gesellschaften stellt unser zentrales Konzernrechnungswesen in München fest. Der Konzern wächst, entsprechend wachsen auch hier die Aufgaben. Um diesen auch in Zukunft gerecht zu werden, suche wir Sie als

Wirtschaftswissenschaftler/in
für unsere Abteilung Konzernrechnungswesen

Schwerpunkte Ihrer **Aufgaben** sind die Erstellung des Konzernabschlusses mit unterjähriger Berichterstattung und die Analyse des Konzernabschlusses/Halbjahresabschlusses. Darüber hinaus werden Sie neue Rechnungslegungsstandards sowie die Gruppensolvabilitätsrichtlinie implementieren, das wirtschaftliche Ergebnis von Konzerngesellschaften analysieren und den Konzernabschluss intern und extern präsentieren.

Als Wirtschaftswissenschaftler zählen Sie zu den Besten!

Sie können ein sehr gutes Examen, evtl. mit Promotion, vorweisen. Idealerweise verfügen Sie über praktische Erfahrungen in der Konzern- und/oder Versicherungsrechnungslegung. Sie wissen, dass in einem international engagierten Konzern gute Englischkenntnisse ein „Muss“ und Grundkenntnisse einer weiteren Fremdsprache von Vorteil sind. Wir erwarten von Ihnen ein **ausgeprägtes analytisches und zielorientiertes Denken**, ein hohes Maß an Einsatzbereitschaft sowie Durchsetzungsvermögen und soziale Kompetenz.

Sie finden bei uns Zukunft und Perspektive!

Ihr Einkommen und die Rahmenbedingungen sind attraktiv und entsprechen in allem dem hohen Anspruch, den wir an Sie stellen. Haben wir Sie für diese vielseitige, aber auch nicht einfach Aufgabe interessieren können? Dann senden Sie bitte Ihre vollständigen Bewerbungsunterlagen mit Angabe Ihrer Gehaltsvorstellung an ...

Zu (7): Nur einer Branche geht es stets besser als den Banken: den Versicherungsunternehmen. Die Cleveren unter diesen haben in den vergangenen zehn Jahren den Wert ihrer Firmen in die berühmten Schwindel erregenden Höhen getrieben.

Volkswirte sind in der Branche immer gern gesehen, nicht nur wegen ihrer geistigen Nähe zur Mathematik, was bei Versicherungen als etwas Besonderes gilt. Auch im Bereich der Unternehmensfinanzierung haben die VWLer ein gewichtiges Wort mitzureden. Und durch die finanzwissenschaftlichen Kenntnisse brechen sie auch immer häufiger in die vormaligen Domänen der Betriebswirtschaftler und Kaufleute ein. So wie hier, wo ausgeprägtes analytisches und zielorientiertes Denken dem zukünftigen Arbeitgeber als höchstes Gut und dem einzustellenden Bewerber als zentrale Qualifikation gilt.

(Anzeigenbeispiel 8)

Unser Mandant ist eine börsennotierte Aktiengesellschaft und zählt zu den führenden Dienstleistern in Europa. Die weltweiten Aktivitäten werden von der Verwaltungszentrale im Ruhrgebiet/Westfalen koordiniert und gesteuert. Ein auch zukünftig geplantes überproportionales Wachstum des Unternehmens erfordert die Besetzung der Position

Investor-Relations

Sie bieten uns:

- ein abgeschlossenes Studium der Betriebswirtschaft
- einige Jahre Berufserfahrung in einem international orientierten Unternehmen im Bereich Finanzanalyse sowie Investor-Relations bzw. in einer Bank mit ähnlich gelagerten Bereichen
- sehr gute Englischkenntnisse in Wort und Schrift (ggf. als Muttersprache)

Neben der fachlichen Qualifikation erwarten wir, dass Sie eine kommunikationsstarke, überzeugende Persönlichkeit sind. Flexibles Denken und Handeln sowie Mobilität runden Ihr Profil ab.

Es erwartet Sie eine anspruchsvolle Aufgabe in einem komplexen, erfolgsorientierten Umfeld mit interessantem Gestaltungsspielraum.

Wenn Sie sich hier wiederfinden, senden Sie bitte Ihre aussagefähigen Bewerbungsunterlagen an ...

Zu (8): Finanzanalyse, Investor-Relations, Bankbereich? Der Job schreit geradezu nach einem Volkswirt. Wenn Sie dann noch muttersprachenähnliche Englischkenntnisse mitbringen – und wer hätte die heute nicht? –, müsste es eigentlich klappen. Auch hier sind die Stärken eines Volkswirts wieder richtiggehend gefragt, weil eben doch die Finanzwissenschaft und das Orakeln, sprich Analyse und Prognose, dieser wissenschaftlichen Gattung in die universitäre Wiege gelegt worden sind.

Weil gerade von Analyse die Rede war, hier zum Abschluss noch das übliche bisschen Statistik. In einem Papier der ZAV schreibt die Arbeitsverwaltung sehr treffend, der Betriebswirt interessiere sich vor allem für innerbetriebliche Entwicklungen, derweil sich der Volkswirt primär für die Analyse und Gestaltung des Marktes berufen fühle. Daher sei er auch eher in Berufsfeldern zu finden, die analytisch-wirtschaftspolitisch ausgerichtet sind. Dem ist eigentlich nichts hinzuzufügen.

Im Jahr 2007 – neuere Zahlen liegen derzeit nicht vor – haben in Volkswirtschaft rund 2.700 Studenten Examen gemacht. Etwa gleichzeitig waren bundesweit rund 90.000 Volkswirtschaftler beschäftigt, wovon aufgrund der Altersstruktur allein in den nächsten zehn Jahren ein Viertel in den Ruhestand gehen wird. Ausgehend vom Status quo könnte man demnach annehmen, dass der jährliche Ersatzbedarf bei rund 1.500 Volkswirten liegt. Hinzu kommen noch die ja nun schon bekannten Substitutionsprozesse, wenn also für Tätigkeiten, die bisher von nichtstudierten Kaufleuten erledigt wurden, studierte Wirtschaftler eingestellt werden.

Brock meint dazu erneut: „Wenn schon die Statistik so günstig ausschaut, braucht einem vor der Realität nicht bange sein."

Dennoch, auch hier die Frage, wo und was arbeiten Volkswirte denn in der Praxis am häufigsten?

Hitliste der zehn häufigsten Branchen und Funktionen

Rang	Die zehn häufigsten Branchen	Die zehn häufigsten Funktionen
1	Forschung/Universitäten	Aus- und Weiterbildung
2	Geld- und Kreditgewerbe, Finanzdienstleistungen	Finanz- und Rechnungswesen
3	Verbände	Forschung
4	Wirtschafts- und Personalberatung	Allgemeine Verwaltung/Koordination
5	Behörden	Führungsebene/Unternehmensleitung
6	DV-Beratung, Softwarehersteller/ -beratung	Marketing/Public Relations/ Werbung
7	Versorgungsunternehmen	Vertrieb
8	Versicherungen	Management/Planung
9	Fachhochschulen	Personalverwaltung
10	Telekommunikation	Revision

Quelle: ZAV (2002): Jahresbericht 2001

4 Das Studium der Internationalen Betriebswirtschaftslehre und der Internationalen Volkswirtschaftslehre an Fachhochschulen und Universitäten

„Also dann, bis Donnerstag nächster Woche um die gleiche Zeit. Tschüss ihr beiden!“ Fast lautlos fällt die alte Tür ins Schloss.
Internationale VWL oder BWL, ausgerechnet danach mussten ihn die beiden jetzt auch noch fragen. Hatte er ihnen denn nicht ohnehin schon mehr gesagt, als er eigentlich wusste? Und bei den Internationalen kannte er sich selbst nicht so gut aus. „Da muss ich mich erst schlau machen,“ hatte Brock Andi und Alex gesagt. „Wie wäre es, wir verabreden uns für nächste Woche, weil jetzt kommt sowieso gleich mein nächster Termin?“ Notlüge! Zum Glück sind die beiden dann gegangen. Brock klickt sich ins Internet und ruft seinen Lieblingscrawler „Such.Du.komm“ auf. Beim Stichwort Internationale VWL zeigt der Kasten schlappe vier Meldungen an. „Na, das kann ja heiter werden“, murmelt Brock leise.

Bei der Internationalen oder Europäischen Betriebswirtschaftslehre handelt es sich um ein relativ neues Teilgebiet der BWL. Durch die intensive Beschäftigung mit Fragen des Managements von multinationalen Konzernen sind diese Disziplinen stärker ins Blickfeld gerückt. Und vor dem Hintergrund der starken internationalen Verflechtungen von Industrie, Handel und Dienstleistungen haben einige Universitäten und Fachhochschulen entsprechende Studiengänge aus der Taufe gehoben. Was ist nun das Besondere an diesen BWL-Studiengängen, die mit den Adjektiven „international“ oder „europäisch“ um die Gunst der Studienanfänger werben?
Genau genommen unterscheiden sich diese Studiengänge nur äußerlich vom herkömmlichen – oder sollte ich marktgerechterweise vielleicht lieber sagen vom klassischen – BWL-Studium. Die Inhalte sind nämlich weitgehend dieselben, aber die Verpackung ist zugegebenermaßen neu und aufregend. Internationale oder Europäische BWL ist ein klassisches BWL-Studium, bei dem die sonst sehr große Bandbreite von Wahlmöglichkeiten zur individuellen inhaltlichen Ausgestaltung gnadenlos auf Internationales Management und Sprachen reduziert wird.

Ähnlich verhält es sich mit dem seit etwa zwei Jahren von wenigen Universitäten angebotenen Studium der Internationalen Volkswirtschaftslehre. Auch hier ist der Unterschied zum klassischen VWL-Studium vergleichsweise gering, wenn man die umfassenden Wahlmöglichkeiten des klassischen Studiums mit in die Waagschale legt.

Man entscheidet sich also gleich zu Studienbeginn für eine relativ eng abgegrenzte Gruppe wählbarer Fächer, eine Entscheidung, die man im klassischen BWL-Studium erst nach dem Vordiplom treffen muss. Zum Ausgleich ist bei i- und eBWL meist ein Auslandssemester integriert, aber auch das kann man natürlich in jedem

anderen Studiengang unterbringen, wobei dort hinsichtlich des „Reiseziels" mehr Freiheit besteht als beim vororganisierten Auslandsaufenthalt Marke iBWL.
Ach ja, vielleicht sollte ich noch erwähnen, dass natürlich die modischen Accessoires „international" respektive „europäisch" in der Diplomurkunde und damit im Titel auftauchen: Man darf sich also „Internationaler Diplom-Kaufmann (Univ.)" oder „Internationaler Diplom-Betriebswirt (FH)" bzw. „Internationaler Diplom-Volkswirt (FH) oder (Univ.)" nennen.

Durch allerneueste Titeleien wie International Business Studies und ähnliches sind auch hier die Bachelorabschlüsse auf dem Vormarsch, die alleine schon wegen ihres linguistisch-lexikalen Ursprungs besser zu den englischen Fachbezeichnungen passen.

Sind diese neuen europäischen oder gar international orientierten Studiengänge damit also eine Art Mogelpackung? Keineswegs, denn innen ist ja genau das drin, was außen draufsteht. Problematisch wäre nur der Umkehrschluss, dass nämlich die klassische BWL oder VWL eher eine nationale BWL oder VWL wäre. Damit ist also der alte Spruch falsch, dass nur in der Packung europäisches oder internationales Gedankengut steckt, wo europäisch oder international draufsteht.

Was wollen uns nun die Autoren mit diesen Bemerkungen sagen?

Seit es diese neuen Studiengänge jenseits der klassischen BWL und VWL gibt, stürzen sich alle Leute wie verrückt auf die wenigen Unis und FHs, die das anbieten. Und das führt, wie auch in der Wirtschaft bei knappen Gütern und hoher Nachfrage, dazu, dass der Preis durch die Decke geht. Im Fall der i- und eBWL und -VWL fällt es schwer, mit einem Abidurchschnitt, der keine Eins vor dem Komma hat, einen Studienplatz zu erhalten. Und selbst diese Leute haben an manchen Orten Probleme mit der Zulassung, weil ihre erste Dezimalstelle größer als drei ist.
Dabei kann man eine europäische oder internationale Ausrichtung in jedem klassischen BWL- und VWL-Studium realisieren, und zwar durch geschicktes und zielgerichtetes Ausnutzen der Wahlmöglichkeiten im Hauptstudium. Man stellt sich die Kombination so zusammen, dass sie eine oder zwei Fremdsprachen enthält und eine spezielle BWL mit internationalem Bezug oder Außenhandel, Internationales Finanzwesen und Banken. Noch besser, aber vom Studienpensum her etwas aufwändiger, wäre bei BWL eine Kombination aus drei speziellen Betriebswirtschaftslehren oder Wahlfächern, bei der man sich die Fähigkeit, fremdsprachig parlieren zu können, über studienbegleitende Fremdsprachenzertifikate (etwa UNICERT) bescheinigen lässt. Die kann man an nahezu allen BWL-Fakultäten oder Uni-Sprachzentren erwerben oder man macht die Prüfungen gleich an Hochschulen im dazugehörigen Ausland.

Diese Möglichkeiten des Erwerbs und Nachweises von Fremdsprachen als Zusatzqualifikation erfordert natürlich einen zusätzlichen Aufwand, während bei i/e BWL/VWL oder klassischer BWL/VWL mit Wahlfach Auslandswissenschaft die Sprachausbildung integraler Bestandteil des Studiums wäre.

Brock meint dazu: „Ich persönlich finde es schade, dass sich nun auch die Hochschulen am Dreschen leerer Schlagworthülsen wie ‚Internationalisierung‘ oder ‚Globalisierung‘ in der Weise beteiligen, dass sie Studiengänge danach benennen. Aber das scheint wohl ein besonderer Marketingansatz zu sein, um Studieninteressenten an die Hochschulen zu binden. Wie oben bereits gesagt, bringen diese neuen Studiengänge eigentlich nichts Neues, da die dort angesprochenen Themen schon seit Jahren an den Hochschulen behandelt werden. Am Arbeitsmarkt wird sich dann zeigen, ob ein Examen mit dem Zusatz ‚international‘ mehr wert ist als ein klassischer akademischer Grad. Aus meiner Sicht nicht, denn die Unternehmen werden wohl auch in Zukunft weniger nach Titeln als nach Fähigkeiten einstellen, es sei denn, dass auch die Personalentscheider dem geschickten Marketingansatz einer schillernden Verpackung klassischer Inhalte erliegen.“

4.1 Internationale VWL/BWL – what's it all about?

Seit den Sechzigerjahren beobachtet man in der Wirtschaft ein Phänomen, das sich in einer zunehmenden internationalen Verflechtung der Volkswirtschaft äußert. Die Beziehungen zueinander und die Abhängigkeit voneinander nahmen dabei im Laufe der Zeit ständig zu, wobei sich dieser Prozess in seinem Ablauf immer schneller entwickelte. Ausgangspunkt für den steigenden Austausch von Produkten, Dienstleistungen und Kapital über die nationalen Grenzen hinweg waren Liberalisierungen, die zu einem Wegfall von Handels- oder Kapitalmarktbeschränkungen führten, beispielsweise durch grundlegende multinationale Abkommen wie GATT oder durch die Konvertibilität nationaler Währungen.

Auch das politische Zusammenrücken der europäischen Staaten und der damit verbundene Wegfall von Binnengrenzen innerhalb der EU und die einheitliche Währung haben hier entscheidende Impulse gegeben. Hinzu kommen technische Weiterentwicklungen vor allem auf den Gebieten Kommunikation und Computer, aber auch weltumspannende Logistikunternehmen, die es heute möglich machen, dass international agierende Firmen regionale Märkte mit weltweit verfügbaren Produkten und Dienstleistungen versorgen.

Die notwendigen wissenschaftlichen Erklärungsansätze und Erkenntnisse zur Schaffung der betrieblichen Voraussetzungen dafür werden von der Betriebswirtschaftslehre bereitgestellt, weil auch das internationale oder europäische Geschäft eben ein Geschäft ist, das nach kaufmännischen Regeln abläuft. Die klassische BWL untersucht also alle Fragen, die das globale Zusammenwachsen der Volkswirtschaften im betrieblichen Sektor aufwirft. Wesentliche zusätzliche Zutaten in dieser Mixtur sind vor allem die Welthandelssprachen – ein in der BWL schon immer vorhandener Themenbereich, der nun an Bedeutung gewonnen hat – und die Behandlung international orientierter Managementthemen.

Aber auch die Volkswirtschaft spielt eine entscheidende Rolle, weil der Prozess des Zusammenrückens der einzelnen Volkswirtschaften zu einer Weltwirtschaft neue Fragen aufwirft, die mit volkswirtschaftlichen Methoden untersucht und zu neuen Erklärungsansätzen geformt werden. Gerade der internationale Finanzmarkt erweist sich immer wieder als unerschöpflicher Quell auch für volkswirtschaftliche Fragestellungen.

4.2 Fachhochschulstudium: Inhalt, Aufbau, Abschluss

Unter den wissenschaftlichen Hochschulen gibt es gerade mal acht, die derzeit eine international oder zumindest europäisch ausgerichtete BWL anbieten. Bei den Fachhochschulen sind es weit mehr. Die folgende Tabelle führt die Fachhochschulen auf, an denen internationale und europäische Wirtschaftsstudiengänge angeboten werden.

Brock meint dazu: „Hier wirkt sicher der Faktor, dass die Fachhochschulen von jeher versuchen, sich gegenüber den Universitäten zu profilieren. Ein modisches Fach wie die Internationale Wirtschaft kommt da gerade recht."

Tabelle 6 : Internationale Wirtschaftsstudien an Fachhochschulen

Fachhochschule	Internationale / Europäische Betriebswirtschaft / International Business
Aachen FH	B / M
Aalen H	B / M
Anhalt H	B / M
Ansbach FH	B
Augsburg H	B / M
Bad Homburg accadisH	B / M
Bad Honnef-Bonn FH	B / M
Berlin FH Best Sabel	B
Berlin FHTouro	B
Berlin HTW	B / M
Berlin HWR	B # / M
Berlin IBS	B

Fachhochschule	Internationale / Europäische Betriebswirtschaft / International Business
Berlin SRH	M
Bielefeld FH	B
Bielefeld FHM	B
Bochum H	B
Brandenburg FH	M
Bremen H	B / M
Bruchsal IU	B
Brühl EUFH	B
Deggendorf FH	B / M
Dortmund FH	B
Dortmund ISM	B / M
Dresden HTW	B / M
Düsseldorf FH	B
Emden/Leer FH	B
Erding FHM	B
Essen FOM #	B
Esslingen H	B t / M
Frankfurt/Main FH	B
Frankfurt/Main FHProvadis	B
Fulda H	B / M
Furtwangen H	B / M
Gelsenkirchen FH	B
Gießen-Friedberg FH	M
Hamburg EBC	B
Hamburg EFH #	B / M
Hamburg HAW	B / M
Hamburg HSBA	M
Hannover FHDW	B
Harz H	B
Heilbronn H	B / M
Hof H	B
Ingolstadt H	B
Iserlohn BiTS	B
Karlsruhe H	B / M
Karlsruhe IKH	B
Köln FH	B / M
Konstanz H	M
Landshut H	B / M
Leipzig HTWK	B
Lübeck FH	B
Ludwigshafen FH	B # / M
Mainz FH	M

Fachhochschule	Internationale / Europäische Betriebswirtschaft / International Business
München MBS	B / M
Münster FH	B / M
Nordhausen FH	B
Nürnberg H	B / M
Nürtingen H	B
Offenburg H	M
Osnabrück FH	B
Paderborn FHDW #	B
Pforzheim H	B / M
Pinneberg AKAD #	B
Ravensburg-Weingarten H	M
Regensburg H	B
Reutlingen HTW	B / M
Rhein-Main H	B / M
Rhein-Waal FH	B
Saarbrücken HTW	B / M
Schmalkalden FH	M
Stuttgart AKAD #	B
Trier FH	B
Westküste FH	B / M
Wildau TFH	M
Wilhelmshaven/Oldenburg/Elsfleth FH	M
Worms FH	B / M
Würzburg-Schweinfurt FH	M

Abkürzungen / Anmerkungen

In der Tabelle werden die offiziellen Kurzbezeichnungen der Universitäten nach HRK benutzt. Die genaue Bezeichnung der Hochschulen entnehmen Sie bitte dem Adressenteil im Anhang.

B = Bachelorabschluss
M = Masterabschluss
t = mit technischem Schwerpunkt
it = mit informationstechnologischem Schwerpunkt
# = auch als Fernstudium/berufsbegleitend oder duales Studium
+ = an diesen Universitäten wird auch Internationale Volkswirtschaftslehre / International Economics angeboten

Das Studium ist in allen Fällen sehr eng an den klassischen Betriebswirt oder Kaufmann angelehnt. Wie bereits auf den Punkt gebracht, könnte man auch sagen: Wer Internationale BWL studiert, schränkt gegenüber der klassischen BWL seine Gestaltungsspielräume weitgehend auf die Wahlpflichtfächer Fremdsprachen und Auslandskunde bzw. Internationales Management ein. Wo sich die anderen BWL-

Studenten eine individuelle Kombination aus spezieller BWL und Wahlfächern zusammenstellen können, sind die Wahlmöglichkeiten Internationaler BWLer auf zwei Fachgebiete beschränkt. Dafür bekommen sie am Ende allerdings das trendige Zusatzetikett „International“ aufgeklebt.

Aufbau des iBWL-Grundstudiums an Fachhochschulen

Als Beispiel hier der Ablaufplan für ein internationales FH-Studium. Die Dominanz klassischer kaufmännischer Themen ist dabei unübersehbar (Angaben in SWS):

Grundstudium an Fachhochschulen

Grundstudium	1. Sem.	2. Sem.	3. Sem.	4. Sem.
Internationale Betriebswirtschaftslehre	2	2	2	2
Allgemeine Betriebswirtschaftslehre	2	2	2	2
Nationale und Internationale Bilanzierung		3		
Bilanzanalyse			2	
Kostenrechnung			4	2
Volkswirtschaftslehre/Wirtschaftspolitik	2	2	2	2
Statistik		2	2	
Nationales und Internationales Recht	2	2	2	
Arbeitsrecht/Personalwesen	3			
Mathematik/Operations Research	2	2		
Buchführung	4			
Wirtschaftsinformatik	2	2		
Übungen zur Internationalen Betriebswirtschaftslehre	1	1	1	1
Übungen zur Allgemeinen Betriebswirtschaftslehre	1	1	1	1
Zwei Sprachen wählbar aus Englisch, Französisch und Spanisch je	4	4	4	2
Studentische Arbeitsmethodik oder Vortrags-/ Präsentationstechniken		3		
Summe	25	26	22	12

Damit muss man sich einen FH-Erstsemesterstundenplan in Internationaler Betriebwirtschaft ungefähr so vorstellen:

Stundenplan, 1. Semester (FH)

Uhrzeit	Montag	Dienstag	Mittwoch	Donnerstag	Freitag
08.15–09.00 09.00–09.45		Buchführung	internationale BWL	ABWL	Buchführung
10.00–10.45 10.45–11.30	Arbeitsrecht	Französisch	Französisch	IBWL	Mathematik
11.45–12.30 12.30–13.15	Arbeitsrecht	Wirtschafts-informatik	Spanisch		VWL
13.30–14.15 14.15–15.00		Englisch		Spanisch	
15.15–16.00 16.00–16.45		Englisch			
17.00–17.45 17.45–18.30			iBWL		

Die Vordiplomprüfung kann sehr unterschiedlich aussehen, ist aber an den FHs meist studienbegleitend und wird demzufolge häppchenweise nach jedem Semester abgelegt. Diese sukzessiven bzw. additiven Teilprüfungssysteme sind dabei allemal eine gute Erfindung.

Aufbau des iBWL-Hauptstudiums an Fachhochschulen

Das Hauptstudium enthält dann im fünften Semester das halbjährige Praktikum des Studiengangs und im achten Semester steht die Diplomarbeit auf dem Plan. Das Praxissemester muss zur Unterstreichung des internationalen Bezugs häufig über ausländische Partnerhochschulen abgeleistet werden.

Manche Fachhochschulen bieten in vertraglich abgesicherter Kooperation mit ausländischen Hochschulen auch die Möglichkeiten der Doppeldiplomierung. Dabei erwirbt man den deutschen Diplom-Betriebswirt/-in (FH) und beispielsweise den englischen Bachelor of Business Administration (BBA). Diese ist allerdings häufig mit einem zweisemestrigen Zusatzstudium an der ausländischen Hochschule verbunden.

Hauptstudium an Fachhochschulen

Hauptstudium	5. S.	6. S.	7. S.	8. S.
Vier Wahlfächer aus	Praxissemester			Diplomarbeit
Investition und Finanzierung/ Internationale Projekte		5	3	
Internationales Marketing		5	3	
Controlling internationaler Unternehmungen		5	3	
Organisation und Produktion internationaler Unternehmungen		5	3	
Führungslehre/Management		5	3	
Außenwirtschaft und internationale VWL		5	3	
1. Fremdsprache		5	3	
2. Fremdsprache		5		
Ein Wahlfach aus				
Unternehmensplanspiel		3		
Gesprächs- und Verhandlungsführung		2		
Fallstudien		2		
Fremdsprachlicher Konversationskurs		1		
Diplomandenseminar				2
Praxissemester	2			
Summe	2	30+	15	2

Angaben in SWS

Brock meint dazu: „Ich habe mir die neuen BA-Studien im Bereich International Business an den FHs angeschaut und was soll ich sagen: Fast ausschließlich umlackierte Diplomstudiengänge. Wirklich reformiert wurde da nur in wenigen Fällen. Warum ist das wohl so? Die Antwort liegt auf der Hand: Die Diplomstudiengänge sind ja nicht grundsätzlich reformbedürftig oder gar falsch. Und an den FHs wurde der erste berufsqualifizierende Abschluss ja ohnehin im Schnitt schon nach gut vier Jahren erworben, von denen ein Jahr Berufspraxis war. Damit liegen BA und FH-Diplom nicht eben weit auseinander."

4.3 Universitätsstudium: Inhalt, Aufbau, Abschluss

Unter den wissenschaftlichen Hochschulen sind es gerade mal acht, die derzeit eine internationale oder zumindest europäisch ausgerichtete BWL anbieten. Internationale VWL gibt es sogar nur an zwei Unis.

Tabelle 7: Internationale und europäische Wirtschaftsstudiengänge an Universitäten und wissenschaftlichen Hochschulen

Universität / wissenschaftliche Hochschule	Internationale / Europäische Betriebswirtschaftslehre / International Business
Augsburg U	B / M
Bamberg U	B / M
Berlin ESCP-EAP	M
Berlin SHB	B / M
Bochum U	M
Bruchsal IU	B
Eichstätt-Ingolstadt U	B
Erlangen-Nürnberg U	B / M
Flensburg U	B
Frankfurt/Main FSFM	B / M
Frankfurt/Oder U	B / M
Freiberg TU	M
Hamburg U	M
Hohenheim U	M
Jena U	B
Kassel U	M
Magdeburg U	B
Marburg U	M
Paderborn U	B
Passau U	M
Regensburg U	BA
Siegen U	B
Tübingen U	B
Zittau IHI	M

Abkürzungen / Anmerkungen

In der Tabelle werden die offiziellen Kurzbezeichnungen der Universitäten nach HRK benutzt.
Die genaue Bezeichnung der Hochschulen entnehmen Sie bitte dem Adressenteil im Anhang.
B = Bachelorabschluss
M = Masterabschluss

Das Studium soll unter Berücksichtigung der Anforderungen und Veränderungen in der Berufswelt die erforderlichen fachlichen Kenntnisse, Fähigkeiten und Methoden zu selbstständiger wissenschaftlicher Arbeit, zur kritischen Einordnung der wissenschaftlichen Erkenntnisse und zu verantwortlichem Handeln vermitteln. Die Diplomprüfung stellt dabei den berufsqualifizierenden Abschluss des Studiums in den Studiengängen Betriebswirtschaftslehre/Internationales Management und Volkswirtschaftslehre/Internationale Wirtschaft und soll feststellen, ob die Kandidaten die für den Übergang in einen Beruf in der internationalen Wirtschaft notwendigen gründlichen Sprach- und Fachkenntnisse erworben haben, die Zusammenhänge des Fachs überblicken und die Fähigkeit besitzen, wissenschaftliche Methoden und Erkenntnisse anzuwenden.

Aufbau des iBWL-Grundstudiums an Universitäten

Dieser Teil des iBWL-Studiums entspricht eigentlich immer dem Grundstudium, wie es in den beiden vorangegangenen Kapiteln für BWL und VWL dargestellt worden ist. Wie in diesen Studiengängen auch, umfasst die Diplomvorprüfung iBWL folgende Fächer:

- Betriebswirtschaftslehre
- Volkswirtschaftslehre
- Statistik
- Rechtswissenschaft
- Mathematik

Hinzu kommen dann eben noch die internationalen Weihen, die sich jedoch häufig auf den Erwerb und die Prüfung von wirtschaftlicher Sprach- und Landeskunde beziehen. Je nach lokaler Prüfungsordnung werden diese Fächer in zwei oder drei Blöcken oder als Teilprüfung nach jedem Semester abgelegt. Auch im Bereich iBWL gibt es neuerdings Bonus-Punkt-Regelungen, bei denen man Semester für Semester „Credits" einsammelt, und nach Erreichen einer vorher festgelegten Punktezahl kann man dann bei der Fakultätsverwaltung sein Zeugnis abholen.

Aufbau des iBWL-Hauptstudiums an Universitäten

Das Hauptstudium sieht einen verpflichtenden einjährigen Auslandsaufenthalt an einer Universität vor, in aller Regel an einer Partneruniversität. In dieser Zeit muss wenigstens eine Prüfung in einem einschlägigen Fach abgelegt werden. Man kann aber auch ganze Teile der Diplomprüfung im Ausland ablegen, die dann an der Heimatuniversität angerechnet werden. Voraussetzung dafür sind meist vertragliche Absprachen zwischen den Partnerunis, die einen gleichwertigen Standard festschreiben.

Diplomprüfung

Die Diplomprüfung gliedert sich in folgende Teile:

a) eine Diplomarbeit mit sechsmonatiger Bearbeitungsdauer
b) Klausurarbeiten und mündliche Prüfungen in
   - Allgemeine Betriebswirtschaftslehre mit Produktion, Absatz, Personalwirtschaft, Führungslehre, Operations Research, Finanzwirtschaft, Rechnungswesen, Informationswirtschaft sowie Unternehmensanalyse und -steuerung

- Internationale spezielle Betriebswirtschaftslehre (Internationales Management, Internationale Finanzwirtschaft, Internationales Marketing oder Internationale Steuerlehre)
- Volkswirtschaftslehre einschließlich Wirtschaftspolitik und Finanzwissenschaft
- Europarecht und Internationales Recht, Internationales und Supranationales Steuerrecht oder Europäisches Privat- und Wirtschaftsrecht
- Auslandswissenschaften (z. B. USA, Kanada, Großbritannien, Irland, Frankreich, Italien, Portugal und Brasilien, Spanien oder Lateinamerika usw.)

Ein paar der Themen des Hauptstudiums sollten wir uns vielleicht näher anschauen: Die „Einführung ins Internationale Management" will vor allem deutlich machen, wie sich die Veränderungen durch den Internationalisierungsprozess auf die Managementformen auswirken. Beispielhaft werden dabei Unternehmen in verschiedenen Erdteilen und Märkten unter Vergleichsaspekten betrachtet.

Einführung in das Internationale Management
- Internationalisierungsprozess von Unternehmen
- Internationale Kooperationen
- Deutsche Unternehmen in Asien
- Theorie der Interaktion als Bezugsrahmen für die Gestaltung der Tätigkeit multinationaler Unternehmen
- Multinationale Unternehmen in Entwicklungsländern
- Ethik in multinationalen Unternehmen
- Globalisierung und Sustainable Development

Die Globalisierung wirkt sich auch im Bereich der Unternehmensstrategie und der Unternehmensziele aus. Ein weltumspannender Wettbewerb verlangt andere Reaktionen als lokale Marktkonstellationen. Gleichzeitig ist zu beobachten, dass sich viele Unternehmen regional neu formieren.

Globales strategisches Management
- Konzept des globalen strategischen Managements
- Internationaler Wettbewerb
- Regionalisierung der Wirtschaft
- Dimensionen der Globalisierungsstrategie: Formulierung und Implementation
- Elemente des globalen strategischen Produktionsmanagements
- Elemente des globalen Human Resource Managements
- Elemente des globalen Steuerungssystems: Organisation und Planung

Hier handelt es sich um ein Teilgebiet der Internationalen Wirtschaftswissenschaften, das aus der Beschreibung und Analyse von Erscheinungsformen multinationaler Unternehmen verschiedene Theorien über das Funktionieren dieser Gruppe von Betrieben ableitet.

Theorie und Erscheinungsformen multinationaler Unternehmen
- Einführung in die Außenhandelstheorie
- Theorien der internationalen Unternehmenskooperation
- Theorien der Direktinvestition und multinationalen Unternehmen
- Multinationale Unternehmen im Dienstleistungssektor
- Multinationale Unternehmen im produzierenden Gewerbe

Praktikum

Auch an den Universitäten ist ein Praktikum vorgeschrieben. Das dauert im Regelfall drei Monate, wobei auch hier gilt: vorzugsweise im Ausland! Empfohlen wird allseits eine darüber hinausgehende freiwillige berufspraktische Tätigkeit, die nach der Uni den Übergang ins Berufsleben ungemein erleichtert.

Brock meint dazu: „Auch im Bereich der Universitäten unterscheiden sich die neuen BA-Studien in International Business nicht so grundlegend von den bisherigen Diplomstudiengängen. Lediglich die Studiendauer wurde um ein Jahr reduziert, was aus meiner Sicht zu einer Komprimierung der Inhalte geführt hat. Eine echte „Entrümpelung“ von überflüssigen Inhalten kann ich jedoch nicht erkennen. Warum ist das wohl so? Die Antwort liegt auf der Hand: Die Unis tun sich schwer mit der inhaltlichen Kürzung ihrer bisherigen Diplomstudiengänge und packen dann in den Bachelor einfach rein, was geht. Wie sich das auf deren Studierbarkeit auswirken wird, muss man sehen. Ich denke, die Spielräume schrumpfen und die Verschulung wächst. Letzeres wird aus Sicht der Studienanfänger eher positiv sein. Denn nun erhält man zum Studienbeginn einfach einen Stundenplan und braucht sich keine eigenen Gedanken mehr über die Organisation des Studiums zu machen. Damit endet aber auch ein Stück Hochschulsozialisation, durch das frühere Studentenjahrgänge lernten, sich in einer unbekannten Umgebung selbst zu organisieren und zurechtzufinden.“

4.4 Arbeitsmarkt und Perspektiven

Die Absolventen der Internationalen BWL und VWL finden nach Auskunft der ausbildenden Fachhochschulen und Universitäten im Anschluss an ihr Examen häufig eine gut dotierte Stelle, die vom Zuschnitt und der Kompetenz her ihrer Studienausrichtung entspricht. Als Tätigkeitsfelder werden dabei folgende Wirtschaftsbereiche genannt:

- Industrieunternehmen (Investitions- und Konsumgüterindustrie)
- Export- und Importunternehmen
- Banken
- Versicherungen
- Transportunternehmen (Speditionen, Reedereien, Fluggesellschaften)
- Verbände (mit grenzüberschreitenden Tätigkeitsbereichen)
- Beratungsunternehmen (mit internationalen Tätigkeitsbereichen) und ähnlich ausgerichtete Organisationen
- Organisationen und Consultinggesellschaften auf dem Gebiet der technischen und finanziellen Zusammenarbeit mit Entwicklungsländern
- Kammern (z. B. internationale Handelskammern) und internationale Organisationen (z. B. UNO, EU usw.).

Brock meint dazu: „Diese Einsatzgebiete unterscheiden sich, wie man sieht, überhaupt nicht von denen der anderen wirtschaftswissenschaftlichen Absolventen."

Und wenn man genau hinschaut, hat er recht. Nichtsdestotrotz wollen wir uns nun die beispielhaften Stellenanzeigen zum Arbeitsmarkt der iBWL/iVWL-Absolventen anschauen. Grundsätzliche Überlegungen zur Lektüre von Stellenanzeigen im Zusammenhang mit der Frage nach der Berufsfindung sind in Kapitel 2.5 ja schon abgehandelt worden.

(Anzeigenbeispiel 1)

Unser Werk in ... ist Zentrale für drei inländische und zwei ausländische Produktionsstätten. Dank einer breiten Palette innovativer Produkte konnten wir in den letzten Jahren unseren Export kräftig steigern. Damit wir die ehrgeizigen Ziele weiterhin erreichen, suchen wir eine/n

Exportleiter/in

Betriebswirt (Universität/FH)

Der Bewerber sollte auf der Basis guter theoretischer Ergebnisse über mehrere Jahre praktische Erfahrung im Bereich des Vertriebs-/Marketings-/Produktmanagements gesammelt und nachweisbare Erfolge errungen haben. Wir geben auch einem Mitarbeiter aus der zweiten Reihe eine Chance, wenn er auf dem internationalen Parkett bereits erfolgreich war. Branchenkenntnisse im Zulieferbereich bringen weitere Pluspunkte. Er sollte nach kurzer Produkt- und Systemschulung in der Lage sein, ein kleines Team zu führen und dem Auslandsvertrieb starke Impulse zu geben.

Sein Arbeitsfeld wird das Ausland, kundenbedingt unter Umständen auch das Inland sein. Verhandlungssicheres **Französisch** ist Voraussetzung, gute Englischkenntnisse sind selbstverständlich unabdingbar. Auftreten und Kommunikationsfähigkeit müssen den internationalen Verbindungen gerecht werden. Bei erfolgreicher Arbeit stehen weitere Aufstiegsmöglichkeiten offen.

Das Gehalt entspricht der anspruchsvollen Aufgabe und ist ausbaufähig. Ferner bieten wir konzernübliche zusätzliche soziale Leistungen.

Wenn Sie sich dieser anspruchsvollen Aufgabe gewachsen fühlen, erwarten wir Ihre vollständigen Bewerbungsunterlagen an unser Personalbüro. ...

Zu (1): Fangen wir an mit einem deutlich auslandsorientierten Job: Exportleiter. Wie bekannt, werden hierzulande sehr viele Produkte einzig für den Zweck hergestellt, in fremden Ländern verkauft zu werden. Ganz klar, dass man da eine Menge Leute braucht, um den Absatz im Ausland einerseits anzukurbeln, andererseits muss die Ausfuhr der Produkte in geregelten Bahnen verlaufen. Exportleiter ist dabei sicher kein Einsteigerjob, sondern eher eine spätere Karrierestation.

Hier soll der Mann oder die Frau aus der zweiten Reihe, das sind im Allgemeinen die, bei denen der Hunger nach Erfolg noch nicht gestillt ist, eine Chance erhalten. Und wo die Plätze frei werden, rücken ehemalige Einsteiger auf und machen so Plätze frei für Neuanfänger.

Was die Sprachkenntnisse angeht, endlich mal ein Job, wo nicht Englisch, sondern Französisch die erste Geige spielt.

(Anzeigenbeispiel 2)

Als Hersteller von Gabelstaplern und Lagertechnik sind wir erfolgreich im Weltmarkt tätig. Mit Tochtergesellschaften in 13 Ländern, 20 Niederlassungen in Deutschland und über 5.000 Mitarbeitern zählen wir zu den bedeutenden Anbietern in der Branche.

Für unser internationales Geschäft und zur Verstärkung unseres Exportteams suchen wir eine engagierte Persönlichkeit aus dem Investitionsgütervertrieb als

Area Sales Manager

mit Schwerpunkt Mittlerer Osten/Afrika.

Zu Ihren Hauptaufgaben gehören u.a. die technische Beratung und Betreuung unserer internationalen Kunden, die konsequente Erschließung neuer Märkte sowie die sichere und erfolgreiche Anleitung und Motivation unserer Händler vor Ort. Für die Bearbeitung Ihrer Ländergruppen sind sehr gute Sprachkenntnisse in Englisch und möglichst auch in Französisch sowie eine hohe Reisebereitschaft erforderlich. Zudem erwarten wir, dass Sie später eine längerfristige Aufgabe im Ausland übernehmen wollen.

Sie sollten nach einer kaufmännischen oder technischen Ausbildung und/oder einem entsprechenden Studiengang mehrere Jahre im Vertrieb von Investitionsgütern erfolgreich tätig gewesen sein. Organisatorische Fähigkeiten, konzeptionelles Denken, Belastbarkeit und Eigeninitiative runden Ihr Profil ab.

Wenn Sie daran interessiert sind, sich in dieser anspruchsvollen, interessanten und vielseitigen Aufgabe weiterzuentwickeln, dann senden Sie bitte Ihre vollständigen Bewerbungsunterlagen an ...

Zu (2): Gabelstapler stapeln keine Gabeln und Area Sales Manager verkaufen nicht etwa Areas, sondern Produkte. Hier wieder ein Job aus dem Exportbereich; diesmal werden die segensreichen Produkte, die dem Menschen die Arbeit erleichtern, in den Mittleren Osten und nach Afrika verscherbelt. Und das erfordert neben Englisch und Französisch natürlich auch eine hohe Reisebereitschaft. Nun würde aber wahrscheinlich niemand Internationale BWL studieren, wenn er auf dem Standpunkt stünde, die Globalisierung müsse vor seiner Haustür in Oberbayern oder an der Unterweser stattfinden. Man muss bei diesem Studiengang schon ernsthaft damit rechnen, dass Internationalisierung nicht nur für den Markt, sondern auch für die Arbeitsplätze gilt: Kuala Lumpur, anybody? Und noch eines: Globalisierung buchstabiert sich keineswegs U, S und A. Geschäfte werden in aufstrebenden Regionen gemacht, da wo die Märkte zweistellig wachsen, wird das Geld verdient. Kramen Sie doch schon mal Ihren alten Schulatlas raus.

(Anzeigenbeispiel 3)

Die Zentralabteilung Finanzen der ... AG sucht an ihrem Standort in München zum baldmöglichsten Eintritt eine/n

Referent/in Steuern Ausland

Ihre Aufgabe:
Sie sind für die gesamten Steuerfragen einzelner Regionen auf Konzernebene zuständig. In diesem Rahmen sind Projektgeschäfte auf ihre steuerlichen Auswirkungen hin zu beurteilen, die Fachabteilungen zu allen steuerlich relevanten Themen zu beraten und die konzerneinheitlichen Regelungen gegenüber den Beteiligungsgesellschaften, Beratern und ausländischen Finanzverwaltungen in der Region zu vertreten. Die Tätigkeit im Rahmen der Projekte erfordert eine umfangreiche Koordination des Konzerns. Das Referat ist darüber hinaus für das Steuercontrolling in der betreffenden Region verantwortlich. Schließlich rundet die aktive Mitwirkung an internationalen Sonderprojekten die Aufgabenstellung ab.

Ihre Ausbildung/Berufserfahrung:
Wir erwarten neben einer qualifizierten juristischen oder wirtschaftswissenschaftlichen Ausbildung fachliche Kompetenz im internationalen Steuerrecht, die vorzugsweise durch praktische Erfahrungen in der Industrie, der Finanzverwaltung oder der Beratung erworben wurde. Sehr gute, praxisbezogene Englischkenntnisse sind unerlässlich; weitere Sprachkenntnisse sind von Vorteil. Von großer Bedeutung ist die Fähigkeit, sich auf fremde Kulturen einstellen zu können. Sie sollten flexibel und belastbar sein, Freude an kreativen Lösungen komplexer Aufgaben haben und gerne im Team arbeiten.

Unser Angebot:
Wir bieten Ihnen ein den anspruchsvollen Aufgaben angemessenes leistungsorientiertes Einkommen und die vielseitigen Entwicklungs- und Weiterbildungsmöglichkeiten eines internationalen Konzerns.

Interessierte Damen und Herren richten ihre Bewerbung bitte an ...

Zu (3): All denen zum Trost, die erst einmal geschockt waren: Natürlich gibt es auch in Deutschland Jobs, die sich auf's Ausland beziehen. Denn wenn bei multinationalen Unternehmen die Zentrale in Deutschland sitzt, wird die Geschäftspolitik auch von hier aus gemacht. Die Besteuerung der in der Fremde erwirtschafteten Einnahmen ist dabei sicher ein zentrales Thema, das auch großformatige Personalsuchanzeigen rechtfertigt. Hier sind neben den obligaten Sprachkenntnissen vor allem Kenntnisse im internationalen Recht, vornehmlich der Kapitel gefragt, die anderenorts die Unternehmensbesteuerung regeln. Und die Fähigkeit, sich auf fremde Kulturen einzustellen, sollte sowieso jeder internationale BWLer beim Auslandsstudium oder -praktikum erworben haben.

(Anzeigenbeispiel 4)

Wir sind die deutsche Vertriebsgesellschaft eines führenden amerikanischen Unternehmens in der Kälte- und Klimatechnik. Unseren Erfolg verdanken wir vor allem der hohen Motivation unserer Mitarbeiter sowie der erstklassigen Qualität unserer Produkte.

Wir suchen eine/-n

Assistent/-in Finance

Zu Ihrem selbstständigen Aufgabengebiet gehören Bonitätsprüfungen, Kundenklassifizierungen sowie das Erstellen von Gutschriften. Zusätzlich sind Sie für die eigenständige Sekretariatsführung unseres Financedirectors zuständig.

Wir erwarten von unserem/-er neuen Mitarbeiter/-in eine kaufmännische Ausbildung und mehrjährige Berufserfahrung in den genannten Bereichen. Darüber hinaus verfügen Sie über Organisationstalent, praxiserprobte EDV- und PC-Kenntnisse (MS-Office) sowie sicheres Englisch in Wort und Schrift.

Im Umgang mit unseren Kunden und unserer europäischen Konzernzentrale in Paris überzeugen Sie durch ein hohes Maß an Zuverlässigkeit und einen freundlichen, verbindlichen Ton.

Ihre Bewerbung richten Sie bitte unter Angabe Ihrer Gehaltsvorstellungen sowie Ihres frühestmöglichen Eintrittstermins an ...

Zu (4): Wie immer, wenn es ums Geld geht, brauchen Unternehmen Finanzabteilungen, die Kunden beispielsweise bonitätsmäßig auf den Zahn fühlen. Man kann ja schließlich die teure Kälte- und Klimatechnik nicht an irgendwen ausliefern, dem dann nachher das nötige Kleingeld zum Bezahlen fehlt. Und da in diesen Finanzabteilungen nicht nur Häuptlinge, sondern auch arbeitendes Fußvolk gefragt ist, sucht man hier eben einen Assistenten, der dem Chef zur Hand geht. Ein typischer Job für Einsteiger, die gewillt sind, sich ordentlich ins Zeug zu legen.

Was Ihnen jetzt erspart bleibt

Im Bereich der Internationalen BWL/VWL bleibt Ihnen am Ende dieses Abschnitts einiges erspart, denn es gibt noch keine statistischen Angaben zur Berufstätigkeit dieser neuen Gruppe von Absolventen. Grundsätzlich aber ist die berufliche Verwertbarkeit eines Abschlusses in internationaler Wirtschaft, egal ob FH oder Uni, sicher mindestens ebenso gut wie bei den anderen Wirtschaftsdiplomen.

5 Das Studium der Wirtschaftswissenschaften/Ökonomie an Universitäten und Fachhochschulen

Brock stürzt. Unablässig fällt er tiefer und tiefer. Wie in einem Strudel dreht er sich um die eigene Achse und stürzt kopfüber ins dunkle Nichts. Er spürt, dass er seinen Körper längst verlassen hat, und eigentlich wartet er nun noch auf den Aufprall. Aber nichts dergleichen geschieht. Plötzlich sieht er in der Ferne ein Licht und hört ganz weit weg ein seltsames Klopfen.
Brock zuckt heftig zusammen und kann gerade noch rechtzeitig die Augen öffnen, bevor seine Bürotür mit Schwung auffliegt und Andi und Alex hereinschneien. „Verdammt!“, denkt Brock, „ich muss unbedingt abends früher ins Bett gehen!“
Sekunden später sitzen die beiden Schüler an Brocks Besprechungstisch: „Hallo Herr Brock, da sind wir wieder. Wir waren doch verabredet. Sie wollten uns erklären, was es mit dem Studiengang Ökonomie auf sich hat.“
Brock hat Mühe, sich zu fangen: „Okay, ihr habt die Zettel anständig durchgearbeitet, die ich euch letztens gegeben habe? Dann wollen wir mal.“

5.1 Was ist eigentlich Wiwi?

Auf einem der Brock'schen Zettel war eine Zeichnung, die deutlich machte, wie der Studiengang Wirtschaftswissenschaften/Ökonomie im Zusammenhang der Wirtschaftsfächer zu sehen ist. Wirtschaftswissenschaften/Ökonomie versucht nämlich, die Inhalte von VWL und BWL irgendwie zu kombinieren, damit man sich nicht zu früh auf etwas zu Bestimmtes spezialisieren muss. Wenn man die Sache genau nimmt, ist Wirtschaftswissenschaften/Ökonomie eigentlich ein Oberbegriff und kein Studiengang: Unter dem Dach dieses Begriffs werden alle Fächer subsumiert, die in der Hauptsache mit Wirtschaft zu tun haben.

Wenn wir mal der Einfachheit halber die Kategorie aller wissenschaftlichen Disziplinen, die menschliches Handeln und Erleben untersuchen, mit dem Begriff Humanwissenschaften bezeichnen, enthält diese „Oberwissenschaft“ natürlich auch den Bereich der Wirtschaftswissenschaften, der seinerseits eine größere Gruppe von Fächern beherbergt:

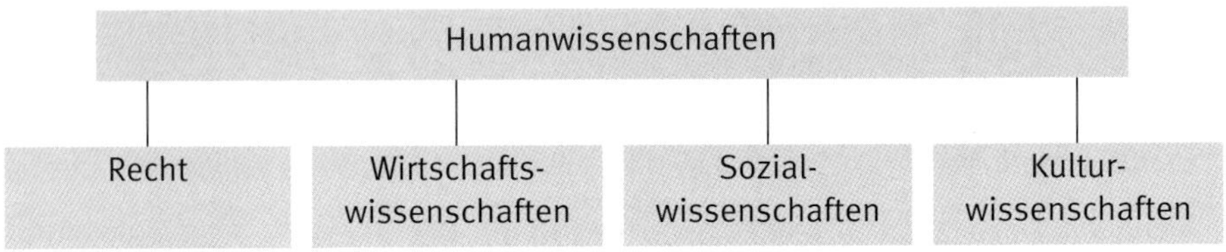

Abb. 5: Einteilung der Humanwissenschaften

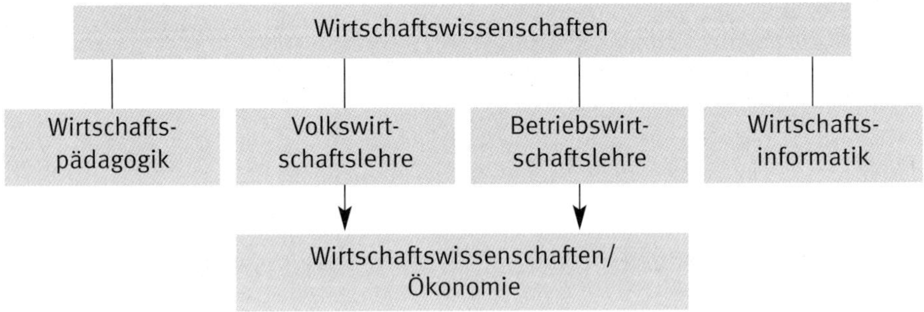

Abb. 6 : Einteilung der Wirtschaftswissenschaften

Jede dieser Wissenschaften wie VWL oder BWL hat nun ihrerseits wiederum ein weit verzweigtes System von Teildisziplinen, das allerdings hier nicht dargestellt ist (zu dessen Inhalten siehe S. 58 ff.). Und noch eines zeigt diese schematische Darstellung bewusst nicht: die Querverbindungen und Überschneidungen der Wissenschaften untereinander.

Wie man aber erkennt, ist Wirtschaftswissenschaften/Ökonomie eigentlich keine eigene Wissenschaft, sondern ein Studiengang, der sich aus verschiedenen Quellen speist, hauptsächlich aus VWL und BWL. Damit ist auch klar, womit man sich im Studium befassen muss.

„Und wo ist dann jetzt der Unterschied zu einem BWL- oder VWL-Studium?“, fragt Alex.
„Mensch, merkst du denn nicht, was er uns die ganze Zeit erklärt?“, seufzt Andi und deutet verstohlen mit dem Finger auf Brock, „es gibt keinen Unterschied!“
„Stimmt genau“, sagt Brock, „denn wenn man BWL oder VWL studiert, befasst man sich mit den gleichen Inhalten wie in einem Studium der Wirtschaftswissenschaften/Ökonomie. Im Hauptstudium ist das genauso, nur umgekehrt. Die wählbaren Fächer kommen da nämlich aus allen Teilbereichen der Wirtschaftswissenschaften.“
Alex schaut Brock belämmert an und runzelt die Stirn.

5.2 Universitätsstudium: Inhalt, Aufbau, Abschluss

Im Grundsatz handelt es sich bei einem Studium der Wirtschaftswissenschaften/Ökonomie nur um ein BWL-/VWL-Studium mit einer anderen Bezeichnung. Oder ist es umgekehrt? Wie auch immer, wer den Universitätsabschluss Bachelor in Wirtschaftswissenschaften oder Ökonomie erwerben will, muss an einer der folgenden Unis studieren. Das Fach Wirtschaft wird unter der Bezeichnung zwar auch an einigen wenigen Fachhochschulen angeboten, hier handelt es sich allerdings um einen betriebswirtschaftlich orientierten Studiengang, der ungefähr dem Dipl.-Betriebswirt (FH) bzw. FH-Bachelor entspricht (siehe Kapitel 2.3) und auch mit genau diesem Grad abgeschlossen wird.

Tabelle 8: Wirtschaftswissenschaften/Ökonomie an Universitäten und wissenschaftlichen Hochschulen

Universität / Wissenschaftliche Hochschule	Ökonomie / Wirtschaftswissenschaften
Aachen TH	L
Bayreuth U	B / L
Bielefeld U	B
Bochum U	B
Chemnitz TU	B
Darmstadt TU	L
Dortmund TU	B
Duisburg-Essen U	L
Eichstätt-Ingolstadt U	L
Erlangen-Nürnberg U	B / L
Flensburg U	B
Gießen U	D
Greifswald U	B
Hagen FernU	B

Universität / Wissenschaftliche Hochschule	Ökonomie / Wirtschaftswissenschaften
Halle-Wittenberg U	B
Hamburg U	L
Hannover U	BA
Hohenheim U	B
Jena U	M
Kassel U	B
Kiel U	L
Köln U	L
Leipzig U	B
Magdeburg U	B
München U	L
Münster U	B
Oldenburg U	B
Paderborn U	B / L
Passau U	L
Rostock U	B
Siegen U	L
Ulm U	B
Witten-Herdecke U	M
Wuppertal U	B
Würzburg U	B

Abkürzungen / Anmerkungen
In der Tabelle werden die offiziellen Kurzbezeichnungen der Universitäten nach HRK benutzt. Die genaue Bezeichnung der Hochschulen entnehmen Sie bitte dem Adressenteil im Anhang.
B = Bachelorabschluss
M = Masterabschluss
L = Lehramtsabschluss

Warum sollte man nun überhaupt Wirtschaftswissenschaften/Ökonomie studieren? Zum Beispiel, wenn man sich am Anfang noch nicht auf BWL oder VWL festlegen will, dann kann man das mit einem Studium an einer der oben genannten Unis sicher erreichen. Mit dem BA in Wirtschaftswissenschaften/Ökonomie könnte man später im Masterstudium BWL oder VWL, Wirtschaftspädagogik und Internationale BWL o. ä. weiterstudieren.

Ein anderer Grund könnte sein, dass man sich im späteren Verlauf des Bachelorstudium mit einer gleichwertigen Mischung aus verschiedenen wirtschaftlichen Teildisziplinen befassen will. Das wäre bei Wirtschaftswissenschaften/Ökonomie eher möglich als bei BWL oder VWL, weil man da ja doch stärker auf einen der beiden Bereiche fixiert ist.

Und schließlich wäre es ja auch denkbar, dass man die Trennung in betriebswirtschaftliche und volkswirtschaftliche Fragestellungen für verfehlt hält, weil jede betriebliche Entscheidung auch eine volkswirtschaftliche und jede volkswirtschaftliche eine betriebliche Komponente enthält. Wenn man also einen ganzheitlichen Erklärungsansatz verfolgt und sozusagen in Personalunion beide Seiten von wirtschaftlichen Fragestellungen repräsentieren will, würde sich Wirtschaftswissenschaften/Ökonomie sicher auch anbieten als Inkarnation des erhobenen Zeigefingers gegen ein zu stark spezialisiertes Fachidiotentum.

Das Studium der Wirtschaftswissenschaften vermittelt Kenntnisse über einzelwirtschaftliche, gesamtwirtschaftliche und gesellschaftliche Zusammenhänge. Wenngleich die Teilbereiche Betriebswirtschaftslehre und Volkswirtschaftslehre eigenständige Disziplinstrukturen entwickelt haben, werden – soweit möglich – problembezogene integrative Ansätze realisiert.

Der wirtschaftswissenschaftliche Studiengang hat grundsätzlich zum Ziel, die Absolventen für die berufliche Praxis akademisch ausgebildeter Wirtschaftswissenschaftler „fit“ zu machen. Angesichts flexibler Tätigkeitsfelder kann das Ziel dieses Praxisbezugs als Berufsfertigkeit, aber nicht durch Überfütterung mit Spezialwissen erreicht werden. Vielmehr setzt eine Berufsfähigkeit mit Blick auf die Bewältigung der sich permanent ändernden praktischen Anforderungen dezidierte Methodenkenntnisse und Schlüsselqualifikationen voraus, die jenseits aller kurzlebigen Fachkenntnisse ausschließlich ein wissenschaftliches Hochschulstudium vermitteln kann.

Aufbau des Wiwi-Grundstudiums an Universitäten

Bachelor-Studium in Wirtschaftswissenschaften

1. bis 3. Semester	Unternehmer und Unternehmen Unternehmen, Märkte, Volkswirtschaften Planspiel Absatz Jahresabschluss/externes Rechnungswesen Produktion, Logistik, Beschaffung Makroökonomie Mikroökonomie Wirtschaft und Staat Privat- und Handelsrecht I + II Buchführung IT und E-Business Mathematik Statistik
3. und 4. Semester	Sprachen Präsentationsfähigkeiten Praxis der empirischen Wirtschaftsforschung (PC-gestützt) Kostenrechnung und Controlling Investition und Finanzierung Internationale Unternehmensführung Business Plan Seminar/Planspiel/Fallstudienseminar
4. bis 6. Semester (= Schwerpunktstudium, hier BWL)	3 Vertiefungsblöcke frei wählbar aus allen BWL-Fächern 1 Vertiefungsblock frei wählbar aus dem Gesamtangebot der Fakultät
im 6. Semester	Bachelorarbeit (9 Wochen)

Die Darstellung zeigt, wie weit sich ein Bachelor-Studium vom bisherigen Diplomstudium entfernen kann. Statt „Einführung in BWL I" heißt die Vorlesung nun „Unternehmen und Unternehmer", und „Volkswirtschaft I" ist zu „Unternehmen, Märkte und Volkswirtschaften" mutiert. Nicht ganz soweit vom alten System entfernt dürften die Inhalte sein, denn an den grundlegenden Wahrheiten von Studienfächern ändert ja die Reform nichts. Neu ist sicher der Zuschnitt der einzelnen Bausteine, die inhaltlich besser aufeinander abgestimmt sein dürften. Das bedeutet auch, dass weniger Zeit mit der Wiederholung von Inhalten in den jeweiligen

Vorlesungen verbracht wird. Im alten System war es durchaus denkbar, dass bestimmte Begriffe in verschiedenen Lehrveranstaltungen mehrfach eingeführt und erklärt wurden, da die Professoren die Inhalte ihrer Vorlesungen untereinander selten abgesprochen hatten. In den reformierten Studiengängen soll das nicht mehr vorkommen.

Neu ist auch die Einführung einer Grundlagen- und Orientierungsprüfung. Diese ist an Universitäten in Süddeutschland bereits am Ende des ersten Studienjahres nachzuweisen und besteht meist aus einer Reihe von Teilprüfungen, die am Ende des ersten und des zweiten Semesters abgelegt werden müssen. Diese Prüfung dient der frühezeitigen Erkenntnis auf beiden Seiten: Die Studierenden sollen nicht erst nach Jahren feststellen, ob und wie sie mit dem Fach zurechtkommen. Und die Universitäten wollen eben heute auch zeitig wissen, ob ihre Eleven den weiteren Anforderungen des Studiums im zweiten und dritten Jahr wohl gerecht werden können.

In den höheren Semestern, an manchen Unis schon ab dem dritten, in dem hier gezeigten Plan ab dem vierten Fachsemester, beginnt die Spezialisierung auf ein Teilgebiet. Im konkreten Fall handelt es sich um BWL, wobei natürlich auch innerhalb der Spezialgebiete Themen aus dem vorgegebenen Spektrum der jeweiligen Hochschule ausgesucht werden können.

Es ist sehr wichtig, bei der ZSB vor Ort Detailinformationen einzuholen, denn die Regeln für die Kombination von Fächern und die genauen Bezeichnungen sind von Uni zu Uni verschieden.

Auch bei Wirtschaftswissenschaften/Ökonomie wählt jeder Student aus den angebotenen Fächern an der jeweiligen Universität aus. Das Spektrum ist dabei von Uni zu Uni fast so unterschiedlich und vielfältig wie die Wirtschaft selbst. In jedem Fall aber ist es entscheidend, sich eine individuelle Kombination von Inhalten zusammenzustellen und dem Studium damit ein spezifisches Profil zu geben. Die folgende Auflistung ist dabei nicht als abgeschlossene Aufzählung aller existierenden Möglichkeiten zu sehen, sondern stellt die üblichen Fächer vor.

Spezialisierungsmöglichkeiten:
- Agrarökonomie
- Arbeitsrecht
- Auslandswissenschaft: z. B. englischsprachige Kulturen (USA, Kanada, Großbritannien, Irland), romanischsprachige Kulturen (Portugal/Brasilien), Japan und Ostasienkunde usw.

- Bank- und Börsenwesen
- Betriebswirtschaftliche Steuerlehre
- Betriebswirtschaftslehre der Banken
- Betriebswirtschaftslehre der Industrie
- Betriebswirtschaftslehre des Prüfungswesens
- Bildungs- und Wissenssoziologie
- Entwicklungspolitik
- Entwicklungssoziologie
- Europäische Union, Finanzwissenschaft und Eurowährung
- Europäischer Binnenmarkt
- Familien- und Jugendsoziologie
- Finanzwissenschaft
- Genossenschaftswesen
- Internationale Wirtschaft/Wirtschaftsbeziehungen
- Internationales Management
- Kommunikationswissenschaft
- Logistik
- Marketing
- Medizinsoziologie
- Öffentliches Recht
- Operations Research
- Politikwissenschaft
- Psychologie
- Quantitative Wirtschaftsforschung
- Rechnungswesen
- Sozialpolitik
- Sozialwissenschaftliche Grundlagen des Personalwesens
- Soziologie
- Statistik
- Steuerrecht
- Unternehmens- und Gesellschaftsrecht
- Unternehmensführung
- Wirtschafts- und Betriebspsychologie
- Wirtschafts- und Organisationssoziologie/Betriebssoziologie
- Wirtschaftsgeographie
- Wirtschaftsgeschichte
- Wirtschaftsinformatik (Industrie- und Logistikbetriebe oder Büro- und Dienstleistungsbereich)

Bachelorarbeit

Als Bestandteil der Abschlussprüfung soll die Bachelorarbeit zeigen, dass ein Kandidat in der Lage ist, eine Problemstellung aus Wirtschaftswissenschaften/Ökonomie selbstständig nach wissenschaftlichen Methoden zu bearbeiten. Dabei muss das Thema so beschaffen sein, dass man es in zweimonatiger Bearbeitungsdauer auch über die Bühne bringt. Wie bei allen wissenschaftlichen Werken, die für Prüfungen vorgelegt werden, muss auch die Bachelorarbeit ein Verzeichnis der benutzten Quellen und die schriftliche Versicherung enthalten, dass die Arbeit ohne fremde Hilfe und ohne Benutzung anderer als der angegebenen Quellen angefertigt wurde.

Praktika

Auch bei Wirtschaftswissenschaften/Ökonomie sind Praktika erforderlich, die man entweder vor dem Studium oder in den Semesterferien ableistet. Die Prüfungsordnungen der Unis schreiben unterschiedliche Längen der Praktika als Studienmodul vor: Zwischen acht und zwölf Wochen liegen hier die zeitlichen Anforderungen.

5.3 Arbeitsmarkt und Perspektiven

Wenn das Studium vorbei ist, muss man sich unweigerlich mit dem Gedanken auseinandersetzen, nun ernsthaft etwas arbeiten zu müssen. Aber eigentlich ist es dann bereits zu spät, denn wichtige Vorentscheidungen über die berufliche Zukunft, zumindest über bestimmte Berufsfelder trifft man ja schon mit der Studienfachwahl sowie mit der Auswahl von Schwerpunkten im Hauptstudium.

Unter einem Ökonomen versteht man nach Meinung von Fachleuten einen Wirtschaftswissenschaftler, der gesamt- und einzelwirtschaftliche Qualifikationen zur Bewältigung komplexer ökonomischer Zusammenhänge miteinander verbindet. Aufbauend auf einem breiten wirtschaftswissenschaftlichen Grundlagenwissen erlaubt ein flexibler Studienplan, die oft zu starke Trennung zwischen betriebswirtschaftlicher und volkswirtschaftlicher Ausbildung durch eine entsprechend kombinierte Wahl betriebs- und volkswirtschaftlicher Fächer im Hauptstudium aufzuheben.

Damit Sie vorher wissen, was Sie nachher mit dem Abschluss anfangen können, habe ich auch für die W/Ö-Absolventen ein paar Anzeigen ausgeschnitten, spezifische wie unspezifische. Grundsätzliche Überlegungen zur Lektüre von Stellenanzeigen im Zusammenhang mit der Frage der Berufsfindung sind in Kapitel 2.5 ja schon abgehandelt worden. Also können wir hier gleich zu den Stellenanzeigen übergehen:

(Anzeigenbeispiel 1)

In der Bundesnetzagentur in Bonn

sind für eine befristete Beschäftigung von 18 Monaten ab sofort Stellen des höheren Dienstes (Referentinnen/Referenten, Einstufung nach TVöD Entgeltgruppe E9 bis E12) zu besetzen. Dafür kommen vorzugsweise Bewerberinnen/Bewerber mit folgenden Qualifikationen in Betracht:

Diplomvolkswirtinnen/Diplomvolkswirte
oder
Diplombetriebswirtinnen/Diplombetriebswirte
oder
Diplomökonominnen/Diplomökonomen
(Universitätsabschluss)

Gute Kenntnisse des betrieblichen Rechnungswesens/Kostenrechnung/Controlling werden vorausgesetzt. Ebenso sollten die Bewerberinnen/Bewerber sich mit wettbewerblichen Fragen und Problemen beschäftigt haben.

Die Fähigkeit zu interdisziplinärer Zusammenarbeit mit Juristen sowie Ingenieuren wird erwartet. Einschlägige Berufserfahrungen sind wünschenswert. Die Stellen sind jedoch auch für Berufseinsteigerinnen/Berufseinsteiger geeignet. Gute englische Sprachkenntnisse werden vorausgesetzt; französische Sprachkenntnisse sind von Vorteil.

Bewerbungen von Frauen sind besonders erwünscht.

Schwerbehinderte Bewerberinnen/Bewerber werden bei gleicher Eignung vorrangig berücksichtigt.

Weitere Informationen erteilt ...

Zu (1): Gleich der erste Job zeigt, dass BWLer, VWLer und Ökonomen in der Praxis doch irgendwie das gleiche Berufsfeld beackern. Und so ist es denn auch der Regulierungsbehörde scheinbar ein Anliegen, dies in ihrer Ausschreibung deutlich zu machen. Inhaltlich geht es nämlich um Rechnungswesen, um Controlling und um Wettbewerbsrecht und nicht um BWL, VWL oder ganzheitliche Ansätze in den Wirtschaftswissenschaften. Und gepaart mit der Fachkenntnis werden Sprachkenntnisse verlangt, in Englisch und möglichst auch in Französisch. Hört sich alles gut an, einziger Wermutstropfen: Der Job ist befristet. Allerdings, nach ein oder zwei Jahren Regulierungsbehörde werden Sie die Hälfte aller Telekommunikationsleute persönlich kennen und sicher auch einen neuen Job finden.

(Anzeigenbeispiel 2)

Als unabhängiges Versicherungsunternehmen sind wir mit innovativen Risikoschutzkonzepten für spezielle Kundengruppen im deutschen Versicherungsmarkt eigenständig positioniert. Für die **Abteilung Unternehmensplanung** unserer Mannheimer Holding suchen wir Sie als

Controller/in

zwecks engagierter Unterstützung für vielfältige und herausfordernde Aufgaben. Exemplarisch seien hier genannt:

- Kostenmanagement
- Aufbau eines Führungsinformationssystems
- Weiterentwicklung von Planungsrechnungen für den Konzern
- Durchführung von Controllingmaßnahmen
- Sonstige betriebswirtschaftliche Analysen

Nach einer fundierten und intensiven Einarbeitung werden Sie für ein eigenes Aufgabengebiet verantwortlich zeichnen und dieses eigenständig weiterentwickeln.

Sie haben Ihr Studium der Betriebswirtschaft bzw. der Wirtschaftsinformatik erfolgreich abgeschlossen und idealerweise bereits Berufserfahrung im Controlling/Rechnungswesen erlangt sowie während Ihres Studiums regelmäßig Praktika absolviert.

Überdurchschnittliche Kommunikationsfähigkeit, ein überzeugendes Auftreten sowie ausgeprägter Teamgeist und stringente Zielorientierung zeichnen Sie besonders aus.

Interessiert? Dann senden Sie uns bitte Ihre Bewerbungsunterlagen unter Angabe Ihrer Gehaltsvorstellungen und Ihres frühestmöglichen Eintrittstermins.

Zu (2): Mal wieder der gute alte Controllerjob. Diesmal bei einer Versicherung. Wie eigentlich immer, geht es auch hier darum, die Kosten in den Griff zu bekommen: Kostenmanagement nennt man das wohl. Gleichzeitig soll mit Simulationstechniken versucht werden, alternative Kostenmodelle zu entwerfen. Da ist es gut, wenn man sich in welchem wirtschaftlichen Studiengang auch immer auf Controlling und betriebliche Datenverarbeitung spezialisiert hat oder durch entsprechende praktische Nachweise seine Kompetenz glaubhaft unter Beweis stellen kann.

(Anzeigenbeispiel 3)

Wir sind ein renommiertes Bauträgerunternehmen mit eigenem Vertrieb. Unsere ansprechenden Wohnanlagen und Hausensembles finden Sie an vielen herausragenden Standorten in Mittelfranken.

Zeitgemäße Architektur, hohe Bauqualität und Kundenzufriedenheit sowie aktuelle Spitzengrundstücke sind auch weiterhin die Basis für unseren Erfolg.

Zur Verstärkung unserer Vertriebsmannschaft suchen wir eine(n)

Hochschulabsolventen(in)
als Verkaufspersönlichkeit Immobilien

Wenn Sie Spaß am Verkauf, gute Umgangsformen und rhetorische Fähigkeiten haben sowie erfolgs- und zielorientiert arbeiten können, haben Sie bei uns beste Chancen, erfolgreich zu sein. Unsere Stellenbeschreibung, die gebotenen Aufstiegsmöglichkeiten und unsere sonstigen Leistungen werden Sie überzeugen.

Ihre aussagefähige schriftliche Bewerbung erwarten wir gerne ...

Zu (3): Verkaufen ist immer ein Job, auf den man gefasst sein muss, wenn man Wirtschaftswissenschaften studiert. Ob man dann hernach im großen Stil Hotelbetten an Touristikunternehmen oder Maschinen an Produktionsbetriebe verkauft, ist zunächst zweitrangig.
Hier in diesem Fall handelt es sich um Immobilien, jene Form der Geldanlage, die angeblich so krisensicher ist wie die Bank von England und bei den besser Verdienenden so eine Art „Monopoly“ mit echtem Geld zu sein scheint („Ich kaufe grundsätzlich nur die Schlossallee!“). Da sind natürlich Umgangsformen gefragt, rhetorische Fähigkeiten und der dringende Wunsch, die guten Hausensembles auch in einem überschaubaren Zeitraum Gewinn bringend an den Mann bringen zu wollen bzw. zu können.

Übrigens kann man in diesem Fall scheinbar noch eine ausführliche Stellenbeschreibung anfordern, was man immer tun sollte, denn zusätzliche Insiderinformationen sind nicht nur an der Börse oft der entscheidende Schlüssel zum Erfolg.

(Anzeigenbeispiel 4)

> Wir sind eine mittelgroße Sozietät von Anwälten, Wirtschaftsprüfern und Steuerberatern und suchen für vielseitige Beratungs- und Prüfungsaufgaben in unserem Büro in Leipzig eine/n
>
> **Steuer- und Prüfungsassistenten/in**
>
> **(auch Berufsanfänger)**
>
> Wir erwarten fachliche und persönliche Qualifikation, Einsatzbereitschaft, Teamfähigkeit und Belastbarkeit.
>
> Wir bieten eine zukunftsorientierte Aufgabe, attraktive Entwicklungsmöglichkeiten, Unterstützung bei der beruflichen Weiterbildung und eine leistungsgerechte Vergütung.
>
> Über Ihre schriftliche Bewerbung würden wir uns sehr freuen.

Zu (4): Der nächste Job ist der erste Schritt zu Reichtum und Wohlstand, denn Wirtschaftsprüfer haben es allemal noch zu etwas gebracht. Hier wird ein Berufseinsteiger gesucht, also müssen Sie sich darauf einstellen, nicht gleich von Anfang an der Chef zu sein. Gleichzeitig handelt es sich um eine Tätigkeit, für die man nicht unbedingt studiert haben muss. Andererseits, wenn man mit dem Hochschulstudium auf der Visitenkarte erst einmal in so einer Sozietät drin ist, ergeben sich sicher gute Entwicklungsmöglichkeiten.

(Anzeigenbeispiel 5)

Unser Auftraggeber ist ein großes mittelständisches Unternehmen der Baustoffbranche in NRW. Im Zuge der intensiven Bearbeitung der Märkte durch einen qualifizierten Außendienst suchen wir einen engagierten und motivierenden

Verkaufstrainer (m/w) Baustoffindustrie

im Alter von 30 bis 50 Jahren mit nachstehenden Aufgaben in Festanstellung:

- Schulung der eigenen Vertriebsmannschaft fachlich und verkäuferisch
- Schulung des Innen- und Außendienstes des Fachhandels
- Schulung der Planer wie Architektur- und Ingenieurbüros oder Bauträger
- Organisation und Durchführung von kleineren und größeren Seminaren

Die Position ist unmittelbar der Geschäftsleitung unterstellt und ihrer Bedeutung entsprechend dotiert. Die fachspezifische Ausbildung erfolgt werkseitig.

Ihre Bewerbungsunterlagen schicken Sie bitte unter der Kennziffer ...

Zu (5): Außendienst und Trainer, im Sport eine übliche Kombination. Aber auch im Bereich der Wirtschaft nicht unbedingt selten anzutreffen und daher sicher auch ein Job für Ökonomen. Gefragt wird in der Annonce allerdings weder nach diesen noch nach anderen Hochschulabsolventen. Der Trainer-Job ist offen ausgeschrieben.

Die Aufgabe besteht offensichtlich darin, als verlängerter und motivierter Arm des Vertriebs Multiplikatoren auszubilden, die ihrerseits dann die fraglichen Baustoffe später unters Volk bringen. Der Kreis der Trainees ist groß gezogen, und Sie werden eigenständig für diese Leute kleinere und größere Seminare organisieren und durchführen müssen. Dafür unterstehen Sie dann direkt der Geschäftsleitung, was sicher die Bedeutung dieser Position unterstreicht. Und Englischkenntnisse werden Ihnen erst einmal erlassen.

6 Das Studium der Wirtschaftsinformatik an Fachhochschulen und Universitäten

Das Fach, um das es hier geht, beschäftigt sich mit dem Aufbau, der Arbeitsweise und der Gestaltung von computergestützten betrieblichen Kommunikations- und Informationssystemen. Die Auseinandersetzung mit derlei hübschen Dingen ist natürlich keineswegs Selbstzweck. Ziel der Computeranwendung in Unternehmen ist nämlich in allen Fällen die Verbesserung betrieblicher Abläufe und damit in letzter Konsequenz das, was schon Altvater Marx Profitmaximierung nannte. Wer mit solchen kapitalistischen Zielsetzungen Probleme hat, studiert im Normalfall ohnehin kein wirtschaftswissenschaftliches Fach.

6.1 Was ist eigentlich Wirtschaftsinformatik?

Bevor wir lange überlegen, sollten wir lieber gleich Brock fragen:

„Mal sehen", überlegt Brock ziemlich krampfhaft, „wie soll ich das erklären? Am besten ich erzähle ein Beispiel, um zu zeigen, welche Fragestellungen die Wirtschaftsinformatik so löst: Mal angenommen, ein Mitarbeiter eines Systemberatungshauses erhält von seinem Chef die Aufgabe, ein Konzept für eine mittelgroße CD-Versandhandlung zu entwickeln, die zur Vertriebsunterstützung ihre Onlinepräsenz aufbauen möchte. Der Musikversender will natürlich sein Angebot besser und aktueller darstellen und seinen Kunden gleichzeitig die Möglichkeit bieten, die angebotenen Scheiben online zu bestellen. Ganz klar, da sind eine Menge Fragen zu beantworten:

- Welche Veröffentlichungsplattform wäre für die Onlinepräsenz so eines Unternehmens sinnvoll?
- Welche systemtechnischen Voraussetzungen müssen für eine effiziente Aktualisierung der Produktdaten auf Unternehmensseite geschaffen werden?
- Was hat der Versender an verwertbaren Systemen schon in Betrieb?
- Wie soll die Systemarchitektur mit Blick auf die geforderte Funktionalität aussehen?
- Wie kann das Unternehmen sein Intranet vor unbefugten Zugriffen aus dem Internet schützen?

Das sind nur so die Fragen, die mir als Erstes einfallen. Wirtschaftsinformatik liefert als Wissenschaft über die anwendungsbezogene Forschung hier die nötigen Erklärungszusammenhänge, um anstehende Fragen der Praxis zu beantworten."

Wie man sieht, geht es offenbar um anwendungsbezogene Informationsverarbeitung in wirtschaftlichen Zusammenhängen. Wir haben es also bei Wirtschaftsinformatik nicht nur aus linguistischer Sicht mit einem Kompositum zu tun, denn „Wirtschafts-Informatik“ speist sich aus zwei Quellen:

- Informatik als Teilgebiet der numerischen Mathematik
- Wirtschaftswissenschaften mit den Teilgebieten BWL und VWL

Was Wirtschaftswissenschaften sind, haben wir nun schon hinreichend oft in diesem Buch erörtert. Bleibt noch die Frage: Was ist Informatik?
Es handelt sich um ein Fach, das sich vor fast 50 Jahren aus Teilen der Mathematik, der Elektrotechnik und der Linguistik entwickelt und die automatische Verarbeitung von Informationen mithilfe der Elektronik zum Gegenstand hat. Es geht letztendlich darum, in der Realität vorkommende Ereignisse und Zustände so abzubilden, dass sie mit den Methoden der numerischen Mathematik bearbeitbar sind.

Daher spielen Fragen nach Logik und Berechenbarkeit eine zentrale Rolle in diesem Fach. Entscheidend für die rasante Weiterentwicklung des Fachs waren wesentliche Fortschritte in der Mikroelektronik sowie im Bereich der Programmiersprachen und Betriebssysteme. Die Hauptaufgaben betrieblicher Datenverarbeitung bestehen heute in der

- automatischen Abarbeitung kaufmännischer Routineaufgaben (z.B. im Rechnungswesen, Materialfluss, Vertrieb ...),
- Bereitstellung von entscheidungsrelevanten Daten für Unternehmensentscheidungen,
- Simulation von Geschäftsprozessen, Handlungsalternativen und Marktstrukturen,
- Verwaltung und Aufbereitung von Datenbanksystemen,
- Fernübertragung von Daten in der Unternehmenskommunikation (z.B. Intranet, Internet, virtuelle Unternehmen etc.).

Während Computeranwendungen bis vor fünfzehn Jahren nur für abgrenzbare und fest definierte Aufgaben mit stringent logischen Regeln eingesetzt werden konnten, gehen neuere Entwicklungen durch den Einsatz neuronaler Netze und genetischer Algorithmen bis hin zu assoziativen und lernrelevanten Feldern.
Übrigens, Wirtschaftsinformatik existiert als eigenständiger Studiengang seit rund zehn Jahren, hervorgegangen aus der betrieblichen Datenverarbeitung, einem Anwendungsgebiet der Informatik. Nach wie vor kann man dieses Teilgebiet an Fachhochschulen und Universitäten im Rahmen der allgemeinen Informatik als Schwerpunkt bzw. Spezialisierungs- und Anwendungsfach studieren. Und um die Verwirrung komplett zu machen: Auch im klassischen BWL-Studium kann man Wirtschaftsinformatik bzw. betriebliche Datenverarbeitung häufig als Schwerpunkt wählen.

6.2 Fachhochschulstudium: Inhalt, Aufbau, Abschluss

Das Fach Wirtschaftsinformatik wird an Fachhochschulen und Universitäten angeboten. Zugangsvoraussetzung an der FH ist die Fachhochschulreife, die man auf schulischem Weg üblicherweise über die Fachoberschule (FOS) erreicht. Zulassungsbeschränkungen gibt es zwar im Fach Wirtschaftsinformatik an fast allen Hochschulen, sie sind jedoch aufgrund der derzeit stagnierenden Nachfrage eher harmlos und halten deshalb niemanden vom Studium ab.

In Wirtschaftsinformatik ist die Umstellung von Diplom auf Bachelor schon sehr weit fortgeschritten und es gibt kaum noch Hochschulen, an denen man den Dipl.-Wirtschaftsinformatiker (FH) erwerben kann, wie man an den zahlreichen BA-Eintragungen sieht:

Tabelle 9: Wirtschaftinformatik an Fachhochschulen

Fachhochschule	Wirtschaftsinformatik
Aachen FH	M
Albstadt-Sigmaringen H	B / M
Ansbach FH	B
Augsburg H	B
Berlin BHT	B
Berlin HTW	B / M
Berlin HWR	B
Bielefeld FH	B
Bochum H	B / M
Bonn-Rhein-Sieg H	B
Brandenburg FH	B / M
Braunschweig/Wolfenbüttel FH	B #
Bremerhaven H	B
Brühl EUFH	B
Darmstadt H	B / M
Deggendorf FH	B #
Dortmund FH	B / M #
Dresden HTW	B
Elmshorn Nordakademie FH	B
Essen FOM #	B
Esslingen H	B
Flensburg FH	B
Frankfurt/Main FH	B
Frankfurt/Main FHProvadis	B
Fulda H	B / M
Furtwangen H	B / M
Gelsenkirchen FH	B

Fachhochschule	Wirtschaftsinformatik
Gießen-Friedberg FH	M
Göttingen PFH	B / M
Hamburg FernH #	B
Hannover FH	B
Hannover FHDW	B / M
Harz H	B
Heidelberg H	B
Heilbronn H	B
Hof H	B
Ingolstadt H	B
Kaiserslautern FH	B
Karlsruhe H	B / M
Kempten H	B / M
Kiel FH	B / M
Köln FH	B # / M #
Köln RheinFH	B #
Konstanz H	B
Leipzig AKAD #	B
Ludwigshafen FH	B / M
Mainz FH	B #
Mittweida H	B
München H	B / M
Neu-Ulm H	B
Niederrhein H	B / M
Nürnberg H	B / M
Offenburg H	B
Osnabrück FH	B
Paderborn FHDW #	B
Pforzheim H	B / M
Pinneberg AKAD #	B / M
Ravensburg-Weingarten H	B / M
Regensburg H	B
Reutlingen HTW	B / M
Rosenheim H	B
Schmalkalden FH	B
Stralsund FH	B
Stuttgart AKAD #	B / M
Stuttgart H	B
Stuttgart HdM	B
Südwestfalen FH	B
Trier FH	B
Ulm H	B

Fachhochschule	Wirtschaftsinformatik
Vechta/Diepholz FHWT	B
Wedel FH	B
Wildau TFH	B
Wilhelmshaven/Oldenburg/Elsfleth FH	B
Wismar H	B
Worms FH	B
Würzburg-Schweinfurt FH	B

Abkürzungen / Anmerkungen

In der Tabelle werden die offiziellen Kurzbezeichnungen der Fachhochschulen nach HRK benutzt. Die genaue Bezeichnung der Hochschulen entnehmen Sie bitte dem Adressenteil im Anhang.

B = Bachelorabschluss

M = Masterabschluss

= auch als Fernstudium / auch berufsbegleitend bzw. dual möglich

Aufbau des Wirtschaftsinformatik-Studiums an Fachhochschulen

Der abgebildete Studienplan zeigt – wiederum idealtypisch – wie das neue BA-Studium an Fachhochschulen konzipiert ist. Als erstes fällt auf, dass der Weg bis zum Abschluss nicht etwa die erwarteten drei, sondern dreieinhalb Jahre dauert. Die Lösung des Rätsels liegt im 5. Fachsemester. Dort ist nämlich von den bisher in den Diplomstudien an FHs üblichen zwei Praxissemestern eines in die neue Struktur übernommen worden. Das gibt es allerdings nicht bei allen Fachhochschulen. An manchen Orten ist das Vertrautmachen mit der späteren Berufswelt ins Ermessen des jeweiligen Studenten gestellt: Man entscheidet dann selbst, ob und wann man sich dem Beruf nähert, vorzugsweise in den Semesterferien, und könnte das Studium dann in drei Jahren absolvieren.

Bachelor Wirtschaftsinformatik an Fachhochschulen

Inhalte / Wochenstunden / Fachsemester	1	2	3	4	5	6	7
Grundlagen der Wirtschaftsinformatik I + II	4	4					
Fachsprache: Wirtschaftsenglisch I + II sowie IT-English	2	2	2				
Grundlagen der Betriebswirtschaftslehre	2						
Mathematik I +II	6	4					
Statistik I + II		2	3				
Multimedia, Internet & Programmieren multimedialer Systeme	4						2
Rechnungswesen	3						

Inhalte / Wochenstunden / Fachsemester	1	2	3	4	5	6	7
Softwaretechnik I + II + III	2	4		4			
Allgemeinwissenschaftliches Wahlpflichtfach I + II		2		2			
Marketing und Personal		4					
Betriebssysteme			4				
Datenbanken			4				
Material-, Fertigungs-, Finanz- und Investitionswirtschaft			4				
Rechnerarchitektur und Mikroprozessortechnik			2				
Volkswirtschaftslehre und Wirtschaftspolitik			3				
Enterprise Resource Planning -Programmierung I + II				2		2	
Enterprise Resource Planning -Systeme						5	
Informationsmanagement				3			
Kommunikationstechnik I + II				2			3
Operations Research				4			
Organisation				3			
Unternehmensführung				3			
Praktikumssemester mit begleitender Lehrveranstaltung					*40*		
Content Management und Document Engineering						2	
Data Warehouse + Electronic- und Mobile-Business						2	4
Internet-Marketing und Screen Design							3
Informatik-Controlling						2	
Projektmanagement						3	
Wirtschafts- und IT-Recht						3	
Wissensbasierte Systeme						4	
Anleitung zum selbstständigen wissenschaftlichen Arbeiten Anfertigung der Bachelorarbeit							12

Die Spezialisierungsmöglichkeiten sind je nach Größe der Fachhochschulen mehr oder weniger breit gefächert: Es gibt FHs, die beispielsweise nur eine Möglichkeit bieten, Fächer wie Systemadministration unter Novell, Linux/Unix oder Windows zu wählen/belegen. Anderenorts finden sich lange Kataloge von Anwenderbezogener Rechnerarchitektur über Software-Engineering, IT-Verfahren der Künstlichen Intelligenz oder Mobile Marketing bis hin zu Wirtschaftsinformatik und gesamtgesellschaftliche Verantwortung. Ethische Themen wie letzteres gehören meist zu den sogenannten Allgemeinwissenschaftlichen Wahlfächern, deren Sinn es ist, über den Tellerrand des eigenen Studienfaches hinaus schauen zu lernen.

Bachelorarbeit

Das Studium wird im letzten Semester mit der Bachelorarbeit beendet, gewissermaßen die Krönung des Ganzen. Hier muss man zeigen, dass man eine Problemstellung selbstständig in den Griff kriegt. Um einen Eindruck davon zu vermitteln, hier beispielhaft ein paar Themen solcher Abschlussarbeiten:

- Portierung eines Framework für Grafik-Editoren
- Konzeption und Realisierung einer Datenbank im Bereich Weiterbildungscontrolling
- Konzeption und Entwicklung des Studien-Informationssystems
- Erstellung einer Anwendung zur Verwaltung von offenen Posten
- Entwicklung einer kryptographischen Anwendungsschnittstelle
- Einführung eines Help-Desk-Systems bei einem EDV-Dienstleistungsunternehmen
- Einführung einer Kostenrechnung mit SAP R/3 CO – Teilgebiet: Kostenarten- und Kostenstellenrechnung
- Einführung des SAP-Moduls Finanzwesen
- Automatisierte Kongressverwaltung
- Anforderungen an eine Standardsoftware zur Betriebsdatenerfassung und Entwicklung einer Kommunikationsschnittstelle zwischen einem BDE-System und SAP R/3

6.3 Universitätsstudium: Inhalt, Aufbau, Abschluss

Für ein Universitätsstudium braucht man eine anerkannte berufliche Qualifizierung oder die fachgebundene Hochschulreife als Voraussetzung für die Zulassung, beispielsweise von einer Berufsoberschule (BOS), ein einschlägiges Vordiplom von der FH oder eine entsprechende Leistung im Bachelorstudium an einer FH. Natürlich kann man auch mit dem normalen Abitur an der Uni studieren.
Der Abschluss an den wissenschaftlichen Hochschulen heißt meist „Bachelor of Science".

Keimzelle des Wirtschaftsinformatikstudiums an Universitäten waren vielfach die Wahlfächer „Betriebliche Datenverarbeitung", die sich seit den Siebzigerjahren an vielen Wirtschaftsfakultäten etabliert hatten und durch die Zunahme der Bedeutung dieses Teilbereiches Mitte bis Ende der Achtzigerjahre zu eigenständigen Studiengängen gereift waren. Aber auch in der Informatik haben sich neben technischen oder linguistischen Anwendungen schon früh wirtschaftsbezogene Spezialgebiete entwickelt, aus denen dann Wirtschaftsinformatikstudiengänge hervorgegangen sind. In der folgenden Tabelle sind die Hochschulen dargestellt, die Wirtschaftsinformatik als Studiengang anbieten.

Tabelle 10: Wirtschaftsinformatik an Universitäten und wissenschaftlichen Hochschulen

Universität / Wissenschaftliche Hochschule	Wirtschaftsinformatik
Augsburg U	B / M
Bamberg U	B / M
Berlin HU	M
Braunschweig TU	B / M
Bremen U	M
Chemnitz TU	B
Clausthal TU	B / M
Darmstadt TU	B /M
Dresden TU	B / M
Duisburg-Essen U	B / M
Erlangen-Nürnberg U	B / M
Frankfurt/Main FSFM	B
Frankfurt/Main U	B
Göttingen U	B / M
Hagen FernU	B
Halle-Wittenberg U	B / M
Hamburg U	B / M
Hildesheim U	B / M
Hohenheim U	B / M
Ilmenau TU	B / M
Jena U	B
Kiel U	B
Köln U	B / M
Leipzig U	B / M
Lüneburg U	B / M
Magdeburg U	B / M
Mannheim U	B / M
München TU	B / M
Münster U	B / M
Oldenburg U	B / M
Osnabrück U	B / M
Paderborn U	B / M
Passau U	B
Potsdam U	B
Regensburg U	B
Rostock U	B / M
Saarbrücken U	B / M
Siegen U	B / M
Stuttgart U	B / M
Trier U	B / M
Wuppertal U	M
Würzburg U	B / M

Abkürzungen / Anmerkungen
In der Tabelle werden die offiziellen Kurzbezeichnungen der Universitäten nach HRK benutzt.
Die genaue Bezeichnung der Hochschulen entnehmen Sie bitte dem Adressenteil im Anhang.
B = Bachelorabschluss M = Masterabschluss

Aufbau des WiInf-Grundstudiums an Universitäten

Die Struktur des Grundstudiums der Wirtschaftsinformatik weist große Ähnlichkeit mit dem klassischen BWL-/VWL-Grundstudium auf:

Grundstudium an Universitäten

Grundstudium	1. Sem.	2. Sem.	3. Sem.	4. Sem.
Betriebswirtschaftslehre (BWL)	2	2	2	2
Betriebliches Rechnungswesen			2	2
Quantitative Methoden der BWL				4
Volkswirtschaftslehre (Vorlesung/Übung)	3	2/1		
Wirtschaftsinformatik			2/1	
Grundzüge des Zivil- und Wirtschaftsrechts (V/Ü)	2	2/1	2/1	
Sozialwissenschaften		2		
Lineare Algebra (V/Ü)	4/2			
Logik (V/Ü)			3/1	
Analysis (V/Ü)			4/2	4/2
Algorithmen und Datenstrukturen (V/Ü)	3/1	3/1		
Programmieren (V/Ü)	2/2	1/2		
Softwareentwicklungspraktikum				4
Einführung in Software Engineering			2	
Summe Wochenstunden	**21**	**17**	**22**	**18**

Dabei beschäftigt man sich bei der Einführung in die Wirtschaftsinformatik mit folgenden Inhalten:

- Gegenstand der Wirtschaftsinformatik
- Hardware
- Software und Anwendungsentwicklung
- Kommunikationssysteme
- Entwicklung der betrieblichen Informationsverarbeitung
- Administrations- und Dispositionssysteme im Industriebetrieb
- Planungs- und Kontrollsysteme
- Informationsverarbeitung als Unterstützung von Geschäftsprozessen
- Informationsverarbeitung in der Dienstleistungswirtschaft

- Informationsverarbeitung als strategische Waffe zum Erreichen von Wettbewerbsvorteilen
- Ausgewählte Weiterentwicklungen/aktuelle Herausforderungen

Aufbau des WiInf-Hauptstudiums an Universitäten

Das Hauptstudium lässt bei der Wahl von Teilgebieten aus Wirtschaftswissenschaften und Informatik mehr Raum. Die angehenden Wirtschaftsinformatiker können aus vielen Bereichen der Wirtschaftswissenschaften, der Informatik und weiteren Gebieten wählen, die mit der Wirtschaftsinformatik in einem sinnvollen Zusammenhang stehen (Wahlpflichtfächer). Damit erhält der Studiengang nach dem Vordiplom ein individuelles Profil. Da bei den Auswahlmöglichkeiten auch Fächer aus anderen Studiengängen vertreten sind, ist die Interdisziplinarität als eine Schlüsselqualifikation der modernen Wirtschaftsinformatiker gewährleistet.
Pflichtbereich:

- VWL oder BWL
- BWL
- Informatik

Wahlbereich:

- Wahlfach 1
- Wahlfach 2

Abgeschlossen wird das Studium mit je einer Diplomprüfung aus den fünf Fächern. Aus den möglichen Studienschwerpunkten der Informatik ist ein Vertiefungsfach zu wählen, beispielsweise:

- Theoretische Informatik (Automatentheorie und formale Sprachen, algebraische Strukturen in der Informatik, kategorielle Methoden in der Informatik, Kryptologie ...)
- Datenbanksysteme (Entwurf von Informationssystemen, Transaktionsverwaltung ...)
- Programmiersprachen und Softwaretechnologie (Compiler, Compilerbau-Praktikum, moderne Programmiersprachen, Analyse und Komplexität von Algorithmen, Softwaretechnik, objektorientierte Programmierung ...)
- Robotik und Prozessinformatik (Rechnerarchitekturen für Bildverarbeitung und Robotik, Roboterdynamik, Computergeometrie, Mustererkennung ...)
- Verteilte Systeme und Rechnernetze (Telematik, verteilte Betriebssysteme, Leistungsanalyse von Rechnersystemen, Hochleistungskommunikation, multimediale Kommunikation, Management verteilter Systeme ...)
- Wissenschaftliches Rechnen (Simulation von wissenschaftlichen Problemen, Visualisierung, Programmiertechniken auf Parallelrechnern ...)

Im Wahlfachbereich kann man alles wählen, was nicht bereits Bestandteil der Fächerkombination ist. Ein paar ausgewählte Seminarthemen geben einen kleinen Vorgeschmack auf die Inhalte, mit denen man sich im Hauptstudium beschäftigen könnte.

- „Electronic Mall-Konzepte" für unterschiedlichste Anbieter verschiedener Produkte
- Business Process Reengineering zur substanziellen Ablaufverbesserung existierender Geschäftsprozesse
- Computer Aided Manufacturing (CAM) als Produktionsleitsystem im Materialfluss
- Executive Information System (EIS) zur Verbesserung von Unternehmensentscheidungen
- Experimentelles versus evolutionäres Prototyping
- Expertensysteme (XPS) für unterschiedliche Aufgabenbereiche
- Help-Desk-Systeme
- Inventur und Inventuranlässe als Einsatzgebiete für selbstständige Informationsverarbeitungssysteme
- Kartensysteme zum Ein- und Auslesen von Daten einschließlich der Sicherheit von PIN-Identifikationssystemen
- Lösungen von Fragen der Personaleinsatzplanung mit Informationsverarbeitungssystemen
- Multi-User-Systeme mit Benutzerschnittstellen für verschiedene und/oder vorhandene Plattformen (z. B. Windows NT, Solaris und AIX)
- Neuere Entwicklungen im Internet für Newsgroups, Recommender Systems und Collaborative Filtering
- Neuere Entwicklungen und Eigenschaften von Benutzeroberflächen
- Suchwerkzeuge im Internet und Filterprobleme

Studienarbeit und Diplomarbeit

Bei der Studienarbeit handelt es sich um eine schriftliche Problemlösung, die der praktischen Ausbildung und der Vorbereitung auf die Diplomarbeit dienen soll. Das Thema der Arbeit kann aus Betriebswirtschaftslehre oder Informatik gewählt werden. Die Bearbeitungszeit beträgt drei Monate. Die Anfertigung der Studienarbeit ist auch außerhalb der Hochschule, etwa für einen bzw. in einem Betrieb möglich, wobei ein Unidozent die Arbeit betreut.

Auch Diplomarbeiten, bei denen die Zeitvorgabe sechs Monate beträgt, werden häufig für Unternehmen angefertigt. Dabei ergeben sich dann nicht selten Kontakte, die eine Berufeinmündung beschleunigen.

Praktikum

Ein Praktikum ist in Anlehnung an das BWL-Studium auch bei Wirtschaftsinformatik zu absolvieren und dauert zwischen drei und sechs Monaten. Dabei ist gelegentlich der zweite Teil in Form eines etwas qualifizierteren Fachpraktikums gefordert, in dem man schon sehr nahe an den späteren Einsatzgebieten des Berufsfelds tätig wird. Natürlich kann man auch hier das Praktikum durch entsprechend einschlägige Berufspraxis ersetzen, was Chancen für Projekt- oder Ferienjobs und entsprechende Bezahlung bietet.

Brocks Spezialtipp: „Vor ein paar Tagen war ein Student in meiner Sprechstunde, der hat die Sache richtig angepackt: Jobanbahnung, Praktikum und Auslandsaufenthalt in einem. Der war ein Jahr in Sydney bei einer großen deutschen Bank tätig, vermutlich als so eine Art ‚Multitasker'. Hat zwar nicht viel verdient, aber immerhin seinen Auslandsaufenthalt kostenneutral geregelt und gleichzeitig das Praktikum damit erledigt. Und braun gebrannt war er auch, vermutlich durchs Ozonloch."

Bachelor-Studium Wirtschaftsinformatik an Universitäten

Nachdem bereits etliche Unis ihren Diplomstudiengang zum Bachelor umfunktioniert haben, stellt sich die Frage: Was macht den BA anders? Ein kurzer Blick auf den Plan genügt, um den entscheidenden Unterschied zu sehen: Der BA dauert nur sechs Semester, es gibt keine Diplomarbeit (und natürlich deshalb auch kein Diplom) und die Abschlussarbeit hat nicht einmal den Umfang einer Studienarbeit. Dafür hat man die Urkunde aber eben auch viel früher in der Hand.

Bachelor-Studium in Wirtschaftsinformatik

1. bis 3. Semester	Unternehmer und Unternehmen Unternehmen, Märkte, Volkswirtschaften Planspiel Absatz Jahresabschluss/externes Rechnungswesen Produktion, Logistik, Beschaffung Makroökonomie Mikroökonomie Wirtschaft und Staat

	Privat- und Handelsrecht I + II Buchführung IT und E-Business Mathematik Statistik
3. und 4. Semester	Sprachen Präsentationsfähigkeiten Praxis der empirischen Wirtschaftsforschung (PC-gestützt) Kostenrechnung und Controlling Investition und Finanzierung Internationale Unternehmensführung Business Plan Seminar/Planspiel/Fallstudienseminar
4. bis 6. Semester	Allgemeine Wirtschaftsinformatik I, II + III Business Plan Seminar/Planspiel/Fallstudienseminar Spezielle Wirtschaftsinformatik I, II + III 1 Vertiefungsblock frei wählbar aus dem Gesamtangebot der Fakultät
im 6. Semester	Bachelorarbeit (9 Wochen)

Wer genau hinsieht, erkennt in den ersten Studiensemestern weitgehende Ähnlichkeiten zum Bachelor in BWL bzw. zum klassischen Diplomstudium der Wirtschaftsinformatik. Anders als beim Film, wo Ähnlichkeiten mit lebenden oder nicht mehr lebenden Personen immer als zufällig und unbeabsichtigt dargestellt werden, hat die Übereinstimmung beim neuen Bachelor Methode. Zwar will man den kurzen Bachelor, der in drei Jahren berufsqualifiziert der Hochschule den Rücken kehrt und sich aufmacht ins (feindliche) Berufsleben, aber man überführt aus dem alten System ins neue alles, was gut, bewährt sowie vor allem notwendig und wichtig ist.

6.4 Arbeitsmarkt und Perspektiven

Ziel des Studienfachs ist an Fachhochschulen eine berufsbezogene Ausbildung und an Universitäten eine wissenschaftliche Kompetenz, die Absolventen befähigt, auf der Anwenderseite, der Entwicklungsseite oder in einer Vermittlerrolle im Bereich der betrieblichen Informationsverarbeitung tätig zu werden. So arbeiten Wirtschaftsinformatiker, egal ob von FH oder Uni, beispielsweise als Informationsmanager, Systemanalytiker, DV-Organisatoren, Softwareentwickler oder Datenbankspezialisten. Neuerdings werden sie auch in Funktionsbereichen wie

Marketing, Produktion oder Materialwirtschaft und natürlich in der Unternehmensberatung beschäftigt.

Bei der Einstellung wird im Regelfall kein Unterschied gemacht, ob die Zeugnisse der Kandidaten den Zusatz FH oder Univ. tragen, alle fangen etwa auf gleichem Niveau an, was Kompetenz, Bezahlung und Firmenparkplatz angeht. Das Weiterkommen im Betrieb hängt dann davon ab, was die Leute so draufhaben. Bezüglich des Arbeitsmarkts schien lange Zeit so eine Art „Goldgräberstimmung" zu herrschen. Wenn man also eine Schaufel namens Wirtschaftsinformatik besitzt, kann man ganz sicher anfangen zu graben. Wer diese Schaufel aber erst noch erwerben will, muss sich dem Arbeitsmarkt in rund fünf Jahren stellen. Wie es dann aussieht, weiß heute wirklich niemand – außer Brock.

Und Brock meint: „Wirtschaftsinformatik gehört in jedem Fall zu den ‚Scientiae lucrativae', da kann man sicher immer was draus machen."

Grundsätzliche Überlegungen zur Lektüre von Stellenanzeigen im Zusammenhang der Frage der Berufsfindung sind in Kapitel 2.5 ja schon abgehandelt. Also können wir hier gleich zu den Stellenanzeigen übergehen:

(Anzeigenbeispiel 1)

Leiter/in EDV

Wir sind ein renommiertes, innovatives Dienstleistungsunternehmen in Frankfurt. Mit unserer umfassenden Leistungspalette überzeugen wir unsere Partner aus der Industrie ebenso wie unsere Kunden im Privatbereich – auch auf internationaler Ebene.

Die Gesamtverantwortung für unsere EDV wollen wir einem/r fähigen Fachmann/frau übertragen, der/die unsere Anwendungssysteme weiterentwickelt, die reibungslose Bereitstellung sämtlicher Dienste für die Fachabteilungen gewährleistet und die praktische Umsetzung unserer DV-Strategie begleitet. Wir denken dabei an eine/n Informatiker/in oder Wirtschaftsinformatiker/in bzw. an eine/n gestandene/n Praktiker/in. In jedem Fall erwarten wir mehrjährige Berufspraxis aus der EDV und dem Projektmanagement sowie sehr gute Kenntnisse des Sytems IBM AS/400 und im Client-Server-Umfeld. Weiter wünschen wir uns ausgeprägte analytische, konzeptionelle und kommunikative Fähigkeiten. Ausgeprägte Führungsqualitäten, Organisationsvermögen und Teamgeist runden das Profil ab.

Wir bieten Ihnen eine anspruchsvolle Führungsaufgabe mit Gestaltungsspielraum. Interessiert? Dann senden Sie Ihre komplette Bewerbung an ...

Zu (1): Fangen wir an mit der typischen Anzeige einer Personalagentur. Was den zukünftigen Arbeitgeber angeht, hat man beim Lesen das Gefühl, im Nebel zu stochern. Nun, das muss so sein, denn Firmen geben ihre Jobs nicht umsonst an derlei Agenturen: Sie wollen unerkannt im Hintergrund bleiben. Nicht, dass am Ende die Konkurrenz aus der Anzeige den Businessplan für die nächste Firmenerweiterung herausliest und so der Überraschungseffekt am Markt dahin wäre. Andere Firmen wiederum, vor allem solche, denen es schlecht geht, inserieren Jobs, die es überhaupt nicht gibt, nur um die Aktienkurse hoch oder die Banken bei Laune zu halten.
Nun aber zurück zur Anzeige. Man sucht einen studierten Wirtschaftsinformatiker oder einen gestandenen Praktiker, vermutlich weil der Markt derzeit ziemlich leer gefegt ist. Und der oder die soll vor allem ausgeprägte analytische, konzeptionelle und kommunikative Fähigkeiten haben.
Übrigens: Mal wieder typisch Agentur, die wollen allen Ernstes vollständige Bewerbungsunterlagen sehen, als ob es Leute gäbe, die unvollständige Unterlagen einschicken würden?

(Anzeigenbeispiel 2)

Zur Verstärkung unseres Teams suchen wir einen

Leiter EDV-Organisation/Systemverwaltung

Nach einem abgeschlossenen Informatikstudium oder vergleichbarer Ausbildung verfügen Sie über Know-how in der Systemumgebung einer IBM AS/400 und sind ein routinierter Praktiker im Umgang mit elektronischen Bankapplikationen (EAF, DTB, Multicash usw.).

Neben Ihren Aufgaben in der Systembedienung bzw. -pflege fungieren Sie als Anwendungsbetreuer mit dem Ziel, elektronische Arbeitsabläufe und DV-Systeme zu optimieren.

Sie stehen neuen Produkten und Anwendungen aufgeschlossen gegenüber und sind bereit, Führungsverantwortung zu übernehmen.

Wir freuen uns auf Ihre Bewerbung an unsere Personalabteilung ...

Zu (2): Hier haben wir ihn, den Traumjob des Wirtschaftsinformatikers: Leiter der EDV-Organisation bei einer großen Bank. Aber irgendwie scheinen die Banktypen noch nicht mitbekommen zu haben, dass es Wirtschaftsinformatiker gibt, weil diese Spezies in der Ausschreibung nur als „oder vergleichbare Qualifikation“ auftaucht. Unverschämtheit. Da müsste man die Dinge doch mit einer Bewerbung gleich mal ins rechte Licht rücken. Wenn Sie also Bankerfahrung oder das Wahlfach Bankbetriebslehre im Studium beackert haben, sieht die Sache schon mal gut aus. Dann brauchen Sie eigentlich nur noch aufgeschlossen zu sein gegenüber neuen Produkten und Anwendungen und bereit, Führungsverantwortung zu übernehmen.

(Anzeigenbeispiel 3)

Wir sind ein stark expandierendes Unternehmen der ... Zukunftsorientierte Methoden und Produkte bargeldloser Zahlungssysteme sind unsere Hauptbetätigungsfelder.

Zur Entwicklung von Applikationssoftware für diese Systeme suchen wir mehrere

Software-Entwickler(innen)

Sie haben eine Ausbildung in Informatik oder vergleichbare bzw. entsprechende Berufserfahrung. Sie verfügen über Erfahrung in C/C++ Programmierung sowie Sicherheit im Umgang mit UNIX und anderen Multitaskingsystemen. Von Vorteil sind Kenntnisse in Kryptologie sowie den unterschiedlichen modernen Datenübertragungsmedien wie z.B. Modems, ISDN und X.25.

Gutes Englisch in Wort und Schrift ist wünschenswert, da Sie eng mit der britischen Muttergesellschaft zusammenarbeiten werden.

Für den eigenen DV-Bereich suchen wir zum frühestmöglichen Termin eine/n

Systemadministrator(in)

Sie sind Informatiker(in) oder verfügen über eine vergleichbare Ausbildung.

Ihre Aufgaben sind die Administration von SUN-UNIX-Servern und Arbeitsplatz-PCs, Installation von Hard- und Software, Netzwerkverwaltung, der Ausbau unserer WAN-Verbindung sowie die Unterstützung der Abteilungen Technik und Entwicklung. Was wir erwarten? Zwei bis drei Jahre UNIX-Erfahrung (vorzugsweise Solaris), Sicherheit im Umgang mit DOS-Windows, PC- und SUN-Hardware-Praxis, gute Netzwerkkenntnisse (Ethernet, TCP/IP und NFS) und gutes Englisch.

Wenn Sie außerdem schon mit Datenbanken (Informix) gearbeitet haben und mit den unterschiedlichsten modernen Datenübertragungsmedien vertraut sind, ist das von Vorteil.

Wir bieten Ihnen die Möglichkeit, selbstständig, eigenverantwortlich und kreativ zu arbeiten und eigene Ideen und Erfahrungen in Ihre Tätigkeit einzubringen.

Ihre aussagefähige Bewerbung inklusive Lichtbild und Gehaltsvorstellungen senden Sie bitte an ...

Zu (3): Gleich zwei Jobs auf einmal, aber natürlich nicht für eine Person, sozusagen als Ober-DINKY (double income, no kids). Softwareentwicklung ist ein spezifisches Berufsfeld für Informatiker aller Schattierungen. Da es hier um bargeldlose Zahlungen geht, wären sicher Wirtschaftsinformatiker besonders geeignet. Kenntnisse in C++ und Kryptologie sind gefordert. Letzteres verwundert kaum, wenn es stimmt, was man so hört, und Hacker die PIN-Codes von irgendwelchen Karten heute schon zum Frühstück knacken.

Früher dachten die Operations-Research-Leute immer, so ein Datennetz würde von selbst funktionieren. Das Gegenteil ist der Fall: Manche Netze sind empfindlicher als die grafischen Benutzeroberflächen von <piep>. Und deshalb braucht man

Personal, das mit dem durch die EDV-Einführung gesparten Geld bezahlt wird. Systemadministratoren arbeiten entweder als Angestellte bei den Anwendern oder als Angestellte bei Softwarehäusern, die teilweise ihr Geld nur damit verdienen, anderen Firmen gegen Cash die Netze zum Laufen zu bringen.

(Anzeigenbeispiel 4)

Informatiktrainee

Schwerpunkt SAP/R3

Zu Beginn der kommenden 18 Monate lernen Sie alle betriebswirtschaftlichen und logistisch-technischen Abläufe und Funktionen kennen, deren Kenntnis die Grundlage für Ihre anschließende Informatikausbildung ist.

Diese startet mit Einblicken in das SAP/R3-Basissystem, in die Shopfloor-Systeme unserer Werke und in die allgemeine Projektmethodik. Im nächsten Schritt erhalten Sie eine fundierte Ausbildung, die alle SAP/R3-Module (z.B. FI; CO; SD; PP; MM) sowie die ABAP/4-Entwicklungsumgebung umfasst.

Sind Sie der/die leistungsorientierte und belastbare Informatiker/in oder Betriebswirt/in mit Schwerpunkt Informatik, nach dem/der wir suchen? Es reizen Sie spannende Projekte aus der „SAP-Welt", Sie schätzen Teamarbeit und Ihre Zukunftsperspektiven als Mitarbeiter/in eines international agierenden Konzerns.

Wenn Sie darüber hinaus am Ende Ihres Studiums stehen und für eine echte Herausforderung bereit sind – dann sollten wir uns kennen lernen!

Nach Abschluss Ihrer Ausbildung sind Sie bei uns als SAP-Entwickler/in oder in einer verwandten Funktion in der Informatik tätig.

Bitte bewerben Sie sich unter Angabe des frühestmöglichen Eintrittstermins und Ihrer Gehaltsvorstellung direkt bei unserer Personalabteilung ...

Zu (4): Statt Training-on-the-Job gibt es natürlich auch die Möglichkeit, sich als eine Art Hilfssheriff zu verdingen, um vorerst die Umsetzung der im Studium gelernten Theorie in Ruhe zu üben. Derlei Traineeprogramme sieht man im EDV-Bereich jedoch vergleichsweise selten. Vielleicht weil sie mit 18 bis 24 Monaten doch auch recht lange dauern und man neue Mitarbeiter am liebsten immer gleich ohne Einarbeitung sofort produktiv arbeiten sehen will.
SAP/R3 ist ja bekanntermaßen derzeit die Standardsoftware für kaufmännische Anwendungen. Und da ist es sicher gut, sich schon mal im Studium intensiv damit zu befassen.

7 Das Studium der Wirtschaftspädagogik an Universitäten

Draußen klopft es zaghaft. Sekunden später erscheint ein Kopf im Türspalt, entschuldigt sich verunsichert und verschwindet sofort wieder hinter der geschlossenen Tür.
„Manchmal schauen wildfremde Leute bei mir rein, nur um sich dafür zu entschuldigen, dass sie geklopft und die Tür aufgemacht haben. Aber, was ich eigentlich sagen wollte“, fährt Brock fort: „Wisst ihr überhaupt, was Wirtschaftspädagogik ist?“
„Igitt, Lehramt? Da muss man sich mit den verzogenen Kindern fremder Leute rumärgern.“ Alex ist ernsthaft entrüstet.
„Nun lass ihn doch mal ausreden“, sagt Andi und packt Alex fest am Arm.
„Find ich auch. Die meisten schönen Dinge, die man im Leben verpasst, nimmt man deshalb nicht wahr, weil Vorurteile einem die Sicht versperren!“ Brock muss grinsen. Wie er die Formulierung wieder hingekriegt hat. Obwohl er sich schon sehr lange kennt, ist er doch manchmal über sich selbst erstaunt.

7.1 Was ist eigentlich Wirtschaftspädagogik (WiPäd)?

Grundgütiger, Lehramt! Das ist nicht selten die Reaktion, mit der hart gesottene Aspiranten der Wirtschaftswissenschaften die Frage kommentieren, ob sie denn auch Wirtschaftspädagogik schon mal als Studienzweig ins Auge gefasst hätten. Aber mal im Ernst: Bei Wirtschaftspädagogik handelt es sich um ein fundiertes kaufmännisches Studium, das sich erst nach dem Vordiplom so richtig vom gängigen BWL-Plan unterscheidet.

Schon allein deshalb ist die berufliche Qualifikation, die man mit dem Abschluss „Diplom-Handelslehrer/-in“ (abgekürzt „Dipl.-Hdl. Univ.“) und neuerdings Master of Science erwirbt, äußerst vielseitig einsetzbar, wobei das öffentliche Lehramt an Berufs- und Wirtschaftsschulen wohl nur einen Bruchteil des Berufsfelds darstellt. In weiten Feldern kaufmännischen Broterwerbs kann man den studierten Kaufleuten ohne Weiteres das Wasser reichen bzw. abgraben: innerbetriebliche Ausbildung und Personalwesen im weitesten Sinne, Unternehmenskommunikation einschließlich Public Relations, Marketing, Vertrieb und Werbung, um nur mal ein paar Bereiche zu nennen.

Und was ist nun Wirtschaftspädagogik? Es handelt sich eindeutig um einen zusammengesetzten Begriff aus den Bereichen Wirtschaft und Pädagogik. Und genauso versteht sich dieses Fach auch. Manche sagen, es sei eine Teildisziplin der Erziehungswissenschaft, was wohl nicht ganz stimmt, aber auch nicht wirklich falsch ist. Denn die Wirtschaftspädagogik untersucht und analysiert ja tatsächlich den Teil von Erziehung und Bildung, der sich mit wirtschaftlichen Vorgängen und Inhalten im weitesten Sinne beschäftigt. Wann immer Menschen in Wirtschaft, Arbeit und Beruf ausgebildet oder über diese Themen gebildet werden, interessiert sich die Wirtschaftspädagogik für Grundlagen, Abläufe und Ziele dieser Prozesse. Im Laufe der Zeit haben sich viele verschiedene Teilgebiete entwickelt wie Betriebspädagogik, Industriepädagogik oder Arbeitspädagogik, wobei diese Begriffe zugleich zeigen, wo die Haupterkenntnisinteressen der Schwerpunktfächer liegen.

Was wirtschaftswissenschaftliche Betrachtungen erklären wollen und wie diese Erkenntnisse zur verbesserten Gestaltung wirtschaftlicher Prozesse eingesetzt werden können, sollte aus den vorangegangenen Kapiteln eigentlich klar sein. Aber was ist Pädagogik? Wie die deutsche Bezeichnung des Fachs Erziehungswissenschaft nahe legt, will die Wissenschaft der Erziehung erzieherische Prozesse und Institutionen beschreiben und analysieren, Theorien zu deren Erklärung entwickeln und in ihrem normativen Teil Erziehungsziele aufstellen und begründen, eingebettet in ein ebenso normatives Wertesystem. So lautet eine grundlegende Frage der Pädagogik, warum Erziehung denn überhaupt erforderlich oder sinnvoll sei? Wäre es nicht besser, die Kids einfach in Ruhe zu lassen und auf die Kräfte der Natur zu vertrauen?

Natürlich wäre das nicht besser, denn oberste pädagogische Leitideen wie Selbstbestimmung, Mündigkeit oder Persönlichkeitsentfaltung kann man wohl kaum dem freien Spiel der Kräfte überlassen. Daher will Pädagogik unter anderem Menschen dazu befähigen, vielfältige Lebenssituationen bewältigen zu können und die dafür erforderlichen Denk- und Handlungskompetenzen zu erwerben. Und wo immer diese Lebenswirklichkeiten im wirtschaftlichen Bereich stattfinden oder mit wirtschaftlichem Handeln zu tun haben, setzt die Wirtschaftspädagogik als Wissenschaft an.

Wenn man nun an die Vermittlung wirtschaftlicher Denk- und Handlungskompetenzen denkt, fallen einem natürlich gleich pädagogische Institutionen ein, an denen Derartiges vermittelt wird: Schulen, Akademien und Hochschulen. Und die Frage, was dort denn vermittelt werden soll, ist auch eine Angelegenheit, auf die die wirtschaftspädagogische Forschung eine Antwort zu finden sucht. Ebenso wie auf die Frage, wie diese wirtschaftlichen Inhalte vermittelt werden können. Innerhalb der

Pädagogik gibt es ein Gebiet, das sich genau mit der Frage des „Wie“ beschäftigt: die Didaktik – im Fall wirtschaftlicher Belange – die Wirtschaftsdidaktik.
Bei der Beantwortung, welche Inhalte auf welche Weise in welchen Institutionen vermittelt werden sollen, lässt sich in der Wirtschaftspädagogik eine Zweiteilung ausmachen:

- Die Allgemeine Wirtschaftsbildung, mit der die an der Wirtschaft beteiligten „Mitspieler“ ihre Rolle als Verbraucher, Sparer, Steuerzahler oder Arbeitnehmer begreifen und ausführen lernen sollen.
- Die Berufliche Wirtschaftsbildung, wo die mitspielenden Profis systematisch mit einer bestimmten wirtschaftlichen Denk- und Handlungskompetenz ausgestattet werden sollen, die sie befähigt, die ihnen zugedachte Rolle im Spiel auszufüllen.

Vielleicht noch ein Beispiel zur Verdeutlichung der Erkenntnis- und Gestaltungsinteressen der Wirtschaftspädagogik: Man könnte die Frage stellen, welche Aufgaben ein Lehrer an einer Wirtschaftsschule, sagen wir mal einer kaufmännischen Berufsschule im dualen System, hat? Die Antwort könnte lauten:

- Unterrichten
- Erziehen
- Beurteilen
- Verwalten

Schon eine erste flüchtige Betrachtung zeigt: Diese vier Tätigkeiten sind unauflöslich miteinander verflochten. Dennoch müsste eine wirtschaftspädagogische Betrachtung versuchen, die einzelnen Bereiche der Aufgaben eines Lehrers voneinander zu trennen: Unterrichten setzt eine Auswahl von Lehrinhalten voraus, die in der Schule häufig schon ministeriellerseits durch Lehrplanvorgaben festgelegt ist.
Diese Lehrinhalte müssen nun durch didaktische Brechung alters- und schulartspezifisch transformiert werden, damit die Schüler auf der Basis ihres Vorwissens überhaupt etwas damit anfangen können. Lernziele müssen festgesetzt sein, um Maßstäbe für den Grad der Zielerreichung festzulegen und damit die fachliche Beurteilung von Schülern adäquat durchführen zu können. Ferner müssen für den Bereich der Erziehung Zielvorgaben aufgestellt sein und mit den Unterrichtsinhalten und der Bewertung in Einklang stehen. Und schließlich ist das Schulgeschehen zu verwalten, angefangen von Anwesenheitskontrollen bis zur Dokumentation der formalen Beurteilungsgrundlagen für die einzelnen Schüler.
Die Beobachtung und Analyse bestehender Lehreraufgaben wäre dabei ein Erkenntnisinteresse der Wirtschaftspädagogik; die daraus abgeleiteten Erklärungsansätze wären die Grundlage des Gestaltungsinteresses der Wirtschaftspädagogik zur Optimierung der Lehreraufgaben.

Exkurs: Wirtschaft an öffentlichen Schulen

Was das Lehramt angeht, noch ein kleiner Hinweis, mehr würde den Rahmen dieses Buchs sprengen: Wirtschaft kann man für das öffentliche Lehramt natürlich nicht nur mit dem Ziel Berufliches Schulwesen studieren. Das Fach wird auch an Gymnasien, Sekundarstufe I/II, Realschulen und Hauptschulen unterrichtet. In allen Fällen schließt man das Studium dann mit dem ersten Staatsexamen stufen- oder schulartspezifisch ab. Wegen des föderalistischen Aufbaus unserer Republik und der damit verbundenen kulturellen Eigenständigkeit der Bundesländer sind die Regelungen von Schleswig-Holstein bis Bayern teilweise sehr verschieden. Dennoch hier der eigentlich unmögliche Versuch eines kurzen Überblicks …

Hauptschulen
Hier heißt das entsprechende Unterrichtsfach „Arbeitslehre" und muss meist mit einer so genannten Didaktikfächerkombination für Hauptschulen verbunden werden, wobei Letztere je nach Bundesland zwei bis vier Teilgebiete umfassen kann/muss. Unterrichtsfach und Didaktikkombination haben im Studium etwa die gleiche Wertigkeit. Beispiel: Hauptfach Arbeitslehre//Didaktikfächer Mathe/Physik/Sport oder Arbeitslehre//Deutsch/Erdkunde/Musik etc.
Mindeststudienzeit: sechs Semester

Realschulen
Für diese Schulform muss man zwei Schulfächer kombinieren, wobei die Kombinationsmöglichkeiten vorgegeben und beide Fächer im Studium gleich gewichtet sind.
Beispiel: Sozialkunde/Wirtschaft; Mathe/Wirtschaft etc.
Mindeststudienzeit: sechs Semester

Gymnasien
In diesem Bereich nennt man die Absolventen auch „Wirtschaftsphilologen", weil sie ein sogenanntes vertieftes Wirtschaftsstudium, häufig auch als Kombination aus Wirtschafts- und Rechtslehre, mit einem sprachlichen, also philologischen Unterrichtsfach verbinden. Auch hier werden beide Fächer an der Uni gleich intensiv studiert.
Beispiel: Englisch/Wirtschaftswissenschaften; Deutsch/Wirtschaftswissenschaften etc.
Mindeststudienzeit: acht Semester

Sekundarstufe I/II
In vielen Bundesländern werden Lehrer schulartübergreifend ausgebildet, außer in Bayern natürlich. Diese Stufenlehrer können dann quer durch alle Schularten in den Klassen 5–10 (Sekundarstufe I in Hauptschulen, Realschulen und Gymnasien) und in den Klassen 11–13 (Sekundarstufe II in Gymnasien und beruflichen Schulen) unterrichten, wobei das Sek-I-Studium stark an die Realschule und Sek-II an das Gymnasium angelehnt ist (siehe oben).

7.2 Universitätsstudium: Inhalt, Aufbau, Abschluss

Aufgrund der Verbindung erziehungswissenschaftlicher und wirtschaftswissenschaftlicher Inhalte wird Wirtschaftspädagogik ebenso wie Wirtschaft für berufliches Lehramt nur an Universitäten angeboten. Zugangsvoraussetzung ist die allgemeine Hochschulreife (z.B. Abitur oder FH-Abschluss) oder die fachgebundene Hochschulreife (Berufsoberschule oder Grundstudium an FH). In fast allen Bundesländern können seit Jahren auch beruflich Qualifizierte ohne Abi studieren, seit 2009 sogar in Bayern. Die folgende Tabelle zeigt auf, an welcher Universität oder wissenschaftlicher Hochschule Sie Wirtschaftspädagogik studieren können.

Tabelle 11: Wirtschaftspädagogik und Lehramt an beruflichen Schulen an Universitäten und wissenschaftlichen Hochschulen

Universität/ Wissenschaftliche Hochschule	Wirtschaftspädagogik	Wirtschaft Lehramt berufliche Schulen (LABS)
Aachen TH		L
Bamberg U	B / M it	
Bayreuth U		L
Berlin HU	B / M	
Darmstadt TU		L
Dortmund TU		B
Dresden TU	M	
Duisburg-Essen U	B	L
Eichstätt-Ingolstadt U		L
Erlangen-Nürnberg U	M #	L
Flensburg U		B
Frankfurt/Main U	B / M	L
Göttingen U	B / M	
Hamburg U		L
Jena U	B	M
Kaiserslautern U	B / M t	
Kassel U	B / M	L

Universität/ Wissenschaftliche Hochschule	Wirtschaftspädagogik	Wirtschaft Lehramt berufliche Schulen (LABS)
Kiel U	D	L
Köln U	B / M	L
Konstanz U	M	B
Leipzig U	M	B
Lüneburg U	B / M	
Magdeburg U		B
Marburg U		L
Mainz U	B / M	
Mannheim U	B	
München U	D	L
Passau U		L
Rostock U	M	B
Siegen U		L
Ulm U		B

Abkürzungen / Anmerkungen

In der Tabelle werden die offiziellen Kurzbezeichnungen der Universitäten nach HRK benutzt. Die genaue Bezeichnung der Hochschulen entnehmen Sie bitte dem Adressenteil im Anhang.

D = Diplomabschluss
B = Bachelorabschluss
M = Masterabschluss
L = Lehramtsabschluss
# = auch berufsbegleitend als Teilzeitstudium
t = mit technischem Schwerpunkt
it = mit informationstechnologischem Schwerpunkt

Neuerdings wird nun auch an einigen Universitäten in Wirtschaftspädagogik bzw. Lehramt an beruflichen Schulen ein Bachelorabschluss angeboten. Dieser akademische Grad allerdings qualifiziert nicht für die Berufsausübung an öffentlichen Schulen. Dazu muss man erst noch den entsprechenden 4-semestrigen Master anhängen. Sieht man von den Unis ab, die diese BA/MA-Kombination anbieten, wird beim sonstigen Lehramt an beruflichen Schulen kein akademischer Grad verliehen, weil das wirtschaftswissenschaftliche Universitätsstudium für diese Schulen mit einem Staatsexamen abgeschlossen wird. Dieser Abschluss ist dem in Wirtschaftspädagogik verliehenen akademischen Grad „Diplom-Handelslehrer/Diplom-Handelslehrerin (Univ.)“ gleichwertig, kann jedoch nicht als Titel mit dem Namen geführt werden, was sich außerhalb des Schuldienstes als beruflicher Nachteil auswirken könnte: Zwar hat man auch mit einem ersten Staatsexamen ein ab-

geschlossenes wirtschaftswissenschaftliches Universitätsstudium, es ist aber nicht möglich, dies leicht verständlich nach außen zu kommunizieren, beispielsweise auf Visitenkarten oder im Briefkopf.
Das Grundstudium von Wirtschaftspädagogik ist, wie bereits erwähnt, an den meisten Universitäten weitgehend identisch mit dem Grundstudium der Betriebswirtschaftslehre. Wegen der detaillierten Inhalte darf ich daher auf Kapitel 2 verweisen. An den Unis, wo Wirtschaftspädagogik und BWL bis einschließlich Vordiplom weitgehend identisch sind, beginnt die Beschäftigung mit dem Teilbereich Pädagogik erst nach dem Vordiplom im Hauptstudium. Wo es ernsthafte Unterschiede gibt, bestehen sie nur in einem einzigen Punkt: Die Pädagogik startet bereits im ersten oder dritten Semester, ist also schon Bestandteil des Grundstudiums, möglicherweise sogar Teil der Vordiplomprüfung. In jedem Fall sollte es möglich sein, selbstredend unter Beachtung der lokalen Zulassungsbeschränkungen, mit einem Uni-Vordiplom in BWL oder VWL zum Hauptstudium in die Wirtschaftspädagogik zu wechseln.

Aufbau des Wirtschaftspädagogik-Grundstudiums an Universitäten

Die Gleichheit im Grundstudium hat aber auch Nachteile, und zwar für Leute, die beispielsweise in den ersten Semestern einen Vordiplomteil endgültig nicht bestanden haben. Das hat zunächst einmal zur Folge, dass man das gleiche Fach wegen endgültigen Nichtbestehens in ganz Deutschland an keiner Universität mehr studieren darf. Außerdem bedeutet es, dass man sich auch nicht mehr für Wirtschaftspädagogik einschreiben kann, denn auch dieses Fach ist bei gleichem Grundstudium mit dem Bannstrahl des Prüfungsamts belegt, an allen Unis in der gesamten Republik.

Die einzelnen Bereiche des Wirtschaftspädagogik-Grundstudiums sind:
- Grundzüge der Betriebswirtschaftslehre
- Grundzüge der Volkswirtschaftslehre
- Grundzüge des Rechts
- Grundzüge der Statistik
- Pädagogik/Wirtschaftspädagogik (falls Bestandteil des Grundstudiums)

Hinzu kommen noch die ja nun bereits hinlänglich bekannten Propädeutika im Bereich der kaufmännischen „Parterreakrobatik“ (Mathematik, Buchführung und Rechnungswesen) sowie die Einführung in die Wirtschaftsinformatik.

Die Vordiplomprüfung besteht üblicherweise aus Klausuren und kann in mehrere Abschnitte aufgeteilt werden:

Vordiplomsprüfung

Prüfungsfächer	Dauer der Klausur
Grundzüge der Betriebswirtschaftslehre mit den Teilfächern Grundzüge der Betriebswirtschaftslehre I und II	BWL I 1 Stunde BWL II 3 Stunden
Grundzüge der Volkswirtschaftslehre mit den Teilfächern Grundzüge der Volkswirtschaftslehre I und II	VWL I VWL II je 2 Stunden
Wirtschaftlich wesentliche Teile des privaten Rechts	5 Stunden
Wirtschaftlich wesentliche Teile des öffentlichen Rechts	5 Stunden
Grundzüge der Statistik	4 Stunden

An einigen Unis versucht man seit ein paar Jahren, die Prüfungen studienbegleitend oder über ein Bonus-Punkte-System (Credit-Points) abzuwickeln.

Aufbau des Wirtschaftspädagogik-Hauptstudiums an Universitäten

Im Wirtschaftspädagogik-Hauptstudium ergeben sich Wahlmöglichkeiten, da das Studium aus vier Bereichen besteht, von denen je nach Studienrichtung einer oder zwei wählbar sind.

Studienrichtung I
Pflichtbereich:
- Wirtschaftspädagogik
- Allgemeine BWL
- Allgemeine VWL

Wahlbereich:
- Pflichtwahlfach

Studienrichtung II
Pflichtbereich:
- Wirtschaftspädagogik
- Allgemeine BWL oder Allgemeine VWL

Wahlbereich:
- Doppelpflichtwahlfach

Diese Darstellung ist nur der Versuch einer einheitlichen Systematik. Die Regeln der Fächerkombination und die Bezeichnungen können naturgemäß in den einzelnen Bundesländern und dort sogar von Uni zu Uni verschieden sein. Daher ist es gerade in diesem Bereich wichtig, sich Detailinformationen bei der ZSB vor Ort zu holen. Dennoch, das „Strickmuster" der Wahlmöglichkeiten ist so wie oben dargestellt und soll hier ja auch in erster Linie dem grundlegenden Verständnis dienen.

Also dann, für die Studienrichtung I wählt jeder Student aus den an seiner Universität angebotenen Fächern eines aus. Das Spektrum ist dabei von Uni zu Uni natürlich sehr unterschiedlich strukturiert, und die Wahlfachmöglichkeiten sind breit gefächert. Hier finden sich nicht nur wirtschaftswissenschaftliche Themen, sondern auch Inhalte von verwandten Sozial- oder Kulturwissenschaften. Die folgende Auflistung ist dabei nicht als abgeschlossene Aufzählung aller existierenden Möglichkeiten zu sehen, sondern stellt die gängigsten Fächer vor.

Pflichtwahlfächer der Studienrichtung I:
- Arbeitsrecht
- Auslandswissenschaft: z. B. englischsprachige Kulturen (USA, Kanada, Großbritannien, Irland), romanischsprachige Kulturen (Portugal/Brasilien) usw.
- Bank- und Börsenwesen
- Betriebswirtschaftliche Steuerlehre
- Betriebswirtschaftslehre der Banken
- Betriebswirtschaftslehre der Industrie
- Betriebswirtschaftslehre des Prüfungswesens
- Bildungs- und Wissenssoziologie
- Entwicklungspolitik
- Entwicklungssoziologie
- Familien- und Jugendsoziologie
- Finanzwissenschaft
- Genossenschaftswesen
- Internationale Wirtschaft
- Internationales Management
- Kommunikationswissenschaft
- Logistik
- Marketing
- Medizinsoziologie
- Öffentliches Recht
- Operations Research

- Politikwissenschaft
- Psychologie
- Quantitative Wirtschaftsforschung
- Rechnungswesen
- Sozialpolitik
- Sozialwissenschaftliche Grundlagen des Personalwesens
- Soziologie
- Statistik
- Steuerrecht
- Unternehmens- und Gesellschaftsrecht
- Unternehmensführung
- Wirtschafts- und Betriebspsychologie
- Wirtschafts- und Organisationssoziologie/Betriebssoziologie
- Wirtschaftsgeographie
- Wirtschaftsgeschichte
- Wirtschaftsinformatik (Industrie- und Logistikbetriebe oder Büro- und Dienstleistungsbereich)

Auch bei den Doppelwahlpflichtfächern der Studienrichtung II ist die folgende Übersicht keine abgeschlossene Aufzählung aller Möglichkeiten in unserem Land. Gleichwohl, auch hier sucht man sich nur ein Fach aus. Und wie man sieht, handelt es sich weitgehend um schulbezogene Unterrichtsfächer.

Doppelpflichtwahlfächer der Studienrichtung II:
- Deutsch
- Englisch (mit Wirtschaftssprache) und Auslandswissenschaft englischsprachige Kulturen (USA, Kanada, Großbritannien, Irland)
- Evangelische Religionslehre
- Französisch (mit Wirtschaftssprache) und Auslandswissenschaft
- Geographie, insbesondere Wirtschafts- und Sozialgeographie
- Mathematik
- Portugiesisch (mit Wirtschaftssprache) und Auslandswissenschaft
- Sozialkunde (Soziologie und politische Wissenschaft)
- Spanisch (mit Wirtschaftssprache) und Auslandswissenschaft
- Sport
- Wirtschafts- und Sozialgeschichte und Grundzüge der allgemeinen Geschichte
- Wirtschaftsinformatik

Die Diplomprüfung erstreckt sich üblicherweise auf die je nach Studienrichtung I oder II verpflichtenden und gewählten Fächer, wobei schriftlich und mündlich geprüft wird.

Diplomprüfung

Prüfungsfächer/-leistungen	Klausur	mündlich
Pädagogik, insbesondere Wirtschaftspädagogik	4 Stunden	15 Minuten
Allgemeine Betriebswirtschaftslehre und/oder Volkswirtschaftslehre einschließlich Wirtschaftspolitik und Finanzwissenschaft	4 Stunden und/oder 4 Stunden	15 Minuten und/oder 15 Minuten
Ein Pflichtwahlfach	4 Stunden	15 Minuten
Ein Doppelpflichtwahlfach (statt allgemeiner BWL oder VWL und dem Pflichtwahlfach)	4 Stunden	zweimal 15 Minuten
Diplomarbeit	6 Monate	–

Diplomarbeit

Die Diplomarbeit ist Bestandteil der Abschlussprüfung und soll zeigen, dass ein Kandidat in der Lage ist, ein wirtschaftspädagogisches Problem selbstständig nach wissenschaftlichen Methoden zu bearbeiten. Aufgrund der Themenstellung muss die Diplomarbeit in sechs Monaten bearbeitbar sein. Dem Werk ist ein Verzeichnis der benutzten Quellen und die schriftliche Versicherung beizufügen, dass die Arbeit ohne fremde Hilfe und ohne Benutzung anderer als der angegebenen Quellen angefertigt wurde. Außerdem darf so ein Traktat natürlich noch nicht bei einer anderen Prüfung vorgelegt worden sein (einzige Ausnahme: Doppeldiplomierung bei internationalen Austauschprogrammen).

Freier Prüfungsversuch, genannt „Freischuss"

Die freien Prüfungsversuche sind eingeführt worden, um die Studienzeit zu verkürzen. Wer sich also frühzeitig ans Examen traut, erleidet im Fall des Durchfallens keinen Nachteil, denn die Prüfung gilt als nicht abgelegt. Und wer nicht so besteht, wie er sich das vorgestellt hat, darf noch einmal antreten und kann sich das bessere Ergebnis heraussuchen. Der alles entscheidende frühe Zeitpunkt ist meist das neunte Semester. So jedenfalls ist der von Studenten „Freischuss" genannte frühe Prüfungsversuch ungefähr zu beschreiben. Natürlich sollte man auch hier erst einmal die lokale Prüfungsordnung genau auf die rechtsverbindlichen Detailregelungen hin examinieren.

Das Lehramtsstudium an Beruflichen Schulen

Im Gegensatz zum „echten" Diplom-Handelslehrer ist das Studium für berufliche Lehrämter ein Staatsexamensstudiengang mit dem Hauptfach Wirtschaft. Genau den gleichen Studiengang könnte man auch mit anderen beruflichen Fachrichtungen machen: Maschinenbau, Sozialpädagogik, Drucktechnik oder Ähnlichem. Als zweites Fach wird neben dieser beruflichen Fachrichtung, wir interessieren uns ja hier nur für das Hauptfach Wirtschaft, noch ein allgemeinbildendes Schulfach gewählt, Deutsch etwa oder Mathematik. Stattdessen kann man aber auch je nach Bundesland zwei spezielle Wirtschaftslehren nehmen oder eine sonderpädagogische Fachrichtung wie Rehabilitation. Hinzu kommt noch ein erziehungswissenschaftlicher Studienanteil. Das Verhältnis der Studienintensität dieser drei Blöcke ist:

Wirtschaftswissenschaften	50 %
allgemeinbildendes Schulfach oder zwei spezielle Wirtschaftslehren oder sonderpädagogische Fachrichtung	25 % 25 % 25 %
Erziehungswissenschaften	25 %

Praktika bei Wirtschaftspädagogik und Lehramt an Beruflichen Schulen

Bei Wirtschaftspädagogik gibt es im Laufe des Studiums keine Schulpraktika, da ein großer Teil der Absolventen ja nicht im Schuldienst, sondern in Dienstleistung, Handel und Industrie arbeiten möchte. Praktische kaufmännische Erfahrungen sind aber in den Prüfungsordnungen vorgeschrieben, wobei die Dauer zwischen zwölf und 26 Wochen variiert. Diese Zeit ist Anmeldevoraussetzung zur Abschlussprüfung und kann natürlich auch in mehrere Abschnitte aufgeteilt werden.

Wer nach dem Diplom in den staatlichen Schuldienst will, braucht in der Summe mindestens ein Jahr kaufmännische Berufspraxis, die man nicht nur als Praktikant, sondern auch in jedem kaufmännischen (Ferien-)Job erwerben kann. Eine einschlägige Berufsausbildung wird natürlich angerechnet und ersetzt alle kaufmännischen Praktika. Beim Lehramt an Beruflichen Schulen sind die Praktikumsanforderungen unterschiedlich geregelt, sowohl fürs Kaufmännische als auch fürs Pädagogische. Im Regelfall ist jedoch aus jedem der beiden Bereiche „Schule" und „Beruf" ein Praktikum verpflichtend.

Vorbereitungsdienst für öffentliche Schulen

Anders als der Bachelor entspricht die Diplomprüfung, egal ob Studienrichtung I oder II, der ersten Staatsprüfung für ein Lehramt an Beruflichen Schulen und ermöglicht damit genau wie diese den Zugang in den Vorbereitungsdienst für den staatlichen Schuldienst.
Allerdings ist noch eine Bedingung an die Gleichwertigkeit geknüpft: Man muss nämlich zusätzlich zum „Dipl.-Hdl. Univ." noch eine kaufmännische Berufsausbildung oder ein mindestens einjähriges Praktikum nachweisen.

Der Vorbereitungsdienst, auch Referendariat oder Referendarzeit genannt, dauert zwei Jahre und gehört nicht mehr zum Studium, sondern zur Berufsausübung im öffentlichen Dienst. Als Studienreferendar soll man auf der Basis des wissenschaftlichen Hochschulstudiums im Seminar lernen, im harten Schulalltag Unterricht zu halten. Man arbeitet also als eine Art Lehrer an einer Schule und vertieft seine pädagogischen Fähigkeiten zusätzlich in begleitenden Seminarveranstaltungen.Das Referendariat endet mit der zweiten Staatsprüfung, die gleichzeitig auch Einstellungsprüfung für das öffentliche Schulwesen im jeweiligen Bundesland ist.

Brock zieht Bilanz: „Wirtschaftspädagogik ist echt was für kulinarische Leckermäuler: eine vollwertige Mischung mit dem Besten aus acht Semestern BWL/VWL, überbacken mit einer saftigen Kruste aus feinster Pädagogik und individuell abgeschmeckt mit einem kräftigen Schuss Wahlfach. Und die ordentliche Prise Praxisbezug rundet das Ganze geschmackvoll ab."

7.3 Arbeitsmarkt und Perspektiven

Wie schon mehrfach erwähnt, arbeitet nur ein Teil der „echten" WiPäD-Absolventen in schulischen Berufsfeldern, weil die grundlegende wirtschaftswissenschaftliche Qualifikation eines Handelslehrers eben auch andere Felder erschließt. Letzteres gilt für die staatsexaminierten Berufsschullehrer mit Wirtschaft als Unterrichtsfach leider nur bedingt. Daher sind die LABS-Absolventen auch eher in den Schulen zu finden.

Die „Konkurrenz" der beiden Gruppen WiPäd und LABS wird für öffentliche Schulen dabei gewissermaßen über den zweijährigen Vorbereitungsdienst ausgefochten, den beide Gruppen ja gemeinsam ableisten. Am Schluss entscheidet dann die Leistung in Form der Note darüber, wer beruflich das bessere Ende für sich hat. Allerdings scheint es im Bereich der wirtschaftlichen Schulen einen stetigen Bedarf an Lehrern zu geben. Im Einzelnen kann man folgende Schularten in die Überlegung einbeziehen:

- Kaufmännische Berufsschulen, staatliche oder städtische Schulen, an denen Azubis des dualen Systems einmal in der Woche der theoretische Hintergrund ihrer Berufspraxis eingetrichtert wird
- Berufsfachschulen, an denen auf schulischem Weg ein Beruf erlernt wird, z.B. Krankengymnastik, Fremdsprachenkorrespondenz oder Sekretariat usw.
- Wirtschaftsschulen, wie etwa die mit mittlerer Reife abschließenden Handelsschulen oder die Fachhochschulreife vemittelnden höheren Handelsschulen
- Fachoberschulen (FOS) für Wirtschaft, die auf ein Studium an der FH vorbereiten
- Berufsoberschulen (BOS), wo man nach mittlerer Reife und einer Berufsausbildung die fachgebundene Hochschulreife zum FH- oder fachlich verwandten Unizugang erwerben kann; falls man nicht die mittlere Reife hat, muss man zunächst die Berufsaufbauschule (BAS) vorschalten
- Wirtschaftsgymnasien und Kollegschulen als Schulsonderformen der Sekundarstufe II
- Berufsakademien, z.B. für Wirtschaft oder Fremdsprachen

Außerhalb der Schulen bieten sich für Handelslehrer unter anderem gute Berufsmöglichkeiten in folgenden Bereichen, um die sich auch LABS-Absolventen bemühen können:
- Personalabteilungen
- Betriebliche und überbetriebliche Aus- und Weiterbildung
- Marketing und Vertrieb
- PR, Unternehmenskommunikation und Werbung
- Öffentlichkeitsarbeit und Medien
- Kammern sowie Berufs- und Wirtschaftsverbände
- Gewerkschaften, Parteien, Kirchen
- Erwachsenenbildung
- Behörden, Kommunalverwaltungen, Ministerien
- Lehre an Fachhochschulen und Universitäten
- Forschungsinstitute

Einige dieser Bereiche möchte ich nun kurz mit ein paar Stellenanzeigen dokumentieren. Grundsätzliche Überlegungen zur Lektüre von Stellenanzeigen im Zusammenhang der Frage der Berufsfindung sind übrigens in Kapitel 2.5 abgehandelt, wir kommen also sofort zu den Inseraten.
Fangen wir doch gleich mal mit einer Stelle an, auf die sich WiPäd- wie LABS-Absolventen gleichermaßen bewerben können.

(Anzeigenbeispiel 1)

Die **Stadt Kirchheim** sucht für ihre städtische Wirtschaftsschule zum Schuljahresbeginn im August drei

Absolventen/-innen
der Wirtschaftspädagogik

Voraussetzungen: Abgeschlossenes wissenschaftliches Hochschulstudium (nicht FH), guter Diplomabschluss, gutes zweites Staatsexamen für Berufliche Schulen sowie persönliches Engagement über den Rahmen des Unterrichts hinaus und Belastbarkeit. Für eine der Stellen wäre Englisch als Zweitfach wünschenswert. Tätigkeiten: Unterricht an drei Standorten der Schule (Umkreis 25 km), Mitwirkung in der Schulverwaltung, nebenamtliche Prüfertätigkeit für die kaufmännischen Ausbildungszweige der Stadtverwaltung (gesonderte Honorierung).

Die Bezahlung erfolgt nach BAT Ia/b. Bewerbungen bitte bis ...

Zu (1): Es handelt sich hier um die typische Schultätigkeit von unterrichtenden Wirtschaftslehrern. Gefragt sind zwar explizit Damen und Herren mit Diplom und zweitem Staatsexamen, mit Sicherheit haben aber auch LABS-Absolventen mit erstem und zweitem Staatsexamen eine Chance, vorausgesetzt, die Note stimmt. Dass hier gleich im Dreierpack eingestellt wird, ist nicht weiter verwunderlich, denn je nach Größe der Schule und eventueller Ruhestands- oder sonstiger Versetzungen kann es schon mal zu einem größeren Ersatzbedarf kommen.
Gelegentlich liest man sogar Anzeigen, in denen das Kultusministerium eines Bundeslandes gleich reihenweise WiPäds für die Einstellung in den Vorbereitungsdienst sucht, wobei sogar die Weiterbeschäftigung der Bewerber, die oberhalb einer bestimmten Mindestnote abschließen, nach bestandenem zweiten Staatsexamen garantiert wird. Und als ob das noch nicht genug wäre, stellt man auch noch die Lebenszeitverbeamtung in Aussicht. Städtische Schulen sind da ein wenig sparsamer und entlohnen nach BAT IIa, was ungefähr der Beamten-Einstiegsgehaltsstufe A13 des höheren Dienstes entspricht.

(Anzeigenbeispiel 2)

Wir sind eine AG mit über 10.000 Mitarbeitern

und gehören in unserer Branche zu den führenden Unternehmen in Europa.

Gesucht wird für unsere Bildungsabteilung ein

Referent
für betriebliche Fortbildung

Zu Ihren Aufgaben wird es gehören, Bildungsprobleme zu analysieren, Bildungsmaßnahmen zu planen, zu organisieren und zu kontrollieren und Seminarveranstaltungen selbst durchzuführen. Ihren Einsatz werden Sie bei Kommunikations- und Führungstrainings finden.

Wir erwarten von Ihnen, dass Sie ein Hochschulstudium der Wirtschaftswissenschaften mit gutem Erfolg abgeschlossen haben. Mehrjährige Betriebspraxis und Erfahrung im Kommunikationstraining sollten vorhanden sein. Wenn Sie zwischen 30 und 40 Jahre alt sind, passen Sie am besten zum Team.

Bitte senden Sie Ihre vollständigen Bewerbungsunterlagen – die selbstverständlich vertraulich behandelt werden – an ...

Zu (2): Kommen wir damit zu den rauen Gefilden der „freien“ Wirtschaft: Referent für betriebliche Fortbildung ist hier eine typische Berufstätigkeit für Wirtschaftspädagogen. Die Unternehmen bzw. die Menschen, die dort bestimmen, haben eingesehen, dass die Leistungsfähigkeit einer Firma nicht zuletzt vom Bildungsgrad der Mitarbeiter abhängt. Und damit diese Einsicht gut klingt, hat man sie, zusammengepackt mit anderen Erkenntnissen, als „Human-Resource-Konzept“ bezeichnet. Hier setzt der findige Wirtschaftspädagoge mit seinen Maßnahmen an: Bildungsprobleme analysieren, Bildungsmaßnahmen planen, organisieren und, wie nicht anders zu erwarten, kontrollieren. Und dabei gut aufpassen, dass man das Budget nicht überschreitet.

(Anzeigenbeispiel 3)

Junge Akademiker mit Durchblick und Biss haben bei uns die besten Chancen!

Konferenz-Manager/innen

Sie sind für die inhaltliche Konzeption von anspruchsvollen Management-Konferenzen im deutschen Markt zuständig, indem Sie aktuelle Wirtschaftsthemen auf ihr Erfolgspotenzial hin recherchieren, inhaltlich aufbereiten und geeignete Top-Referenten gewinnen. Darüber hinaus sind Sie der/die kompetente Ansprechpartner/in für Ihre Referenten und Teilnehmer vor Ort.

Ihr Profil:
- Sie haben gerade Ihr Hochschulstudium (Uni/FH) erfolgreich abgeschlossen.
- Neben dem Studium haben Sie bereits qualifizierte Praktika in der Wirtschaft absolviert und sich außeruniversitär engagiert.
- Sie haben ein journalistisches Gespür.
- Ihre Stärken liegen in der Konzeption und inhaltlichen Aufbereitung von Themen.
- Die Recherche im direkten Kontakt mit dem Markt bereitet Ihnen keine Probleme.
- Termingebundenes und gleichzeitig kreatives und zielorientiertes Arbeiten zeichnen Sie aus – sowohl selbstständig als auch im Team.
- Sie besitzen ein sicheres Auftreten sowie Verhandlungsgeschick, handeln gewinnorientiert und drücken sich in Wort und Schrift gewandt aus.
- Zusätzlich verfügen Sie über gute Englischkenntnisse und können mit Textverarbeitungssystemen umgehen.

Wir bieten Ihnen:
- Eigenständige Projektarbeit in einem jungen, leistungsorientierten und kooperativen Team
- Gezielte Einarbeitung im Training-on-the-Job
- Kontinuierliche Trainigs im In- und Ausland
- Eigenverantwortliches und selbstständiges Arbeiten sowie frühzeitige Verantwortungsübernahme
- Langfristige Herausforderungen, denn bei uns kommen die Führungskräfte aus den eigenen Reihen
- Kurze Kommunikationswege in einem dynamischen Umfeld
- Eine leistungsgerechte Entlohnung

Möchten Sie selbstständig und eigenverantwortlich arbeiten? Dann senden Sie Ihre vollständigen Bewerbungsunterlagen bitte unter Angabe Ihrer Gehaltsvorstellung an ...

Zu (3): Haben Sie schon einmal mit dem Gedanken gespielt, sich als Konferenzmanager zu verdingen? Das wäre sicher auch ein Job für Bachelor-Absolventen. Wenn Sie jung sind, Durchblick und Biss haben, Ihr Studium gerade erfolgreich hinter Ihnen und das Zeugnis damit vor Ihnen liegt und Sie überdies journalistisches

Gespür mitbringen, sollten Sie sich die Sache ernsthaft überlegen. Es handelt sich bestimmt um einen Wachstumsmarkt, der bei uns noch relativ neu, anderenorts aber schon fest etabliert ist. Wo, können wir uns sicher alle denken. Und so sind denn auch die Trainingsorte, ebenso wie die spätere Berufstätigkeit, im In- und Ausland zu finden.

(Anzeigenbeispiel 4)

Wir suchen für unser **Bildungswerk, Verbindungsstelle Berlin,** zum nächstmöglichen Zeitpunkt eine(n)

Pädagogische(n) Mitarbeiter(in)

Wir erwarten:

Erfolgreichen Abschluss des Studiums an einer Fachhochschule, Pädagogischen Hochschule oder Universität.
Interesse an pädagogischer Arbeit in der politischen Bildung.
Organisationstalent, Kooperationsbereitschaft, gesellschaftspolitisches Engagement.
Zu den Aufgaben gehören die fachdidaktische Vorbereitung, Leitung und administrative Abrechnung von Tagungen und Seminaren.

Wir bieten:

Vergütung nach BAT entsprechend der Bedeutung der Aufgabenstellung. Des weiteren gewähren wir die im öffentlichen Dienst üblichen sozialen Leistungen.

Bewerbungen von Behinderten werden bei gleicher Qualifikation bevorzugt berücksichtigt.

Zu (4): Ein völlig anderes Kapitel wären da mal wieder die unspezifischen Berufsfelder, für die man sich natürlich auch mit einem Abschluss in WiPäd oder LABS bestens qualifiziert. Das Beispiel zeigt den weit verbreiteten Job eines pädagogischen Mitarbeiters in irgendeiner Institution; in diesem Fall handelt es sich um eine bedeutende Stiftung, mit den dabei üblichen Tätigkeiten: didaktische Vorbereitung, Leitung und administrative Abrechnung von Tagungen und Seminaren.
Erwartet werden neben dem obligaten Hochschulabschluss in diesem Fall noch so „ungewöhnliche“ Eigenschaften wie Interesse an pädagogischer Arbeit, Organisationstalent, Kooperationsbereitschaft und gesellschaftspolitisches Engagement.

(Anzeigenbeispiel 5)

An der

Fachhochschule Würzburg-Schweinfurt (Dienstort Würzburg)

ist zum frühestmöglichen Zeitpunkt die Stelle einer/eines

Professorin/Professors

(BesGr. C2 BBesO)

zu besetzen.

Fachbereich Sozialwesen
Lehrgebiet: **„Organisationswissenschaften"**
...
Das Aufgabengebiet umfasst die Vermittlung der wirtschafts- und sozialwissenschaftlichen Grundlagen der Handlungs- und Organisationslehre der sozialen Arbeit und des sozialen Managements.
Zu unterrichten sind insbesondere die Fächer „Wirtschaftswissenschaft" und „Organisationslehre der sozialen Arbeit".
Wünschenswert sind berufliche Erfahrungen in einem Praxisfeld der sozialen Arbeit.

Allgemeine Einstellungsvoraussetzungen sind:
Abgeschlossenes wirtschafts- oder sozialwissenschaftliches Universitätsstudium in anderen als Fachhochschulstudiengängen; pädagogische Eignung; Promotion, ausnahmsweise anderer Nachweis der besonderen Befähigung zu wissenschaftlicher Arbeit; besondere Leistungen bei der Anwendung oder Entwicklung wissenschaftlicher Erkenntnisse und Methoden in einer mindestens fünfjährigen beruflichen Praxis, von der mindestens drei Jahre außerhalb des Hochschulbereichs ausgeübt worden sein müssen.

Die Fachhochschule Würzburg-Schweinfurt begrüßt es, wenn sich Frauen durch die Ausschreibung besonders angesprochen fühlen.

Schwerbehinderte werden bei gleicher Eignung bevorzugt berücksichtigt.

In das Beamtenverhältnis kann berufen werden, wer das 52. Lebensjahr noch nicht überschritten hat.

Bewerbungen sind mit den üblichen Unterlagen (Lebenslauf, Zeugnisse, Nachweise über den beruflichen Werdegang und die wissenschaftlichen Arbeiten) einzureichen bei ...

Zu (5): Zum Abschluss unseres kleinen Streifzugs durch die beruflichen Gefilde nun noch ein kurzer Blick auf die Wissenschaft. Promovierte Absolventen wirtschaftspädagogischer oder berufsschulisch-wirtschaftlicher Studien finden sich natürlich auch in Dozententätigkeiten an Hochschulen. Hier als Beispiel eine Stellenausschreibung für eine FH-Professur. Der Bewerber soll später den Soz.-Päd.-FH-Studenten beibringen, wie man soziale Arbeit und die Verwaltung der dazu notwendigen Finanzen am besten unter einen Hut bringt. Entscheidende Voraussetzung für einen derartigen Job ist eine mindestens fünfjährige Berufserfahrung außerhalb des Hochschulbereichs. Damit will die FH ihren Anspruch dokumentieren, dass an ihr keine weltentrückten Elfenbeinturmbewohner, sondern gestandene Praktiker den Studenten eben nicht nur Theorie nahebringen.

III Ausland, Berufseinstieg und zusätzliche Mühsal

1 Kann ich auch im Ausland studieren?

Ein zeitlich begrenzter Studienaufenthalt an einer Hochschule im Ausland ist vor dem Hintergrund der immer engeren internationalen Verflechtung innerhalb und außerhalb Europas sicher ein persönlicher Gewinn. Ob Sie den eigenen Horizont erweitern, ein besseres Verständnis für andere Länder und deren Probleme suchen, Vorurteile abbauen, Fremdsprachenkenntnisse verbessern oder Spezialwissen in Ihrem Studiengang erwerben wollen, ist dabei Nebensache, denn ein Auslandsaufenthalt macht sich immer gut im CV, oder wie der Lebenslauf neuerdings auch immer heißen mag.

Es gibt drei Zeitpunkte, um ein Auslandsstudium ins Auge zu fassen: nach dem Abitur, während des Studiums (z. B. nach erfolgreichem Vordiplom oder Grundlagen- und Orientierungsprüfung) oder nach einem ersten Studienabschluss an einer deutschen Hochschule:

- Die Aufnahme eines Auslandsstudiums unmittelbar nach dem Abitur kommt in erster Linie für Studienbewerber infrage, die aufgrund einer NC-Regelung das gewünschte Studium in Deutschland nicht gleich aufnehmen können und deshalb versuchen, die Wartezeit durch ein Auslandsstudium mit den sich daraus resultierenden Möglichkeiten anrechenbarer Studienleistungen zu überbrücken.
- Besonders günstig ist die Durchführung eines fachorientierten Auslandsaufenthalts von einem oder zwei Semestern nach erfolgreicher Vorprüfung, weil einerseits zu diesem Zeitpunkt der erforderliche Überblick über das eigene Studienfach vorhanden ist und andererseits für einen Zeitraum von einem Jahr Stipendien von verschiedenen Organisationen angeboten werden.
- Ein Postgraduiertenstudium mit dem Ziel, einen ausländischen Grad (z. B. MBA) zu erwerben, eröffnet den Weg zu einer Vertiefung eines schon im Hauptstudium festgelegten Studienschwerpunkts oder ermöglicht die fachlich sinnvolle Ergänzung des deutschen Abschlusses, ohne sich auf das zeitaufwändige Unternehmen eines Promotionsstudiums einlassen zu müssen.

Übrigens muss man für einen sogenannten Postgraduiertenabschluss im Ausland nicht unbedingt erst den hiesigen Uniabschluss machen. In vielen Ländern gilt man nämlich bereits dann nicht mehr als „Undergraduate“, wenn man zu Hause drei Jahre an der Uni studiert hat.

Sprachkenntnisse und Prüfungen

Es versteht sich von selbst, dass man die entsprechende Fremdsprache in ausreichendem Maß beherrschen sollte, bevor man an einer ausländischen Hochschule mit Erfolg studieren kann. Viele ausländische Hochschulen verlangen vor Aufnahme des Studiums den Nachweis entsprechender Sprachkenntnisse, für den z.T. besondere Formen vorgeschrieben sind. Der bekannteste Sprachtest für den angloamerikanischen Sprachraum ist z. B. der meist falsch ausgesprochene TOEFL (Test of English as a Foreign Language), der eben nicht „Töffel" heißt, weil es im Englischen kein Ö gibt, und mehrmals jährlich an verschiedenen Orten in Deutschland abgelegt werden kann. Interessenten schauen im Internet unter www.toefl.org nach, wo in ihrer Nähe der Test abgelegt werden kann.

Wer noch nicht so ganz fit ist, kann das breit gefächerte Angebot der studienbegleitenden Fremdsprachenausbildung an den heimatlichen Sprachenzentren nutzen oder während der vorlesungsfreien Zeit an einer ausländischen Hochschule einen Ferienkurs besuchen.

Abgesehen von ausreichenden Sprachkenntnissen verlangen viele ausländische Hochschulen einen Nachweis über ausreichende Fachkenntnisse im gewünschten Studiengang.

Kosten und Gebühren

Grundsätzlich ist festzuhalten, dass der finanzielle Gesamtaufwand im Ausland in der Regel höher anzusetzen ist als in Deutschland. Im Ausland spielen überdies Studiengebühren eine ausschlaggebende Rolle (außer Dänemark, Griechenland, Portugal und Schweden). Nach geltendem EU-Recht sollten anfallende Gebühren innerhalb der Gemeinschaft ersetzt werden, was sich wohl noch nicht ganz herumgesprochen hat. In den USA und Kanada schwanken die „tuition fees" zwischen 2.800 und 16.000 Dollar pro Studienjahr. Neben diesen unvermeidbaren Kosten sind noch Visagebühren, Gebühren für die Zusendung von Bewerbungsunterlagen und für die Übersetzung von Zeugnisunterlagen sowie Anmeldegebühren bei den örtlichen Ausländerstellen als auch Kosten für Hin- und Rückflug einzuplanen. Besonders wichtig ist auch eine Auslandskrankenversicherung.

Anrechnung von ausländischen Studiennachweisen

Die Anrechenbarkeit eines ausländischen Studiennachweises hängt von der inhaltlichen Vergleichbarkeit zu deutschen Studienleistungen ab. Es ist also besser, vor Antritt eines Auslandsstudiums mit dem hiesigen Hochschullehrer über die Möglichkeiten einer Anrechnung zu sprechen. Am einfachsten gestaltet sich die Anrechnung von Studiennachweisen in vielen Fächern im Rahmen eines Studentenmobilitätsprogramms innerhalb Europas, das von der EU in Brüssel finanziert und unter dem Namen ERASMUS an allen deutschen Universitäten mit Erfolg durchgeführt wird.

Innerhalb der EU soll neuerdings auch ECTS helfen, das European Credit Transfer System. Von der Kommission der europäischen Gemeinschaften entwickelt, soll es die akademische Anerkennung von im Ausland erbrachten Studienleistungen sichern. Das ECTS stellt eine Methode dar, Studienleistungen zu messen, zu vergleichen und von einer zur anderen Institution zu übertragen. Statt der bisher an deutschen Hochschulen üblichen rein zeitlichen Erfassung in Semesterwochenstunden (SWS) werden durch die Vergabe von ECTS-Punkten auch inhaltliche Aspekte und Schwierigkeitsgrade honoriert.

Informationsquellen

Das akademische Studienjahr an den Hochschulen im europäischen und außereuropäischen Ausland beginnt im Herbst (September/Oktober). Wegen der umfangreichen Vorbereitungen sollte man spätestens ein Jahr vor Reiseantritt Informationen sammeln. Länder- und universitätsspezifisches Infomaterial mit praktischen Hinweisen über Einreise- und Aufenthaltsformalitäten, verbilligte Reise- und Wohnungsmöglichkeiten, Krankheits- und Unfallversicherung, Zahlungsverkehr und Bankangelegenheiten und Arbeitsmöglichkeiten sowie Angaben zum nationalen Hochschulsystem mit Hinweisen auf Studienaufbau und -möglichkeiten, Zulassungsregelung, Lehrveranstaltungsformen, Gliederung des akademischen Studienjahrs, Sprachkurse und -prüfungen findet man am schnellsten im Internet. Erste Anlaufstelle wäre der *Deutsche Akademische Austauschdienst* (www.daad.de), wo man auch die Stipendiendatenbank anzapfen kann. Oder man arbeitet über Suchmaschinen und findet massenhaft Werbematerial von Colleges aus den USA, GB und anderen Ländern.

Praktika und Kurzaufenthalte

Wer einen längeren Studienaufenthalt im Ausland aus zeitlichen oder finanziellen Gründen nicht ermöglichen kann, sollte über alternative Wege nachdenken, als da wären:

- Praktika oder
- Kurzaufenthalte.

Um Hilfestellung bemüht sind dabei Hochschullehrer des jeweiligen Fachs, Auslandsabteilungen deutscher Firmen oder Handelskammern sowie Berufsverbände. Die Erfahrung hat gezeigt, dass auch unkonventionelle und verschlungene Wege zum Ziel führen. Bei der Suche nach einem Praktikumsplatz in den USA wie auch bei der Beschaffung des Visums hierfür hilft der *Council on International Educational Exchange*. In Eigeninitiative besorgte Praktikumsplätze können auf Antrag in den Praktikantenaustausch einbezogen werden, was bei der Organisation des Auslandsaufenthalts von Vorteil sein kann (Einreiseformalitäten, Krankenversicherung, Unterkunft, Betreuung vor Ort).

Auslandspraktika für Wirtschaftswissenschaften vermittelt das Deutsche Komitee der *Association Internationale des Etudiants en Sciences Economiques et Commerciales (AIESEC)*.

Da die vermittelnden Organisationen meist keine Zuschüsse zu den Aufenthaltskosten geben, kann man versuchen, die Lebenshaltungskosten mit der Praktikantenvergütung zu decken.

Gelegentlich gibt es Zuschüsse und Hilfen vom DAAD, vom LEONARDO-DA-VINCI-Programm der Europäischen Union, von der *Carl-Duisberg-Gesellschaft*, der *Deutschen Gesellschaft für Technische Zusammenarbeit*, der *Studienstiftung des Deutschen Volkes*, der *Berufsakademie der Deutsch-Britischen Handelskammer*, der *British-German School for Vocational Training*, vom *Deutsch-Französischen Jugendwerk*, der *Deutsch-Amerikanischen Handelskammer*, vom *Büro Führungskräfte zu Internationalen Organisationen*, oder das BAföG steuert etwas bei; Letzteres nur, wenn ein Praktikum durch die Prüfungsordnung Ihrer Heimathochschule vorgeschrieben und inhaltlich geregelt ist.

Interessant könnte auch das Programm „Sommerstudium" sein, bietet es doch für sechs bis zwölf Wochen die Möglichkeit zur Teilnahme an Fachkursen amerikanischer und britischer Universitäten, etwa Business Studies in USA oder an europäischen Business Schools. Wer sich die horrend hohen Studiengebühren für einen Jahresaufenthalt dort nicht leisten kann, dem verhelfen die Summer Sessions zu reduzierten Kosten mit Abschlusszertifikat und Leistungskontrollen als Teil des regulären Lehrangebots der dortigen Studenten.

Die *Zentralstelle für Arbeitsvermittlung* vermittelt Aushilfsferienjobs und ungelernte Tätigkeiten im Rahmen von Austauschprogammen in einer Reihe von europäischen Ländern sowie in den USA und Kanada.

Auch Internationale Workcamps, etwa von der *Internationalen Jugendgemeinschaft* organisiert, bieten die Chance, die für die spätere Bewerbung so begehrte Auslandserfahrung an Land zu ziehen.
Auch nach dem Studium hat man noch die Möglichkeit, ein Praktikum im Ausland zu absolvieren, etwa Verwaltungspraktika bei der *Europäischen Kommission*, der *Deutschen Gesellschaft für Technische Zusammenarbeit*, bei deutschen Auslandshandelskammern oder über den DAAD vermittelte in Asien-Pazifik, Mittel- und Osteuropa bzw. im Vorderen Orient.

2 Was ist ein Traineeprogramm, oder wie finde ich den Berufseinstieg?

Die Planung des Berufseinstiegs beginnt eigentlich schon mit der Wahl des Studienfachs. Bereits hier sollten Sie sich mittels Stellenanzeigenanalyse darüber klar geworden sein, welche Berufsbereiche interessant sein könnten. Und wer sich nicht traut, sein berufliches Glück mit einem Hochschulabschluss zu versuchen, sollte lieber gleich eine Ausbildung machen oder an die dual orientierte Berufsakademie gehen. Eine Berufsausbildung vor das Studium zu legen, halte ich jedenfalls für Zeitverschwendung.

Ohne Praxis geht es natürlich nicht. Allerdings gibt es zwei Möglichkeiten, damit umzugehen, wenn man einmal von den Pflichtpraktika absieht, die von der Prüfungsordnung vorgeschrieben sind:

- Praktische Phasen in die Semesterferien (offiziell: vorlesungsfreie Zeit) legen und möglichst auf spätere Tätigkeitsfelder bezogen arbeiten und so einschlägige Berufserfahrung erwerben. Dabei darf man nicht vergessen, sich immer qualifizierte Arbeitszeugnisse ausstellen zu lassen. Das Problem: Wenn einem die große Chance über den Weg läuft, kann man sie meist nicht ergreifen, weil man bis zum Abschluss noch ein paar Semester vor sich hat.
- Schnelles Studium ohne zusätzliche Praxis und am Ende die eingesparte Zeit in praktische Projekte investieren. Der Vorteil: Man hat ein kurzes Studium und kann seine Chance anschließend gleich nutzen.

Gute Einstiegsmöglichkeiten bieten auch sogenannte Traineeprogramme oder Training-on-the-Job-Aktivitäten. Grundsatz vieler Unternehmen ist, kaufmännische und technische Führungspositionen mit Mitarbeitern aus den eigenen Reihen zu besetzen. Traineeprogramme helfen bei der Heranbildung von Führungsnachwuchskräften, die dann weltweit zur Verfügung stehen. Sie richten sich sowohl an diplomierte als auch an promovierte Hochschulabsolventen. Mit den Traineeprogrammen erhalten hoch qualifizierte Nachwuchsleute die Möglichkeit, einen umfassenden Einblick in die Arbeit eines Unternehmens zu gewinnen sowie fachliche und soziale Kompetenz durch wechselnde Aufgaben und Einsatz in verschiedenen Abteilungen weiterzuentwickeln. Dabei können sie aktiv Veränderungsprozesse mitgestalten und tragen durch ressortübergreifendes Denken und Handeln zu einem kontinuierlichen Verbesserungsprozess bei.

Wenn Sie sich also in einem Unternehmen orientieren und nicht direkt in einem konkreten Bereich starten wollen, ist so ein Traineeprogramm die richtige Einstiegsmöglichkeit. Voraussetzung: Sie sind offen und interessiert für verschiedene Bereiche und deren Möglichkeiten. Traineeprogramme erstrecken sich meist über einen Zeitraum von zwölf bis 18 Monaten, gegliedert in eine Grund- und eine Fachbildungsphase.

Während der ersten acht Monate durchläuft man die Grundbildung und arbeitet in verschiedenen Bereichen an kleineren Projekten mit, wobei solche drei- bis achtwöchigen Abschnitte je nach Firma auch im Ausland stattfinden können. Zwischen den Abteilungseinsätzen finden die „off-the-job“-Wochen statt: Besichtigung verschiedener Firmenbereiche, regelmäßige Informations- und Erfahrungsaustauschrunden, Seminare zu fachübergreifenden Themen, teilweise auch individuelle Fremdsprachentrainings.

In der abschließenden Fachbildung wird man dann in dem Bereich eingesetzt, für den man sich nach der Grundbildungsphase entschieden hat.

Direkteinstieg heißt „on-the-job“ auf einer konkreten Stelle im Unternehmen. In fast allen Unternehmen gibt es Stellen für Hochschulabsolventen, die parallel zur Übernahme neuer Aufgaben auch eine individuelle Einarbeitung ermöglichen. Dazu erhält man am ersten Arbeitstag eine Infomappe mit grundlegenden und allgemeinen Hinweisen für neue Mitarbeiter, und Lesen hat man ja schließlich gelernt. Flankiert wird das Ganze meist von Infoveranstaltungen mit Wissenswertem zum Personalwesen, zu den Sozialleistungen und den unterschiedlichen Aufgaben und Funktionen einzelner Unternehmensbereiche. Die individuelle Einarbeitung in die neue Aufgabe ergibt sich aus deren Anforderungen und Ihrem individuellen Qualifikationsstand. Auf dieser Basis wird dann ein gezielter Einarbeitungsplan erstellt.

Wer also bereits konkrete Vorstellungen über den künftigen Aufgabenbereich hat und idealerweise auch einschlägige Erfahrungen in Form von Praktika oder einer spezialisierten Studienrichtung mitbringt, eignet sich besonders für dieses Training-on-the-Job. Engagierte und qualifizierte Nachwuchskräfte im kaufmännischen Bereich finden dabei erfahrungsgemäß vielfältige Berufschancen und Aufstiegsmöglichkeiten. Der Direkteinstieg bietet eine gute Basis für die weitere berufliche Entwicklung, die von vielen Unternehmen durch Weiterbildungsmaßnahmen und eine individuelle Laufbahnplanung systematisch unterstützt wird. Die Erwartungen auf Arbeitgeberseite allerdings sind hoch: Erstklassiger Universitäts- oder Fachhochschulabschluss und ein hohes Maß an sozialer Kompetenz, überdurchschnittliches Engagement, Kreativität, Flexibilität und zielorientiertes Arbeiten zählen ebenso zu den häufig in Stellenausschreibungen zu lesenden und gern gesehenen Stärken wie gute Fremdsprachenkenntnisse.

3 Bedeutung von Zusatzqualifikationen

Bevor man über deren Bedeutung philosophiert, sollte man vielleicht zunächst einmal klären, was denn Zusatzqualifikationen überhaupt sind. Ein Studienabschluss ist sicher unbestritten eine Qualifikation. Beim Arbeitsamt spricht man in diesem Zusammenhang auch vom ersten berufsqualifizierenden Abschluss. Die Frage ist nur, für welchen Beruf qualifiziert ein solcher Abschluss?

Um diese Frage beantworten zu können, möchte ich zwei Unterscheidungen einführen, nämlich Berufsfertigkeit und Berufsfähigkeit. Nachdem Hochschulen ja keine Berufsausbildungen anbieten, sondern ein Studium grundlegender Fakten, Methoden und Theorie, erzeugen sie eher eine Berufsfähigkeit. Mehrfach habe ich ja bereits die wissenschaftliche Vollimprägnierung als grundlegendes Ziel eines Hochschulstudiums angepriesen, das jenseits aller kurzfristigen Berufsfertigkeit eine dauerhafte Qualifikation darstellt, die Grundlage gewissermaßen für das lebenslange Lernen. Die Hochschulen wären schlecht beraten, diese Berufsfähigkeit über Bord zu werfen, bloß weil sie im Arbeitgebersinne nicht direkt umsetzbar ist.

Da nun jeder Absolvent eines Studienfachs rein äußerlich ungefähr die gleiche Qualifikation mitbringt, bemüht man sich darum, anders auszusehen als die Konkurrenz. Was man dazu braucht ist ein USP, ein Unique Selling Point oder zu Deutsch: ein Alleinstellungsmerkmal, etwas, das andere nicht haben. Zusatzqualifikationen werden im Allgemeinen als derartige Attribute betrachtet, unterliegen jedoch inflationären Tendenzen, weil sie mittlerweile jeder hat:

- Sprachkenntnisse
- EDV-Kenntnisse
- Auslandserfahrung
- Berufserfahrung

Was könnte man also noch aufweisen? Wie wäre es mit
- außerfachlichen Erfahrungen, beispielsweise politischem oder sozialem Engagement, Mitarbeit in Vereinen, gepflegten künstlerischen Talenten bei Musik, Theater oder Bildender Kunst, mit Erfolg betriebenen besonderen Sportarten, Preisträger bei irgendwelchen Wettbewerben etc. oder
- Schlüsselqualifikationen, aber nicht die übliche Teamfähigkeits-Organisationstalent-Belastbarkeits-Arie, wie sie in jeder Stellenausschreibung unter dem Begriff Soft Skills zu lesen ist, sondern jenseits des Fachwissens liegende Fähigkeiten, etwa punktgenaues Schreiben und Reden, Geradeaus- und Querdenken-Können oder Ausstrahlung haben.

3.1 Aufbaustudiengänge im Inland

Man könnte ja auch auf die Idee kommen, sich durch möglichst viele Titel von der Konkurrenz unterscheiden zu wollen und für ganz bestimmte Marktnischen zusätzliche Kenntnisse in einem Aufbaustudiengang erwerben zu wollen. Die Überlegung ist möglicherweise nicht schlecht, es darf aber nicht zu lange dauern. Ein Studienabschluss ist bereits eine theoretische Qualifikation. Da noch eine weitere Instruktionsphase außerhalb der Praxis draufzusetzen, halte ich für verfehlt. Die Zeit könnte man mit dem Sammeln von praktischen Erfahrungen sicher besser nutzen. Also lieber raus in den Beruf, als von der Schulbank wieder auf die Schulbank zu gehen und dabei alt zu werden. Nach einem einjährigen Aufbaustudiengang ist man im Regelfall ein Jahr weiter vom Beruf entfernt als zuvor. Einzige Ausnahme: Die Zusatzausbildung wird vom Arbeitsamt als Adaption des Hochschulwissens an ganz konkrete Berufsbilder vermittelt oder gar finanziert und schließt mit einem integrierten Praktikum bei einem potenziellen Arbeitgeber ab.

Brock meint zum Thema Aufbaustudiengänge: „Die Programme sind in den seltensten Fällen wirklich aufgrund von Arbeitsmarktanforderungen entstanden. Meistens ist es eher so, dass man rückläufige Studentenzahlen in grundständigen Studien damit aufzufangen versucht, dass man nun einen irgendwie berufsbezogen klingenden Zusatzstudiengang anbietet. Wissenschaftlich mag das ja alles ganz interessant sein, und es hilft sicher auch, Arbeitsplätze an den Instituten zu erhalten. Jobperspektiven kann man aber sicher besser über die Praxis erarbeiten."

3.2 MBA – the Holy Grale of Economy?

Der Master of Business Administration ist ein so genannter Postgraduiertenabschluss, der von vielen Hochschulen und vor allem in den USA angeboten und als die Eintrittskarte ins internationale Geschäft gepriesen wird. Aber Vorsicht: Bei derartigen Lobgesängen ist nach allgemeiner Lebenserfahrung Skepsis angebracht. Denn wenn dieser MBA tatsächlich so hoch im Kurs steht und Tür und Tor zur Wirtschaft öffnet, sollte doch auch das Niveau des Abschlusses entsprechend hoch sein. Dem ist aber leider nicht immer so. Viele BWL-Studenten deutscher Universitäten gehen nach dem Vordiplom und dem dritten Studienjahr für zwei Semester ins Ausland und kommen mit einem MBA zurück.

Brock meint dazu: „Das spricht entweder für das Niveau unserer Hochschulen oder stellt den MBA dahin, wo er hingehört. Übrigens: Vor Jahren las ich einen Artikel in der Zeit, der sich unter dem Titel *Versager mit Diplom* kritisch mit dem blinden Irrglauben auseinandersetzt, MBA-Inhaber hätten das Pulver erfunden." (Die Zeit, 36/2002, S. 67)

Und noch etwas: Wie für alle Eintrittskarten muss man auch für den MBA zahlen. Mit einer Handvoll Dollar allerdings ist es nicht getan. Die Studiengebühren betragen je nach Hochschule bis zu 50.000 € per anno. Außerdem muss man bei echten Postgraduate Masters ja auch auf ein bis zwei Berufsjahre verzichten, macht wiederum rund 50.000 bis 100.000 €. Da stellt sich für den ordentlichen Kaufmann natürlich sofort die Frage des ROI: Return of Investment.

Was Inhalte und Niveau angeht, sind die Programme an den einzelnen Hochschulen sehr unterschiedlich. Dennoch ist für Studierende und Absolventen der Wirtschaftswissenschaften der Fachtest GMAT (Graduate Management Admission Test) erforderlich. Er wird von nahezu allen amerikanischen Graduate Schools mit MBA-Programmen verlangt. Die gebührenpflichtigen Tests können an verschiedenen Hochschulorten in Deutschland abgelegt werden. (Siehe im Internet unter www.mba.com/mba. Unter www.petersons.com/testprepchannel/ gmat_index.asp gibt es ein paar nette Beispielaufgaben mit automatischer Ergebnisermittlung, die mehr sagen als tausend Worte.)

Manche Hochschulen gehen im Interesse ihrer Studenten völlig andere Wege beim Versuch der Internationalisierung:

- Über Kooperationsverträge, die eine Doppeldiplomierung zum Ziel haben, erwirbt man zwei Abschlüsse, beispielsweise den Diplom-Kaufmann Univ. daheim und einen BA Honors auswärts.
- Zusammen mit europäischen Universitäten bieten einige FHs ihren Studiosi ein Aufbaustudium zuweilen auch in zwei verschiedenen Ländern an, das mit dem European Master of Business Administration (MBA) abschließt. Die Studiengebühren sind hier etwas moderater als in den USA und betragen etwa 8.000 €.
- Und schließlich gibt es noch die Form des Weiterbildungsstudiums, das den hoffnungsvollen akademischen Nachwuchs nach ein paar Jahren Berufserfahrung an die Alma Mater zum berufsbegleitenden Weiterlernen zurückholt. Beispielhaft für diese Art, den MBA zu erwerben, sei das schon seit 1997 laufende Progamm *Postgraduate Master Studies International Business* an der Fachhochschule Nürnberg genannt, mit nur 2.000 € pro Semester ein echtes Schnäppchen.

3.3 Promotion

Die Krönung eines theoretischen Studiums ist der Erwerb des Doktorgrads an einer der wissenschaftlichen Hochschulen, denn nur die haben das Promotionsrecht. Die Promotion weist nach, dass man mehr kann als ein normaler Master- oder Diplomabsolvent, zumindest was die Erforschung eines bestimmten Themas angeht. Die Promotionsordnungen, von Uni zu Uni durchaus verschieden, verklausulieren dies meist mit der Formulierung „besondere Befähigung zum wissenschaftlichen Arbeiten“.
Voraussetzung ist dabei, dass man erst einmal einen ersten berufsqualifizierenden wissenschaftlichen Abschluss erworben hat, beispielsweise also Diplom- oder Master Univ.. Hinzu kommt an den meisten Unis noch die Forderung nach einer Mindestnote: entweder eine glatte Zwei in der Abschlussarbeit oder „gut“ als Gesamtnote, wobei ja meist 2,5 noch als solches zählt.

Die neumodischen Bachelorabschlüsse an Universitäten oder Fachhochschulen berechtigen nicht zum Promotionsstudium. Sie sind zwar allesamt erste berufsqualifizierende Abschlüsse, bieten aber eben nicht die wissenschaftliche Vollimprägnierung, die für eine Doktorarbeit vorausgesetzt wird. Erst mit dem Master wird diese Voraussetzung erfüllt.

Mit FH-Diplom besteht mittlerweile überall die Möglichkeit einer Promotionseignungsprüfung, wenn man schlechtestenfalls eine 1,5 als Gesamtnote hat, also

„sehr gut". Nur wenige Universitäten eröffnen FH-Diplomern den direkten Weg als Doktoranden, auch hier meist an eine hervorragende Leistung im Erststudium gekoppelt. Laut *thesis*, dem Doktorandennetz im Web (www.thesis.de), sind die Universitäten Magdeburg, Halle-Wittenberg und Potsdam sowie die TU Berlin und die Fernuni Hagen einer Promotion von FH-Absolventen nicht abgeneigt. Die Uni Magdeburg formuliert das in ihrer wirtschaftswissenschaftlichen Promotionsordnung beispielsweise so: „Im Einzelfall kann zur Promotion auch zugelassen werden, wer ein ordnungsgemäßes Studium der Wirtschaftswissenschaft an einer deutschen Fachhochschule nachweist und dieses Studium mit einem Prädikatsexamen (mindestens gut) abgeschlossen hat. Voraussetzung ist, dass die Fakultät ihre grundsätzliche Zustimmung vor Beginn des Promotionsvorhabens ausgedrückt hat. Einem hierauf gerichteten Antrag sind Gutachten eines Fachhochschulprofessors und zweier Professoren der Fakultät beizufügen, die dem Bewerber ausreichende methodische Fähigkeiten und Kenntnisse bescheinigen und in denen die Erfolgsaussichten des Promotionsvorhabens positiv eingeschätzt werden; der Antrag kann nur einmal gestellt werden."
Hagen hingegen akzeptiert als Promotionsvoraussetzung einen qualifizierenden Abschluss eines betriebswirtschaftlichen Fachhochschulstudiengangs, sofern die Gesamtnote „sehr gut" lautet, und daran anschließende angemessene auf die Promotion vorbereitende Studien durchgeführt wurden.

Brock meint dazu: „Trotz intensiver Recherche konnte ich keine Universität finden, die Wirtschaftsabsolventen mit FH-Diplom ohne Vorbehalte an eine Doktorarbeit heranlässt. Besser also, gleich an der Uni den wissenschaftlichen Abschluss machen."

Die Promotionsleistungen bestehen aus zwei Teilen:

Dissertation
Eine schriftliche Abhandlung über ein Thema, die über den Stand der Forschung hinausgeht, auch Doktorarbeit genannt, und am Ende des Promotionsverfahrens veröffentlicht werden muss, oft auf eigene Kosten.

Mündliche Prüfung
Die heißt je nach Uni und Ausrichtung entweder Rigorosum oder Disputation. Manchmal hat man sogar die Wahl, ob man sich lieber rigoros prüfen lassen oder selbst gewählte Thesen disputierend vertreten will. In jedem Fall muss man Fachgebiete und Prüfer für die mündliche Prüfung auswählen, die meist als gepflegtes wissenschaftliches Gespräch gebildeter Menschen stattfindet.

Zur Belohnung wird der Titel eines Doktors der Wirtschaftswissenschaften „Dr. oeconomiae“ (Dr. oec.) oder eines Doktors der öffentlichen Dinge „Dr. rerum politicae“ (Dr. rer. pol.) verliehen. Für eine wissenschaftliche Tätigkeit an einer Universität oder eine Dozententätigkeit an einer FH ist der Doktortitel Voraussetzung. In den übrigen Berufsfeldern ist er sicherlich eine Zierde und führt beruflich hier und da auch weiter als ein Diplom, eine Job- oder gar Karrieregarantie ist der Doktorgrad aber nicht. Und der Preis, den man für einen solchen Titel zahlt, ist hoch: Mehrere Jahre Forschungsarbeit sind in der Regel erforderlich. Wenn man Glück hat, ist eine Förderung für etwa zwei Jahre möglich. Die ganz vom Glück Verfolgten haben einen Teilzeitjob an der Uni, an der sie promovieren und sind damit wenigstens finanziell grundgesichert. Solche Mitarbeit hat den Vorteil, dass man in das Institut eingebunden ist, was wiederum auch ein Nachteil sein kann.

Brock zieht Bilanz: „Vorsicht beim Qualifikationsstapeln! Alles, was lange dauert und nicht unmittelbar und nachweislich in den Beruf führt, ist von Übel. Auch das Spezialisieren auf den Kopf einer Stecknadel im Heuhaufen in Form einer Doktorarbeit macht einen vielfach nur älter, statt berufliche Perspektiven zu verbessern.“

Epilog

Brock steht am Fenster und schaut hinaus in den Regen. Nichts als Regen, seit Wochen ging das nun schon so. Ob Alex und Andi eigentlich wirklich kapiert haben, worauf er hinauswollte? Und die Leser dieses Buchs? Wissen die jetzt, was Sache ist?
Schon irgendwie komisch, wie das Leben spielt. Am Ende bleiben doch immer mehr Fragen offen, als tatsächlich beantwortet werden. Brock nimmt einen tiefen Schluck aus seiner alten Bürotasse. „Pulverkaffee, seit 20 Jahren nichts als Pulverkaffee", murmelt er halblaut und hat plötzlich eine Stinkwut auf seinen Job, auf die Uni und auf die Studenten.
Und überhaupt, was wird denn Alex jetzt studieren, wo er keinen Platz in Internationaler BWL bekommen hat? Und die Sache mit dem Zivildienst war auch noch nicht klar: „Wenn der keine Stelle kriegt, sieht er alt aus", murmelt Brock.
Und Andi? Sie kassierte auf ihren hochfliegenden Bewerbungen in Mannheim, Köln und Freiburg nur Ablehnungen. Zum Glück hatte sie sich noch in Ingolstadt beworben, wohl eher als Notlösung, und ausgerechnet dort hatte es geklappt. „Dann studier ich doch lieber gleich Pädagogik hier an der Uni", hat sie Brock an den Kopf geworfen, als sie mit ihren Ablehnungsbescheiden in der Hand zu ihm kam. Aber er hatte es ja gleich gewusst! Und hatte er sie nicht noch gewarnt im Vorfeld?
„Kurt", entfuhr es Brock plötzlich sorgenvoll und er fasste sich an die Stirn. „Meinen eigenen Sohn habe ich fast vergessen. Der hat doch auch jetzt Abi gemacht und ich habe ihn das ganze Buch über nicht gesehen. Was will denn der eigentlich studieren?"
Wieder sieht Brock aus dem Fenster. Der Regen hat nachgelassen, und er wird jetzt wohl nach Hause gehen.

Ja, liebe Leserinnen und Leser, was wird Alex wohl machen? Und Andi, wird sie den Studienplatz in Ingolstadt nehmen? Und wer ist eigentlich Kurt? Und überhaupt, wie geht es weiter mit Dr. Brock?
Viele offene Fragen, auf die es in diesem Buch keine Antworten mehr gibt. Aber mit ein wenig Glück sehen wir uns vielleicht alle wieder, im zweiten Teil dieser wunderbaren Geschichte, wenn es um die Frage geht: „Kann man Sprachen eigentlich studieren?"

Anhang

I Literaturhinweise

Becher, Stephan: Schnell und erfolgreich studieren. Organisation – Zeitmanagement – Arbeitstechniken. Würzburg: Lexika Verlag, 2006.

Bundesminister für Forschung und Technologie (Hrsg.): Die Begabtenförderungswerke der BRD. (Kostenlos anzufordern.)

Bundesminister für Forschung und Technologie (Hrsg.:) Die Förderung nach dem Bundesausbildungsförderungsgesetz. (Erscheint jährlich neu; kostenlos bei den BAföG-Ämtern der Studentenwerke erhältlich.)

Deutsches Studentenwerk, Bonn (Hrsg.): Förderungsmöglichkeiten für Studierende. Bad Honnef: Bock Verlag, 2003.

Heer, Susanne; Salaws, Ausma: Karrieren unter der Lupe: Betriebswirte – Volkswirte. Würzburg: Lexika Verlag, 2000.

Homberg, Jens O.: Berufswahl für Abiturienten. Ausbildungs- und Studienwege in Deutschland, Österreich und der Schweiz. Würzburg: Lexika Verlag, 2002.

Krämer, Sabine; Walter, Klaus-Dieter: Konzentration und Gedächtnis. Ein Trainingsprogramm für 30 x 20 Minuten. Würzburg: Lexika Verlag, 2006.

Studien- und Berufswahl 2009/2010. Informationen und Entscheidungshilfen. Hrsg: Bund-Länder-Kommission für Bildungsplanung und Forschungsförderung (BLK) und Bundesagentur für Arbeit Nürnberg: BW Verlag, 2009.

Stipendienführer des DAAD. (Erscheinen jährlich neu; kostenlos erhältlich beim Akademischen Auslandsamt Ihrer Hochschule.)

Weiß, Hans-Joachim: Prüfungsangst. Wie entsteht sie? Was richtet sie an? Wie begegne ich ihr? Würzburg: Lexika Verlag, 1997.

II Adressen Auslandspraktikum / Auslandsstudium

Deutscher Akademischer Austauschdienst (DAAD)
Kennedyallee 50, 53175 Bonn
Tel. (02 28) 8 82-0
www.daad.de

Deutsches Komitee der AIESEC
(Association Internationale des Etudiants en Sciences Economiques et Commerciales)
Kasernenstraße 26, 53111 Bonn
Tel. (02 28) 2 89 80-0
www.aiesec.de

Deutsche Gesellschaft für Technische Zusammenarbeit (GTZ)
Postfach 5180, 65726 Eschborn
Tel. (0 61 96) 79-0
www.gtz.de

Carl-Duisberg-Gesellschaft (CDG)
Breite Straße 29, 10178 Berlin
Tel. (0 30) 20 28-16 02
www.cdg.de

Berufsakademie der Deutsch-Britischen Handelskammer
European College of Business and Management
69–71 Great Eastern Street, London EC2A 3HU, Großbritannien
Tel. +44 20 77 49 59 30
www.eurocollege.org.uk

Deutsch-Französisches Jugendwerk (DFJW)
Molkenmarkt 1, 10179 Berlin
Tel. (0 30) 28 87 57-0
www.dfjw.org

Career Services der Deutsch-Amerikanischen Handelskammer (GACC)
75 Broad Street, 21st Floor, New York NY 10004, USA
Tel. +12 12 97 48 83 0
www.gaccny.com

TravelWorks GmbH (vertreten Council on International Exchange, das CIEE-Büro in Berlin wurde geschlossen)
Münsterstraße 111, 48155 Münster
Tel. (0 25 06) 83 03-2 30
www.travelworks.de

British Council
Hackescher Markt 1, 10178 Berlin
Tel. (0 30) 31 10 99-0
www.britishcouncil.de

Internationale Jugendgemeinschaft (IJGD-Workcamps)
Kasernenstraße 43, 53111 Bonn
Tel. (02 28) 2 28 00-0
www.ijgd.de

Büro Führungskräfte zu Internationalen Organisationen (BFIO)
siehe unter ZAV
www.arbeitsamt.de/zav/kontakt/bfio.html

Zentralstelle für Arbeitsvermittlung ZAV
Villemombler Str. 76, 53123 Bonn
Tel. (02 28) 7 13-0
www.arbeitsagentur.de

Praktikantenbüro der Europäischen Kommission
B100 01/7, B-1049 Brüssel (Belgien)
http://ec.europa.eu/stages/index_de.htm

Deutscher Industrie- und Handelskammertag
Breite Straße 29, 10178 Berlin
Tel. (0 30) 2 03 08-0
www.diht.de

III Internetseiten für Wirtschaftsbeflissene

www.jobworld.de
Die Meta-Suchmaschine für den Stellenmarkt; gleichzeitig in verschiedenen Job-, Stellen- und Praktikumsbörsen suchen.

www.berufsstart.de
Stellenmarkt, Praktikumsbörse, Firmenporträts, Schlagwortverzeichnis von A wie Anforderungsprofil bis Z wie Carl Zeiss, Jena für Wirtschaftswissenschaftler.

www.iwkoeln.de
Institut der deutschen Wirtschaft Köln

www.deutschland-innovativ.de
Datenbanken, Internetdienste, Presseschau, Forschungsprojekte, Märkte, Meinungen, Existenzgründung u.a. Datenbank und Links zu allen wichtigen Einrichtungen, statistischen Ämtern, Wirtschaftsverbänden, Zeitungen und Zeitschriften etc. Die Fundgrube schlechthin!

http://holderied.de/DeutscheHochschulen.html
Schlichtweg alle Hochschulen in Deutschland sind aufgelistet, direkter Zugriff auf die Homepage; eine höchst lobenswerte Fleißarbeit!

www.hochschulkompass.de
Hochschulkompass der HRK; alle Adressen, Studiengänge und Hochschulen in Deutschland.

http://jobboerse.arbeitsagentur.de
Stellenvermittlung des ehemaligen Arbeitsamts: über 800.000 aktuelle Angebote einschließlich Ausbildungsstellen.

http://infobub.arbeitsagentur.de/berufe/index.jsp
Diese Datenbank der Bundesagentur für Arbeit mit dem Namen „berufeNET" ersetzt die früher bekannten und beliebten „Blätter zur Berufskunde". Dort sind alle Fragen rund um Studium und Beruf beantwortet.

www.arbeitsagentur.de
Die Seite rund ums Arbeiten, für Arbeitgeber und Arbeitnehmer, mit allen Infos von A wie Arbeitslosengeld II bis Z wie Zulagen für Schlechtwetterberufe.

www.bonding.de
Bonding baut an der Uni Brücken zwischen Studenten und Unternehmen; Kontaktforen.

www.stiftungsindex.de
Zentraler Wegweiser zu allen Arten von Stipendien, auch zur Studienförderung.

www.stifterverband.org
Der Stifterverband verwaltet treuhänderisch Stiftungsvermögen und gewährt Projektmittel, Stipendien, Druck- und Reisebeihilfen etc.

www.fortune.com
Die 500 größten Firmen der Welt. Sie können ja schon mal überlegen, wo Sie mit Ihrem Business stehen wollen, wenn Sie erst einmal CEO sind.

www.daad.de
Alle Infos über Auslandsstudium, Förderungsmöglichkeiten, Antragsfristen und Antragsformulare.

www.bahn.de
Die schnelle DB-Verbindungsauskunft, falls Sie sich Studienorte und Hochschulen per Bahn anschauen wollen.

www.pohlw.de/lernen/index.htm
„Also lautet der Beschluss, dass der Mensch was lernen muss: Nicht allein das ABC …“, höchst lobenswerte Seiten über Themen wie „Lernen lernen“ und Arbeitstechniken.

www.hochschulkompass.de – Stichwort: „Weiterführendes Studienangebot“
Für alle, die die Finger nicht von der Hochschule lassen können und lieber noch einmal studieren, statt zu arbeiten: die Datenbank der Aufbaustudiengänge an deutschen Hochschulen.

www.studienwahl.de
Die Internetversion des bekannten Buchs „Studien- und Berufswahl": stark im Überblick, zuweilen etwas schwach im Detail, aber immer lesenswert. Glauben sollten Sie allerdings nur dem autorisierten Infomaterial der Studienberatung der jeweiligen Hochschule.

www.lulu.com/wiwio
Die auf diesen Seiten vorgestellten Skripten und Schulungen sind vorrangig für Studenten der Wirtschaftswissenschaften an der Fernuniversität Hagen gedacht. Sie können jedoch auch von Wiwi-Studenten (BWL, VWL) anderer Universitäten gewinnbringend genutzt werden.

www.wisu.de
WISU: Das Wirtschaftsstudium, eine Zeitschrift für Studium, Ausbildung und Berufseinstieg. Hier lohnt es sich, wegen der Studientipps mal reinzuschauen.

www.diw-berlin.de/welcome.html
Deutsches Institut für Wirtschaftsforschung: jede Menge Daten und Untersuchungsergebnisse zu unterschiedlichen Wiwi-Themen.

www.wissenschaftsrat.de
Homepage des Wissenschaftsrats mit Links zu allen wichtigen Wissenschaftsorganisationen und Stiftungen/Fördereinrichtungen.

www.vhb.org
Die Internetseiten der Virtuellen Hochschule Bayern (vhb). Interessenten können sich hier über das Lehrangebot der vhb informieren. Besonders interessant sind die Schnupperseiten, die einen detaillierten Einblick in die einzelnen Kurse ermöglichen.

http://freetutorials.de
Kostenlose Tutorien zu betriebswirtschaftlichen Themen.

www.currywursttest.de
Die ultimative unabhängige Currywurstbudentestseite! Das bedeutet: Testesser geben hier eine Bewertung einer Wurstbude ab, nachdem sie dort eine Wurst verspeist haben.

IV Hochschulen: Anschriften, Telefonnummern, Homepages

Aachen FH
Fachhochschule Aachen
Kalverbenden 6
52066 Aachen
Tel. 0241 6009-0; Fax 6009-51090
www.fh-aachen.de

Aachen TH
Rheinisch-Westfälische Technische Hochschule Aachen
Templergraben 55
52062 Aachen
Tel. 0241 80-1; Fax 80-92312
www.rwth-aachen.de

Aalen H
Hochschule Aalen - Technik und Wirtschaft
Beethovenstraße 1
73430 Aalen
Tel. 07361 576-0; Fax 576-2250
www.fh-aalen.de

Albstadt-Sigmaringen H
Hochschule Albstadt-Sigmaringen
Anton-Günther-Straße 51
72488 Sigmaringen
Tel. 07571 732-0; Fax 732-229
www.hs-albsig.de

Amberg-Weiden H
Hochschule für angewandte Wissenschaften
Fachhochschule Amberg-Weiden
Kaiser-Wilhelm-Ring 23
92224 Amberg
Tel. 09621 482-0; Fax 482-110
www.haw-aw.de

Anhalt H
Hochschule Anhalt (FH), Hochschule für angewandte Wissenschaften
Bernburger Straße 55
6366 Köthen
Tel. 03496 67-1000; Fax 67-1099
www.hs-anhalt.de

Ansbach FH
Fachhochschule Ansbach
Residenzstraße 8
91522 Ansbach
Tel. 0981 4877-0; Fax 4877-188
www.fh-ansbach.de

Aschaffenburg H
Hochschule für angewandte Wissenschaften – Fachhochschule Aschaffenburg
Würzburger Straße 45
63743 Aschaffenburg
Tel. 06021 314-5; Fax 314-600
www.fh-aschaffenburg.de

Augsburg H
Hochschule für angewandte Wissenschaften – Fachhochschule Augsburg –
University of Applied Sciences
An der Fachhochschule 1
86161 Augsburg
Tel. 0821 5586-0; Fax 5586-3222
www.fh-augsburg.de

Augsburg U
Universität Augsburg
Universitätsstraße 2
86159 Augsburg
Tel. 0821 598-0; Fax 598-5505; - 5116
www.uni-augsburg.de

Bad Homburg accadis FH
accadis Hochschule Bad Homburg
Du Pont-Straße 4
61352 Bad Homburg
Tel. 06172 9842-0; Fax 9842-20
www.accadis.com

Bad Honnef – Bonn FH
Internationale Fachhochschule
Bad Honnef – Bonn
Mülheimer Str. 38
53604 Bad Honnef
Tel. 02224 9605-102; Fax 9605-115
www.fh-bad-honnef.de

Bamberg U
Otto-Friedrich-Universität Bamberg
Kapuzinerstraße 16
96047 Bamberg
Tel. 0951 8630; Fax 8631005
www.uni-bamberg.de

Bayreuth U
Universität Bayreuth
Universitätsstraße 30
95447 Bayreuth
Tel. 0921 55-0; Fax 55-5290
www.uni-bayreuth.de

Berlin BHT
Beuth Hochschule für Technik Berlin
Luxemburger Str. 10
13353 Berlin
Tel. 030 4504-0; Fax 4504-2705
www.beuth-hochschule.de

Berlin ESCP-EAP
ESCP-EAP Europäische
Wirtschaftshochschule Berlin
Heubnerweg 6
14059 Berlin
Tel. 030 320 07 0; Fax 320 07 111
www.escpeurope.de

Berlin ESMT
ESMT European School of Management
and Technology
Schlossplatz 1
10178 Berlin
Tel. 030 212310; Fax 212319
www.esmt.org

Berlin FH Best-Sabel
Best-Sabel-Fachhochschule Berlin
Rolandufer 13
10179 Berlin
Tel. 030 640949-85; Fax 640949-87
www.best-sabel.de/Fachhochschule/BEST-Sabel-Fachhochschule_Berlin.php

Berlin FHTouro
Touro College Berlin
Am Rupenhorn 5
14055 Berlin
Tel. 030 3006860; Fax 30068639
www.touroberlin.de

Berlin FU
Freie Universität Berlin
Kaiserswerther Str. 16-18
14195 Berlin
Tel. 030 838-1; Fax 838-73167
www.fu-berlin.de

Berlin HTW
Hochschule für Technik und Wirtschaft
Berlin
Treskowallee 8
10318 Berlin
Tel. 030 5019-0; Fax 5090134
www.htw-berlin.de

Berlin HU
Humboldt-Universität zu Berlin
Unter den Linden 6
10117 Berlin
Tel. 030 2093-0; Fax 2093-2729
www.hu-berlin.de

Berlin HWR
Hochschule für Wirtschaft und Recht Berlin
Badensche Straße 50-51
10825 Berlin
Tel. 030 85789-0; Fax 85789-199
www.hwr-berlin.de

Berlin IBS
International Business School Berlin
Wilmersdorfer Straße 117
10627 Berlin
Tel. 030 3151935-0; Fax 3151935-20
www.ibsberlin.com

Berlin SHB
Steinbeis-Hochschule Berlin
Gürtelstr. 29A/30
10247 Berlin
Tel. 030 293309-0; Fax 293309-20
www.steinbeis-hochschule.de

Berlin SRH
SRH Hochschule Berlin
Ernst-Reuter-Platz 10
10587 Berlin
Tel. 030 922535-45; Fax 922535-55
www.srh-hochschule-berlin.de

Berlin TU
Technische Universität Berlin
Straße des 17. Juni 135
10623 Berlin
Tel. 030 314-0; Fax 314-23222
www.tu-berlin.de

Biberach H
Hochschule Biberach – Hochschule für Architektur und Bauwesen, Betriebswirtschaft und Biotechnologie
Karlstraße 11
88400 Bahnstock
Tel. 07351 582-0; Fax 582-119
www.hochschule-biberach.de

Bielefeld FH
Fachhochschule Bielefeld
Kurt-Schumacher-Straße 6
33615 Bielefeld
Tel. 0521 106-01; Fax 106-7790
www.fh-bielefeld.de

Bielefeld FHM
Fachhochschule des Mittelstandes (FHM)
Ravensberger Straße 10 G
33602 Bielefeld
Tel. 0521 9 66 55 10; Fax 9 66 55 11
www.fhm-mittelstand.de

Bielefeld U
Universität Bielefeld
Universitätsstraße 25
33615 Bielefeld
Tel. 0521 106-00; Fax 106-5844, -6464
www.uni-bielefeld.de

Bochum EBZ
EBZ Business School –
University of Applied Sciences
Springorumallee 20
44795 Bochum
Tel. 0234 9447-606; Fax 9447-199
www.ebz-business-school.de

Bochum H
Hochschule Bochum –
Bochum University of Applied Sciences
Lennershofstraße 140
44801 Bochum
Tel. 0234 32-10000; Fax 32-14780
www.hochschule-bochum.de

Bochum TFH
Technische Fachhochschule Georg Agricola für Rohstoff, Energie und Umwelt zu Bochum – Staatlich anerkannte Fachhochschule der DMT
Herner Straße 45
44787 Bochum
Tel. 0234 968-02; Fax 968-3417
www.tfh-bochum.de

Bochum U
Ruhr-Universität Bochum
Universitätsstraße 150
44801 Bochum
Tel. 0234 32-22830; Fax 32-14131
www.ruhr-uni-bochum.de

Bonn-Rhein-Sieg H
Hochschule Bonn-Rhein-Sieg
Grantham-Allee 20
53757 Sankt Augustin
Tel. 02241 865-0; Fax 865-609
www.h-bonn-rhein-sieg.de

Bonn U
Rheinische Friedrich-Wilhelms-Universität Bonn
Regina-Pacis-Weg 3
53113 Bonn
Tel. 0228 73-0; Fax
www.uni-bonn.de

Brandenburg FH
Fachhochschule Brandenburg
Magdeburger Straße 50
14770 Brandenburg
Tel. 03381 355-0; Fax 355-199
www.fh-brandenburg.de

Braunschweig TU
Technische Universität Carolo-Wilhelmina zu Braunschweig
Pockelsstraße 14
38106 Braunschweig
Tel. 0531 391-0; Fax 391-4577
www.tu-braunschweig.de

Braunschweig / Wolfenbüttel FH
Fachhochschule Braunschweig/Wolfenbüttel
Salzdahlumer Straße 46/48
38302 Wolfenbüttel
Tel. 05331 939-0; Fax 939-1072
www.fh-wolfenbuettel.de

Bremen H
Hochschule Bremen
Neustadtswall 30
28199 Bremen
Tel. 0421 5905-0; Fax 5905-2292
www.hs-bremen.de

Bremen U
Universität Bremen
Bibliothekstraße 1
28359 Bremen
Tel. 0421 218-1; Fax 218-4259
www.uni-bremen.de

Bremerhaven H
Hochschule Bremerhaven
An der Karlstadt 8
27568 Bremerhaven
Tel. 0471 4823-0; Fax 4823-555
www.hs-bremerhaven.de

Bruchsal IU
International University in Germany Bruchsal gGmbH – staatlich anerkannte wissenschaftliche Hochschule
Campus 3
76646 Bruchsal
Tel. 07251 700-0; Fax 700-150
www.i-u.de

Brühl EUFH
Europäische Fachhochschule Rhein/Erft,
european university of applied sciences
Kaiserstraße 6
50321 Brühl
Tel. 02232 5673-0; Fax 5673-28
www.eufh.de

Chemnitz TU
Technische Universität Chemnitz
Straße der Nationen 62
9111 Chemnitz
Tel. 0371 531-0; Fax 531-1342
www.tu-chemnitz.de

Clausthal TU
Technische Universität Clausthal
Adolph-Roemer-Straße 2 A
38678 Clausthal-Zellerfeld
Tel. 05323 72-0; Fax 72-3500
www.tu-clausthal.de

Coburg H
Hochschule für angewandte Wissenschaften
Fachhochschule Coburg
Friedrich-Streib-Straße 2
96450 Coburg
Tel. 09561 317-0; Fax 317-275
www.hs-coburg.de

Cottbus TU
Brandenburgische Technische
Universität Cottbus
Konrad-Wachsmann-Allee 1
3046 Cottbus
Tel. 0355 69-0; Fax 69-2721
www.tu-cottbus.de

Darmstadt H
Hochschule Darmstadt
Haardtring 100
64295 Darmstadt
Tel. 06151 16-0; Fax 16-8949
www.h-da.de

Darmstadt TU
Technische Universität Darmstadt
Karolinenplatz 5
64289 Darmstadt
Tel. 06151 39829; Fax 16-5489
www.tu-darmstadt.de

Deggendorf FH
Fachhochschule Deggendorf
Edlmairstraße 6/8
94469 Deggendorf
Tel. 0991 3615-0; Fax 3615-297
www.fh-deggendorf.de

Dortmund FH
Fachhochschule Dortmund
Sonnenstraße 96
44139 Dortmund
Tel. 0231 9112-0; Fax 9112-313
www.fh-dortmund.de

Dortmund ISM
International School of Management
Otto-Hahn-Straße 19
44227 Dortmund
Tel. 0231 975139-0; Fax 975139-39
www.ism.de

Dortmund TU
Technische Universität Dortmund
August-Schmidt-Straße 4
44227 Dortmund
Tel. 0231 755-1; Fax 755-5150
www.uni-dortmund.de

Dresden HTW
Hochschule für Technik und
Wirtschaft Dresden (FH)
Friedrich-List-Platz 1
1069 Dresden
Tel. 0351 462-2215; Fax 462-3298
www.htw-dresden.de

Dresden TU
Technische Universität Dresden
Mommsenstraße 11
1069 Dresden
Tel. 0351 463-0; Fax 463-37284
www.tu-dresden.de

Duisburg-Essen U
Universität Duisburg-Essen
Universitätsstraße 2
45141 Essen
Tel. 0201 183-1; Fax 183-2151
www.uni-duisburg-essen.de

Düsseldorf FH
Fachhochschule Düsseldorf
Universitätsstr. Geb. 23.31/32
40225 Düsseldorf
Tel. 0211 81-00; Fax 81-15049
www.fh-duesseldorf.de

Düsseldorf U
Heinrich-Heine-Universität Düsseldorf
Universitätsstraße 1
40225 Düsseldorf
Tel. 0211 81-00; Fax 342229
www.uni-duesseldorf.de

Eberswalde FH
Fachhochschule Eberswalde
Friedrich-Ebert-Straße 28
16225 Eberswalde
Tel. 03334 657-0; Fax 657-142
www.fh-eberswalde.de

Eichstätt-Ingolstadt U
Katholische Universität Eichstätt – Ingolstadt
Ostenstraße 26
85072 Eichstätt
Tel. 08421 93-0; Fax 93-1796
www.ku-eichstaett.de

Elmshorn FH Nordakademie
Nordakademie – Staatlich anerkannte private Fachhochschule mit dualen Studiengängen
Köllner Chaussee 11
25337 Elmshorn
Tel. 04121 4090-0; Fax 4090-40
www.nordakademie.de

Emden / Leer FH
Fachhochschule Emden/Leer
Constantiaplatz 4
26723 Emden
Tel. 04921 807-0; Fax 807-1000
www.fh-oow.de

Erding FHM
Fachhochschule für angewandtes Management
Am Bahnhof 2
85435 Erding
Tel. 08122 955948-0; Fax 955948-49
www.myfham.de

Erfurt Adam-Ries FH
Adam-Ries-Fachhochschule
Juri-Gagarin-Ring 152
99084 Erfurt
Tel. 0361 65312010; Fax 65312011
www.adam-ries-fh.de

Erfurt FH
Fachhochschule Erfurt
Altonaer Straße 25
99085 Erfurt
Tel. 0361 6700-0; Fax 6700-703
www.fh-erfurt.de

Erfurt U
Universität Erfurt
Nordhäuser Straße 63
99089 Erfurt
Tel. 0361 737-0; Fax 737-5269
www.uni-erfurt.de

Erlangen-Nürnberg U
Friedrich-Alexander-Universität
Erlangen-Nürnberg
Schloßplatz 4
91054 Erlangen
Tel. 09131 85-0; Fax 85-22131
www.uni-erlangen.de

Essen FOM
Fachhochschule für Oekonomie & Management (FOM) – Staatlich anerkannte
Fachhochschule für Berufstätige
Leimkugelstraße 6
45141 Essen
Tel. 0201 81004-0; Fax 81004-180
www.fom.de

Esslingen H
Hochschule Esslingen
Kanalstraße 33
73728 Esslingen
Tel. 0711 397-49; Fax 397-3100
www.hs-esslingen.de

Flensburg FH
Fachhochschule Flensburg
Kanzleistraße 91-93
24943 Flensburg
Tel. 0461 805-01; Fax 805-1300
www.fh-flensburg.de

Flensburg U
Universität Flensburg
Auf dem Campus 1
24943 Flensburg
Tel. 0461 805-02; Fax 805-2144
www.uni-flensburg.de

Frankfurt am Main FH
Fachhochschule Frankfurt am Main
Nibelungenplatz 1
60318 Frankfurt
Tel. 069 1533-0; Fax 1533-2400
www.fh-frankfurt.de

Frankfurt am Main FH Provadis
Provadis School of International
Management and Technology
Industriepark Höchst - Geb. B 845
65926 Frankfurt
Tel. 069 305-41880; Fax 305-16277
www.provadis-hochschule.de

Frankfurt am Main FSFM
Frankfurt School of Finance & Management
Sonnemannstr. 9-11
60314 Frankfurt
Tel. 069 154008-0; Fax 154008-728
www.frankfurt-school.de

Frankfurt am Main U
Johann Wolfgang Goethe-Universität,
Frankfurt am Main
Senckenberganlage 31
60325 Frankfurt
Tel. 069 798-1; Fax 798-28383
www.uni-frankfurt.de

Frankfurt (Oder) U
Europa-Universität Viadrina Frankfurt
(Oder)
Große Scharrnstraße 59
15230 Frankfurt
Tel. 0335 5534-0; Fax 5534-4305
www.euv-frankfurt-o.de

Freiberg TUBergAk
Technische Universität
Bergakademie Freiberg
Akademiestraße 6
9599 Freiberg
Tel. 03731 39-0; Fax 22195
www.tu-freiberg.de

Freiburg U
Albert-Ludwigs-Universität Freiburg
im Breisgau
Fahnenbergplatz
79085 Freiburg
Tel. 0761 203-0; Fax 203-8866
www.uni-freiburg.de

Friedrichshafen ZU
Zeppelin University - Hochschule zwischen
Wirtschaft, Kultur und Politik
Am Seemoser Horn 20
88045 Friedrichshafen
Tel. 07541 6009-2000; Fax 6009-1199
www.zeppelin-university.de

Fulda H
Hochschule Fulda –
University of Applied Sciences
Marquardstraße 35
36039 Fulda
Tel. 0661 9640-0; Fax 9640-199
www.hs-fulda.de

Furtwangen H
Hochschule Furtwangen – Informatik,
Technik, Wirtschaft, Medien
Robert-Gerwig-Platz 1
78120 Furtwangen
Tel. 07723 920-0; Fax 920-1109
www.hs-furtwangen.de

Gelsenkirchen FH
Fachhochschule Gelsenkirchen
Neidenburger Straße 43
45897 Gelsenkirchen
Tel. 0209 9596-0; Fax 9596-445
www.fh-gelsenkirchen.de

Giessen-Friedberg FH
Fachhochschule Gießen-Friedberg
Wiesenstraße 14
35390 Gießen
Tel. 0641 309-0; Fax 309-2901
www.fh-giessen-friedberg.de

Giessen U
Justus-Liebig-Universität Gießen
Ludwigstraße 23
35390 Gießen
Tel. 0641 99-0; Fax 99-12259
www.uni-giessen.de

Göttingen PFH
Private Fachhochschule Göttingen
Weender Landstr. 3-7
37073 Göttingen
Tel. 0551 54700-0; Fax 54700-190
www.pfh-goettingen.de

Göttingen U
Georg-August-Universität Göttingen
Wilhelmsplatz 1
37073 Göttingen
Tel. 0551 39-0; Fax 39-4135
www.uni-goettingen.de

Greifswald U
Ernst-Moritz-Arndt-Universität Greifswald
Domstraße 11
17489 Greifswald
Tel. 03834 86-0; Fax 86-1105
www.uni-greifswald.de

Güstrow BC
Baltic College
Plauer Straße 81
18273 Güstrow
Tel. 03843 4642-0; Fax 4642-11
www.baltic-college.de

Hagen FernU
FernUniversität in Hagen
Feithstraße 152
58097 Hagen
Tel. 02331 987-2444; Fax 987-2460
www.fernuni-hagen.de

Halle-Wittenberg U
Martin-Luther-Universität Halle-Wittenberg
Universitätsplatz 10
6108 Halle
Tel. 0345 55-20; Fax 55-27075
www.uni-halle.de

Hamburg EBC
Euro Business College Hamburg –
University of Applied Sciences
Esplanade 6
20354 Hamburg
Tel. 040 323370-0; Fax 323370-20
www.ebc-hamburg.de

Hamburg EFH
Europäische Fernhochschule Hamburg
Doberaner Weg 20-22
22143 Hamburg
Tel. 040 67570-700; Fax 67570-710
www.euro-fh.de

Hamburg FernH
Hamburger Fern-Hochschule,
gemeinnützige GmbH
Alter Teichweg 19
22081 Hamburg
Tel. 040 35094-360; Fax 35094-335
www.hamburger-fh.de

Hamburg HAW
Hochschule für Angewandte Wissenschaften
Hamburg
Berliner Tor 5
20099 Hamburg
Tel. 040 42875-0; Fax 42875-9149
www.haw-hamburg.de

Hamburg HCU
HafenCity Universität Hamburg
Am Lohseplatz 1a
20457 Hamburg
Tel. 040 42827-2727; Fax 42827-2728
www.hcu-hamburg.de

Hamburg HSBA
HSBA Hamburg School of
Business Administration
Alter Wall 38
20459 Hamburg
Tel. 040 36138-711/712; Fax 36138-751
www.hsba.de

Hamburg U
Universität Hamburg
Edmund-Siemers-Allee 1
20146 Hamburg
Tel. 040 42838-0; Fax 42838-6594
www.uni-hamburg.de

Hamm FH
SRH Fachhochschule Hamm,
Hochschule für Logistik und Wirtschaft
Sachsenweg 12
59073 Hamm
Tel. 02381 87 10 730; Fax 87 10 739
www.fh-hamm.de

Hannover FH
Fachhochschule Hannover
Ricklinger Stadtweg 118
30459 Hannover
Tel. 0511 9296-0; Fax 9296-1010
www.fh-hannover.de

Hannover FHDW
Fachhochschule für die Wirtschaft Hannover
Freundallee 15
30173 Hannover
Tel. 0511 28483-70; Fax 28483-72
www.fhdw-hannover.de

Hannover U
Gottfried Wilhelm Leibniz
Universität Hannover
Welfengarten 1
30167 Hannover
Tel. 0511 762-0; Fax 762-3456
www.uni-hannover.de

Harz H
Hochschule Harz, Hochschule für angewandte Wissenschaften (FH)
Friedrichstraße 57-59
38855 Wernigerode
Tel. 03943 659-0; Fax 659-109
www.hs-harz.de

Heidelberg H
SRH Hochschule Heidelberg - Staatlich anerkannte Fachhochschule
Ludwig-Guttmann-Str. 6
69123 Heidelberg
Tel. 06221 88-1000; Fax 88-4122
www.fh-heidelberg.de

Heidelberg U
Ruprecht-Karls-Universität Heidelberg
Grabengasse 1
69117 Heidelberg
Tel. 06221 54-0; Fax 54-2618
www.uni-heidelberg.de

Heilbronn H
Hochschule Heilbronn, Technik, Wirtschaft, Informatik
Max-Planck-Straße 39
74081 Heilbronn
Tel. 07131 504-0; Fax 252470
www.hs-heilbronn.de

Hildesheim U
Universität Hildesheim
Marienburger Platz 22
31141 Hildesheim
Tel. 05121 883-0; Fax 883-177
www.uni-hildesheim.de

Hildesh. / Holzm. / Göttingen H
Hochschule für angewandte Wissenschaft und Kunst, Fachhochschule Hildesheim/Holzminden/Göttingen
Hohnsen 4
31134 Hildesheim
Tel. 05121 881-0; Fax 881-125
www.HAWK-hhg.de

Hof H
Hochschule für Angewandte Wissenschaften – Fachhochschule Hof
Alfons-Goppel-Platz 1
95028 Hof
Tel. 09281 409-300; Fax 409-400
www.fh-hof.de

Hohenheim U
Universität Hohenheim
Schloss
70599 Stuttgart
Tel. 0711 459-0; Fax 459-3960
www.uni-hohenheim.de

Idstein H Fresen
Hochschule Fresenius
Limburger Straße 2
65510 Idstein
Tel. 06126 9352-0; Fax 9352-10
www.hs-fresenius.de

Ilmenau TU
Technische Universität Ilmenau
Ehrenbergstraße 29
98693 Ilmenau
Tel. 03677 69-0; Fax 69-1701
www.tu-ilmenau.de

Ingolstadt H
Hochschule für angewandte Wissenschaften – FH Ingolstadt
Esplanade 10
85049 Ingolstadt
Tel. 0841 9348-0; Fax 9348-200
www.fh-ingolstadt.de

Iserlohn BiTS
BiTS, Business and Information Technology School gGmbH
Reiterweg 26 b
58636 Iserlohn
Tel. 02371 776-0; Fax 776-503
www.bits-iserlohn.de

Jena FH
Fachhochschule Jena
Carl-Zeiss-Promenade 2
7745 Jena
Tel. 03641 205-100; Fax 205-101
www.fh-jena.de

Jena U
Friedrich-Schiller-Universität Jena
Fürstengraben 1
7743 Jena
Tel. 03641 9300; Fax 931682
www.uni-jena.de

Kaiserslautern FH
Fachhochschule Kaiserslautern
Morlauterer Straße 31
67657 Kaiserslautern
Tel. 0631 3724-0; Fax 3724-105
www.fh-kl.de

Kaiserslautern TU
Technische Universität Kaiserslautern
Gottlieb-Daimler-Straße 47
67663 Kaiserslautern
Tel. 0631 205-0; Fax 205-3200
www.uni-kl.de

Karlsruhe H
Hochschule Karlsruhe – Technik und Wirtschaft
Moltkestraße 30
76133 Karlsruhe
Tel. 0721 925-0; Fax 925-2000
www.hs-karlsruhe.de

Karlsruhe IKH
Internationale KarlsHochschule Karlsruhe – staatlich anerkannte Fachhochschule der MAI Privathochschulen gGmbH
Karlstraße 36-38
76133 Karlsruhe
Tel. 0721 1303 500; Fax 1303 300
www.karlshochschule.de

Karlsruhe U
Universität Fridericiana zu Karlsruhe (Technische Hochschule)
Kaiserstraße 12
76131 Karlsruhe
Tel. 0721 608-0; Fax 608-4290
www.uni-karlsruhe.de

Kassel U
Universität Kassel
Mönchebergstraße 19
34125 Kassel
Tel. 0561 804-0; Fax 804-7233
www.uni-kassel.de

Kempten H
Hochschule für angewandte Wissenschaften – Fachhochschule Kempten
Bahnhofstraße 61
87435 Kempten
Tel. 0831 2523-0; Fax 2523-104
www.fh-Kempten.de

Kiel FH
Fachhochschule Kiel
Sokratesplatz 1
24149 Kiel
Tel. 0431 210-0; Fax 210-1900
www.fh-kiel.de

Kiel U
Christian-Albrechts-Universität zu Kiel
Christian-Albrechts-Platz 4
24118 Kiel
Tel. 0431 880-00; Fax 880-7333, -1355
www.uni-kiel.de

Koblenz FH
Fachhochschule Koblenz
Konrad-Zuse-Straße 1
56075 Koblenz
Tel. 0261 9528-0; Fax 9528-567
www.fh-koblenz.de

Köln FH
Fachhochschule Köln
Claudiusstraße 1
50678 Köln
Tel. 0221 8275-1; Fax 8275-3136
www.fh-koeln.de

Köln RheinFH
Rheinische Fachhochschule Köln
Schaevenstrasse 1a/b
50676 Köln
Tel. 0221 20302-0; Fax 20302-49
www.rfh-koeln.de

Köln U
Universität zu Köln
Albertus-Magnus-Platz
50931 Köln
Tel. 0221 470-0; Fax 470-5151
www.Uni-Koeln.de

Konstanz H
Hochschule Konstanz Technik, Wirtschaft
und Gestaltung
Brauneggerstraße 55
78462 Konstanz
Tel. 07531 206-0; Fax 206-400
www.htwg-konstanz.de

Konstanz U
Universität Konstanz
Universitätsstraße 10
78464 Konstanz
Tel. 07531 88-0; Fax 88-3688
www.uni-konstanz.de

Lahr AKAD-WHL
Wissenschaftliche Hochschule Lahr –
staatlich anerkannt
Hohbergweg 15-17
77933 Lahr
Tel. 07821 9238-55; Fax 9238-52
www.whl-lahr.de

Landshut H
Hochschule für angewandte Wissenschaften –
Fachhochschule Landshut
Am Lurzenhof 1
84036 Landshut
Tel. 0871 506-0; Fax 506-506
www.fh-landshut.de

Lausitz H
Hochschule Lausitz (FH) –
University of Applied Sciences
Großenhainer Straße 57
1968 Brieske
Tel. 03573 85-200; Fax 85-209
www.fh-lausitz.de

Leipzig AKAD
AKAD Fachhochschule Leipzig – staatlich anerkannt
Gutenbergplatz 1 E
4103 Leipzig
Tel. 0 0800/2255888; Fax 0341/22619-44
www.akad.de

Leipzig HTWK
Hochschule für Technik, Wirtschaft und Kultur Leipzig
Karl-Liebknecht-Straße 132
4277 Leipzig
Tel. 0341 3076-0; Fax 3076-6456
www.htwk-leipzig.de

Leipzig U
Universität Leipzig
Ritterstraße 26
4109 Leipzig
Tel. 0341 97-108; Fax 97-30099
www.uni-leipzig.de

Lübeck FH
Fachhochschule Lübeck
Mönkhofer Weg 239
23562 Lübeck
Tel. 0451 300-6; Fax 300-5100
www.fh-luebeck.de

Lübeck U
Universität zu Lübeck
Ratzeburger Allee 160
23538 Lübeck
Tel. 0451 500-0; Fax 500-3016
www.uni-luebeck.de

Ludwigshafen FH
Fachhochschule Ludwigshafen, Hochschule für Wirtschaft
Ernst-Boehe-Str. 4
67059 Ludwigshafen
Tel. 0621 5203-0; Fax 5203-200
www.fh-ludwigshafen.de

Lüneburg U
Leuphana Universität Lüneburg
Scharnhorststraße 1
21335 Lüneburg
Tel. 04131 677-0; Fax 677-1099
www.leuphana.de

Magdeburg-Stendal H
Hochschule Magdeburg-Stendal (FH)
Breitscheidstraße 2
39114 Magdeburg
Tel. 0391 886-30; Fax 886-4104
www.hs-magdeburg.de

Magdeburg U
Otto-von-Guericke-Universität Magdeburg
Universitätsplatz 2
39106 Magdeburg
Tel. 0391 67-01; Fax 67-11156
www.uni-magdeburg.de

Mainz FH
Fachhochschule Mainz
Lucy-Hillebrand-Straße 2
55128 Mainz
Tel. 06131 628-0; Fax 628-7777
www.FH-Mainz.de

Mainz U
Johannes Gutenberg-Universität Mainz
Saarstraße 21
55122 Mainz
Tel. 06131 39-0; Fax 39-22919
www.uni-mainz.de

Mannheim H
Hochschule Mannheim
Paul-Wittsack-Straße 10
68163 Mannheim
Tel. 0621 292-6111; Fax 292-6420
www.hs-mannheim.de

Mannheim U
Universität Mannheim
Schloss
68131 Mannheim
Tel. 0621 181-2222; Fax 181-1050; -1122
www.uni-mannheim.de

Marburg U
Philipps-Universität Marburg
Biegenstraße 10
35032 Marburg
Tel. 06421 28-20; Fax 28-22500
www.uni-marburg.de

Merseburg H
Hochschule Merseburg (FH)
Geusaer Straße 88
6217 Merseburg
Tel. 03461 46-0; Fax 46-2370
www.hs-merseburg.de

Mittweida H
Hochschule Mittweida (FH),
University of Applied Sciences
Technikumplatz 17
9648 Mittweida
Tel. 03727 58-0; Fax 58-1379
www.hs-mittweida.de

München H
Hochschule für angewandte Wissenschaften –
Fachhochschule München
Lothstr. 34
80335 München
Tel. 089 1265-0; Fax 1265-1490
www.hm.edu/home/fhm/d_welcome.pcms

München MBS
Munich Business School – Staatlich
anerkannte private Fachhochschule
Elsenheimerstraße 61
80687 München
Tel. 089 54 76 78-0; Fax 54 76 78-29
www.munich-business-school.de

München TU
Technische Universität München
Arcisstraße 21
80333 München
Tel. 089 289-01; Fax 289-22000
www.tum.de

München U
Ludwig-Maximilians-Universität München
Geschwister-Scholl-Platz 1
80539 München
Tel. 089 2180-0; Fax 2180-2322
www.lmu.de

Münster FH
Fachhochschule Münster
Hüfferstraße 27
48149 Münster
Tel. 0251 83-64054; Fax 83-64060
www.fh-muenster.de

Münster U
Westfälische Wilhelms-Universität Münster
Schlossplatz 2
48149 Münster
Tel. 0251 83-0; Fax 83-24831
www.uni-muenster.de

Neu-Ulm H
Hochschule für angewandte Wissenschaften,
Fachhochschule Neu-Ulm
Wileystraße 1
89231 Neu-Ulm
Tel. 0731 9762-0; Fax 9762-2299
www.hs-neu-ulm.de

Niederrhein H
Hochschule Niederrhein
Reinarzstraße 49
47805 Krefeld
Tel. 02151 822-0; Fax 822-3998
www.hs-niederrhein.de

Nordhausen FH
Fachhochschule Nordhausen
Weinberghof 4
99734 Nordhausen
Tel. 03631 420-0; Fax 420-810
www.fh-nordhausen.de

Nordhessen FH
DIPLOMA Fachhochschule Nordhessen
Am Hegeberg 2
37242 Bad Sooden-Allendorf
Tel. 05652 58777-0; Fax 58777-29
www.diploma.de

Nürnberg H
Georg-Simon-Ohm-Hochschule für angewandte Wissenschaften – Fachhochschule Nürnberg
Keßlerplatz 12
90489 Nürnberg
Tel. 0911 5880-0; Fax 5880-8309
www.ohm-hochschule.de

Nürtingen H
Hochschule für Wirtschaft und Umwelt
Neckarsteige 6-10
72622 Nürtingen
Tel. 07022 201-357; Fax 201-403
www.hfwu.de

Oestrich-Winkel EBS
European Business School, International University Schloß Reichartshausen Oestrich-Winkel
Schloß Reichartshausen
65375 Oestrich-Winkel
Tel. 06723 69-0; Fax 69-133
www.ebs.de

Offenburg H
Hochschule für Technik, Wirtschaft und Medien Offenburg
Badstraße 24
77652 Offenburg
Tel. 0781 205-0; Fax 205-214
www.fh-offenburg.de

Oldenburg U
Carl von Ossietzky Universität Oldenburg
Ammerländer Heerstraße 114-118
26129 Oldenburg
Tel. 0441 798-0; Fax 798-3000
www.uni-oldenburg.de

Osnabrück FH
Fachhochschule Osnabrück
Caprivistraße 30 A
49076 Osnabrück
Tel. 0541 969-2104; Fax 969-2066
www.fh-osnabrueck.de

Osnabrück U
Universität Osnabrück
Neuer Graben/Schloss
49074 Osnabrück
Tel. 0541 969-0; Fax 969-4570
www.uni-osnabrueck.de

Ostwestfalen-Lippe H
Hochschule Ostwestfalen-Lippe
Liebigstraße 87
32657 Lemgo
Tel. 05261 702-0; Fax 702-222
www.hs-owl.de

Paderborn FHDW
Fachhochschule der Wirtschaft
Fürstenallee 3-5
33102 Paderborn
Tel. 05251 301-02; Fax 301-118
www.fhdw.de

Paderborn U
Universität Paderborn
Warburger Straße 100
33098 Paderborn
Tel. 05251 60-0; Fax 60-4000
www.uni-paderborn.de

Passau U
Universität Passau
Innstraße 41
94032 Passau
Tel. 0851 509-0; Fax 509-1005
www.uni-passau.de

Pforzheim H
Hochschule Pforzheim – Gestaltung, Technik, Wirtschaft und Recht
Tiefenbronner Straße 65
75175 Pforzheim
Tel. 07231 39961; Fax 28-6666
www.hs-pforzheim.de

Pinneberg AKAD
AKAD Fachhochschule Pinneberg – staatlich anerkannt
Am Rathaus 10
25421 Pinneberg
Tel. 0 0800/2255888; Fax 04101/8558-55
www.akad.de

Potsdam FH
Fachhochschule Potsdam
Pappelallee 8-9
14469 Potsdam
Tel. 0331 580-00; Fax 580-2999
www.fh-potsdam.de

Potsdam U
Universität Potsdam
Am Neuen Palais 10
14469 Potsdam
Tel. 0331 977-0; Fax 972163
www.uni-potsdam.de

Ravensburg-Weingarten H
Hochschule Ravensburg-Weingarten
Doggenriedstraße
88250 Weingarten
Tel. 0751 501-0; Fax 501-9876
www.hs-weingarten.de

Regensburg H
Hochschule für angewandte Wissenschaften – Fachhochschule Regensburg
Prüfeninger Straße 58
93049 Regensburg
Tel. 0941 943-02; Fax 943-1422
www.hs-regensburg.de

Regensburg U
Universität Regensburg
Universitätsstraße 31
93053 Regensburg
Tel. 0941 943-01; Fax 943-2305
www.uni-regensburg.de

Reutlingen HTW
Hochschule Reutlingen, Hochschule für Technik und Wirtschaft
Alteburgstraße 150
72762 Reutlingen
Tel. 07121 271-0; Fax 271-1101
www.hochschule-reutlingen.de

RheinMain H
Hochschule RheinMain, RheinMain University of Applied Sciences Wiesbaden, Rüsselsheim, Geisenheim
Kurt-Schumacher-Ring 18
65197 Wiesbaden
Tel. 0611 9495-01; Fax 444696
www.hs-rm.de

Rhein-Waal H
Hochschule Rhein-Waal –
University of Applied Sciences
Landwehr 4
47533 Kleve
Tel. 02821 80673 - 0; Fax 80673-60
www.hochschule-rhein-waal.de

Riedlingen H
SRH Fernhochschule Riedlingen –
Staatlich anerkannte Fachhochschule der
SRH Hochschulen gGmbH
Lange Str. 19
88499 Riedlingen
Tel. 07371 9315-0; Fax 9315-15
www.fh-riedlingen.de

Rosenheim H
Hochschule für angewandte Wissenschaften –
Fachhochschule Rosenheim
Hochschulstraße 1
83024 Rosenheim
Tel. 08031 805-0; Fax 805-105
www.hs-rosenheim.de

Rostock U
Universität Rostock
Ulmenstraße 69/Haus 3
18057 Rostock
Tel. 0381 498-0; Fax 498-1032
www.uni-rostock.de

Saarbrücken HTW
Hochschule für Technik und Wirtschaft
des Saarlandes
Goebenstraße 40
66117 Saarbrücken
Tel. 0681 5867-0; Fax 5867-122
www.htw-saarland.de

Saarbrücken U
Universität des Saarlandes
Campus
66123 Saarbrücken
Tel. 0681 302-0; Fax 302-2609
www.uni-saarland.de

Schmalkalden FH
Fachhochschule Schmalkalden
Blechhammer
98574 Schmalkalden
Tel. 03683 688-0; Fax 688-1999
www.fh-schmalkalden.de

Siegen U
Universität Siegen
Herrengarten 3
57068 Siegen
Tel. 0271 740-0; Fax 740-4899/-4911
www.uni-siegen.de

Stralsund FH
Fachhochschule Stralsund
Zur Schwedenschanze 15
18435 Stralsund
Tel. 03831 45-5; Fax 45-6680
www.fh-stralsund.de

Stuttgart AKAD
AKAD Fachhochschule Stuttgart –
staatlich anerkannt
Maybachstraße 18
70469 Stuttgart
Tel. 0 0800/2255888; Fax 0711/81495-999
www.akad.de

Stuttgart H
Hochschule für Technik Stuttgart
Schellingstraße 24
70174 Stuttgart
Tel. 0711 8926-0; Fax 8926-2666
www.hft-stuttgart.de

Stuttgart U
Universität Stuttgart
Keplerstraße 7
70174 Stuttgart
Tel. 0711 685-10; Fax 685-82271
www.uni-stuttgart.de

Südwestfalen FH
Fachhochschule Südwestfalen
Frauenstuhlweg 31
58644 Iserlohn
Tel. 02371 566-0; Fax 566-274
www.fh-swf.de

Trier FH
Fachhochschule Trier, Hochschule für Technik, Wirtschaft und Gestaltung
Schneidershof
54293 Trier
Tel. 0651 8103-0; Fax 8103-333
www.fh-trier.de

Trier U
Universität Trier
Universitätsring 15
54296 Trier
Tel. 0651 201-0; Fax 201-4297
www.uni-trier.de

Tübingen U
Eberhard-Karls-Universität Tübingen
Wilhelmstraße 7
72074 Tübingen
Tel. 07071 29-0; Fax 29-5990
www.uni-tuebingen.de

Ulm H
Hochschule Ulm Technik, Informatik und Medien
Prittwitzstraße 10
89075 Ulm
Tel. 0731 50-208; Fax 50-28270
www.hs-ulm.de

Ulm U
Universität Ulm
Albert-Einstein-Allee 5
89081 Ulm
Tel. 0731 50-201; Fax 50-22038
www.uni-ulm.de

Vallendar WHU
WHU – Otto Beisheim School of Management
Burgplatz 2
56179 Niederwerth
Tel. 0261 6509-600; Fax 6509-504
www.whu.edu

Vechta / Diepholz FHWT
Private Fachhochschule für Wirtschaft und Technik Vechta / Diepholz
Rombergstraße 40
49377 Vechta
Tel. 04441 915-0; Fax 915-109
www.fhwt.de

Wedel FH
Fachhochschule Wedel
Feldstraße 143
22880 Wedel
Tel. 04103 8048-0; Fax 8048-39
www.fh-wedel.de

Westküste FH
Fachhochschule Westküste, Hochschule für Wirtschaft und Technik
Fritz-Thiedemann-Ring 20
25746 Heide
Tel. 0481 8555-141; Fax 8555-555
www.fh-westkueste.de

Wildau TFH
Technische Fachhochschule Wildau
Bahnhofstraße
15745 Wildau
Tel. 03375 508-0; Fax 500-324
www.tfh-wildau.de

Wilhelmshaven / Oldenburg / Elsfleth FH
Fachhochschule Wilhelmshaven / Oldenburg/Elsfleth
Friedrich-Paffrath-Straße 101
26389 Wilhelmshaven
Tel. 04421 985-2222; Fax 985-2304
www.fh-oldenburg.de

Wismar H
Hochschule Wismar – University of Applied Sciences: Technology, Business and Design
Philipp-Müller-Straße 14
23966 Wismar
Tel. 03841 753-0; Fax 753-383
http://www.hs-wismar.de

Witten / Herdecke U
Private Universität Witten / Herdecke gGmbH
Alfred-Herrhausen-Str. 50
58448 Witten
Tel. 02302 926-0; Fax 926-407
www.uni-wh.de

Worms FH
Fachhochschule Worms
Erenburgerstr. 19
67549 Worms
Tel. 06241 509-0; Fax 509-281
www.fh-worms.de

Wuppertal U
Bergische Universität Wuppertal
Gaußstraße 20
42119 Wuppertal
Tel. 0202 439-2595; Fax 439-2597
www.uni-wuppertal.de

Würzburg-Schweinfurt FH
Fachhochschule Würzburg - Schweinfurt
Münzstraße 12
97070 Würzburg
Tel. 0931 3511-0; Fax 3511-159
www.fhws.de

Würzburg U
Julius-Maximilians-Universität Würzburg
Sanderring 2
97070 Würzburg
Tel. 0931 31-0; Fax 31-2600
www.uni-wuerzburg.de

Zittau / Görlitz H
Hochschule Zittau / Görlitz (FH)
Theodor-Körner-Allee 16
2763 Zittau
Tel. 03583 61-0; Fax 510626
www.hs-zigr.de

Zittau IHI
Internationales Hochschulinstitut Zittau (IHI)
Markt 23
2763 Zittau
Tel. 03583 61-2700; Fax 61-2734
www.ihi-zittau.de

Zwickau H
Westsächsische Hochschule Zwickau
Dr.-Friedrichs-Ring 2A
8056 Zwickau
Tel. 0375 536-0; Fax 536-1127
www.fh-zwickau.de

V Tabellenverzeichnis

Stichwortverzeichnis

F

G

H

I

K